Grundprobleme der Betriebswirtschaftslehre

Betriebswirtschaftslehre im Grundstudium
der Wirtschaftswissenschaft · Band 1

Von Hans Raffée

28 Abbildungen

Vandenhoeck & Ruprecht in Göttingen

Hans Raffée, geb. 1929 in Danzig; 1951–1956 Studium der Betriebswirt-schaftslehre an der Johann Wolfgang Goethe-Unversität Frankfurt/M.; 1956–1961 Assistent am Seminar für Handelsbetriebslehre der Universität Frankfurt (Direktor: Professor Dr. Karl Banse); 1960 Promotion (Thema der Dissertation: „Kurzfristige Preisuntergrenzen"); 1962–1964 persön-licher Assistent des Inhabers eines großen deutschen Versandhauses; 1969 Habilitation (Thema der Habilitationsschrift: „Konsumenteninforma-tion"); seit 1969 Inhaber des Lehrstuhls für Allgemeine Betriebswirtschafts-lehre und Absatzwirtschaft II an der Universität Mannheim.

ISBN 3-525-03101-7

© 1974 Vandenhoeck & Ruprecht in Göttingen
Printed in Germany
Einbandgestaltung: A. Krugmann, Stuttgart
Satz und Druck: Hubert & Co., Göttingen
Bindearbeit: Großbuchbinderei Sigloch, Stuttgart

Vorwort

Kann man heute noch guten Gewissens eine Einführung in die Betriebswirtschaftslehre schreiben? Ist nicht die Fragwürdigkeit des Fachs Allgemeine Betriebswirtschaftslehre inzwischen hinreichend sichtbar geworden, und haben nicht jene recht, die es durch Spezielle Betriebswirtschaftslehren ersetzen wollen? Doch selbst wenn man eine Allgemeine Betriebswirtschaftslehre für notwendig hält: Liegt nicht eine ausreichende Zahl von betriebswirtschaftlichen Einführungswerken vor, und was kann eine weitere Einführung in die Grundprobleme der Betriebswirtschaftslehre demgegenüber an relevanten zusätzlichen Informationen bieten?

Zum ersten: Je stärker die Betriebswirtschaftslehre in neue Spezialgebiete vordringt, um so notwendiger wird u.E. eine Orientierungshilfe, die die Einordnung des Spezialwissens in ein Gesamtsystem ermöglicht. Außerdem hat eine Allgemeine Betriebswirtschaftslehre die allen betriebswirtschaftlichen Spezialfragen gemeinsamen und sie verbindenden Grundprobleme zu verdeutlichen. Sie hat schließlich darüber hinaus jene Stoffgebiete zu erfassen, die keiner speziellen Betriebswirtschaftslehre ausschließlich zugeordnet werden können. Hierzu gehören in erster Linie wissenschaftstheoretische Fragen, soweit sie für die Betriebswirtschaftslehre von Bedeutung sind.

Zum zweiten: Es hängt mit der faszinierenden Dynamik der gegenwärtigen Betriebswirtschaftslehre zusammen, daß immer wieder neue Bereiche und Perspektiven erschlossen werden oder zumindest in die Diskussion kommen. Das zeigt sich insbesondere 1. im Aufgreifen wissenschaftstheoretischer Fragen durch die Betriebswirtschaftslehre, 2. im Eindringen neuer konzeptioneller Perspektiven (neben dem System- und Entscheidungsansatz z.B. der Marketing-Ansatz und der Ansatz der sog. Arbeitsorientierten Einzelwirtschaftslehre), 3. in der weiteren Integration verhaltenswissenschaftlicher Ansätze in die Betriebswirtschaftslehre.

Der vorliegende Band versucht, diesen neuen Bereichen und Perspektiven der Betriebswirtschaftslehre Rechnung zu tragen und sie nach Möglichkeit zu integrieren. Daß dies in einer Einführung nur begrenzt erfolgen kann, zumal darin auch das altbewährte betriebswirtschaftliche Grundwissen seinen Platz haben muß, liegt auf der Hand.

Ich danke allen, die durch ihre vielfältigen Anregungen und durch tatkräftige Unterstützung zum Entstehen dieser Arbeit beigetragen haben. Neben meinen früheren Lehrern, insbesondere Herrn Professor Dr. Karl Banse, Frankfurt/M., sind dies vor allem die Mitarbeiter des Lehrstuhls für Allgemeine Betriebswirtschaftslehre und Absatzwirtschaft II der Universität Mannheim, an erster Stelle Herr Dipl.-Kfm. Klaus Petri sowie die Herren Dipl.-Kfm. Bodo Abel, Dipl.-Kfm. Ulrich Bülles, Dipl.-Kfm. Dr. Rainer Eisele, Dipl.-Kfm. Hans Michael Flogaus, Dipl.-Kfm. Heinrich Gröner, Dipl.-Kfm. Wolfgang Köster, Dipl.-Kfm. Günther Mühlbayer, Dipl.-Kfm. Ulrich Raudenbusch, Dipl.-Kfm. Dr. Günter Specht, Dipl.-Kfm. Dr. Klaus Welzel, Dipl.-Kfm. Herbert Welzel und nicht zuletzt Frau Anita Schumacher, die sich um das mehrfache Schreiben der Manuskripte große Verdienste erwarb.

Mannheim, August 1974   Hans Raffée

Inhalt

Wissenschaftstheoretische Grundprobleme der Betriebswirtschaftslehre

A. Begriff und Aufgaben der Wissenschaft und der Wissenschaftstheorie

I. Begriff und Aufgaben der Wissenschaft

Auch innerhalb der Betriebswirtschaftslehre tut man gut daran, die Frage aufzuwerfen: *Was ist und was soll Wissenschaft?*

Zunächst zum *Inhalt des Wissenschaftsbegriffs:* Er wird in drei verschiedenen Bedeutungen verwendet. Erstens kann mit „Wissenschaft" die *Tätigkeit* gemeint sein, die auf die systematische Gewinnung von Erkenntnis, d.h. auf die Vergrößerung unseres Wissensvorrats gerichtet ist. Zweitens kann „Wissenschaft" als *Institution* bzw. als *Organisation* verstanden werden, d.h. als ein System von Menschen und Sachen, innerhalb dessen sich der Prozeß der Erkenntnisgewinnung vollzieht. Drittens wird mit dem Terminus „Wissenschaft" das *Ergebnis* der Erkenntnisbemühungen belegt (vgl. zu dieser Einteilung Bunge [Scientific Research 30–32]; Weingartner [Wissenschaftstheorie 38–50]); dabei kann nochmals zwischen Wissenschaft im *subjektiven* und im *objektiven* Sinne unterschieden werden (Bochenski [Denkmethoden 17–19]). In der *subjektiven* Bedeutung des Wortes ist Wissenschaft ein systematisch geordnetes und/oder systematisch reflektiertes Wissen, über das ein individuelles menschliches Subjekt in seinem Bewußtsein verfügt. *Objektiv* gesehen dagegen ist Wissenschaft *ein systematisch geordnetes Gefüge von Sätzen.* Von Wissen bzw. Sätzen schlechthin unterscheidet sich Wissenschaft als Ergebnis einer Tätigkeit – gleichgültig, ob im subjektiven oder objektiven Sinne verstanden – also dadurch, daß die Elemente in einer systematischen Zuordnung zueinander stehen und/oder durch systematische Reflektion kontrolliert wurden. Deshalb ist nicht jede zufällige und/oder isolierte Kognition bzw. jeder zufällige und isolierte Satz bereits Wissenschaft.

Obwohl die oben formulierte Definition von Wissenschaft eine Unterscheidung von wissenschaftlichen und nicht-wissenschaftlichen Sätzen erlaubt, konnte bis heute unter Fachwissenschaftlern und Wissenschaftstheoretikern keine Einigkeit darüber erzielt werden, welche

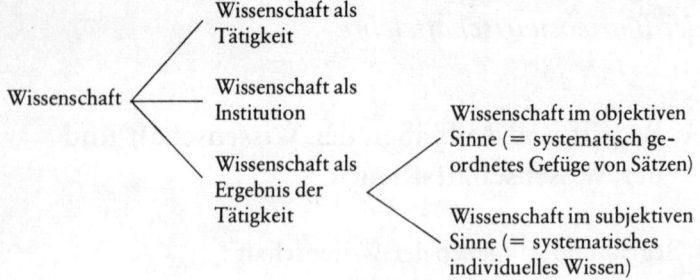

Abb. 1: Die Varianten des Wissenschaftsbegriffs.

Aussagen bzw. welche Aussagensysteme als wissenschaftlich zu bezeichnen sind und welche nicht. Über die Forderung hinaus, daß wissenschaftliche Sätze ein systematisches Ordnungsgefüge bilden und/oder durch systematisches Vorgehen gewonnen sein müssen, werden vielfach weitere Kriterien genannt, die Aussagen zu erfüllen haben, damit sie das Prädikat „wissenschaftlich" verdienen (ein Katalog derartiger Kriterien findet sich z.B. bei Weingartner [Wissenschaftstheorie 47–50]). In diesem Zusammenhang sei an die nicht ausgefochtene Kontroverse erinnert, ob die Metaphysik als wissenschaftliche Disziplin der Philosophie zu gelten habe oder als unwissenschaftlich abzulehnen sei (vgl. z.B. Stegmüller [Hauptströmungen XLIV–XLVIII]). Damit hängt auch die Streitfrage zusammen, ob z.B. die Theologie eine Wissenschaft sei oder nicht (vgl. Bense [Atheist]). Für die Betriebswirtschaftslehre als Wissenschaft sind diese Fragen insofern von hoher Relevanz, als es von der jeweiligen Antwort abhängt, welche Arten von Aussagensystemen die Betriebswirtschaftslehre anstreben soll. Hat z.B. die Betriebswirtschaftslehre in ähnlicher Weise nach der Entdeckung von Gesetzen zu streben wie die Naturwissenschaften? Sollen in der Betriebswirtschaftslehre auch normative Aussagen ihren Platz haben? Auf diese wichtigen Fragen wird im Abschnitt C ausführlich zurückzukommen sein.

Wenden wir uns nun der Frage zu: *Was soll Wissenschaft?* Auch in der Beantwortung dieser Frage sind die Auffassungen nicht einheitlich. Zunächst gehen die Meinungen darüber auseinander, ob es genügt, wenn die Wissenschaft ihren Zweck lediglich in der Erlangung von Wissen sieht und praktische Zwecke bzw. Anwendungsbezüge dabei außer acht läßt. Letzteres wäre eine Spielart der sog. *„reinen"* Wissenschaft, nämlich Wissenschaft als l'art pour l'art. Demgegenüber ist *angewandte* Wissenschaft an praktischen Zwecken ausgerichtet, wobei sich sofort die Frage erhebt, auf welche praktischen Zwecke bzw. Anwendungsbezüge abgestellt werden soll. Zwar läßt sich wahrscheinlich leicht ein Konsens darüber erreichen, daß sich insbesondere eine angewandte Wissenschaft an den Bedürfnissen und der Wohlfahrt des Menschen orientieren soll (ähnlich z. B. H e i n e n [Einführung 11]). Solange es aber keine allgemein akzeptierten Wohlfahrtskriterien gibt, bleibt die Wahl des Anwendungsbezugs für den Wissenschaftler eine schwierige Entscheidung. In der Betriebswirtschaftslehre hat die Alternative „reine" oder „angewandte" Wissenschaft zu heftigen Kontroversen geführt, auf die später noch zurückzukommen sein wird (C IV). Auch wenn sich heute die Auffassung durchgesetzt hat, daß die Betriebswirtschaftslehre eine angewandte Wissenschaft sei, ist dennoch zu beachten, daß mit der Unterscheidung zwischen reiner und angewandter Wissenschaft keine eindeutige und für alle Zeiten gültige Trennungslinie gezogen wird. Zum einen können Aussagen der reinen Wissenschaft für bestimmte praktische Zwecke nutzbar gemacht werden, und zum anderen degeneriert die angewandte Wissenschaft zur reinen Wissenschaft, wenn die Möglichkeit der konkreten Anwendung entfallen ist.

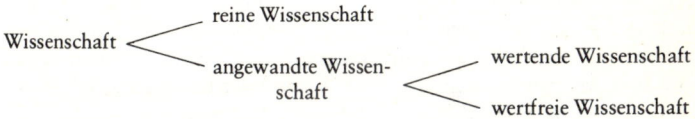

Abb. 2: Mögliche Aufgabenstellungen der Wissenschaft.

Einigkeit unter den Wissenschaftlern konnte bisher auch darüber nicht erzielt werden, ob die (angewandte) Wissenschaft *wertfrei* sein soll oder ob zu ihren Aufgaben auch das *Setzen von Normen* gehört. Seit den grundlegenden Ausführungen M a x W e b e r s dauert diese Kontroverse mit unverminderter Heftigkeit an (W e b e r [Wertfreiheit]; A l b e r t / T o p i t s c h [Werturteilsstreit]) und hat auch in der Betriebswirtschaftslehre ihren Niederschlag gefunden (vgl. C III.).

Bei der Frage: *Was soll Wissenschaft?* ist ein Rückgriff auf B e n s e fruchtbar, der für die Philosophie drei Hauptfunktionen herausstellt: die *fundierende,* die *kritische* und die *utopische* Funktion (B e n s e [Atheist 66 f.]). Die *fundierende* Funktion besteht darin, daß die Grundlagen für die Objektaussagen der Einzelwissenschaften und deren Begründung erarbeitet werden. Im folgenden Abschnitt A II. werden wir sehen, daß diese fundierende Funktion von der *Wissenschaftstheorie* als einer Teildisziplin der Philosophie übernommen wird. Die kritische und die utopische Funktion müssen dagegen nicht auf die Philosophie beschränkt bleiben; vielmehr kann die Ausübung dieser Funktionen auch als Aufgabe von Einzelwissenschaften formuliert werden. Ihre *kritische* Aufgabe erfüllt die Wissenschaft, indem sie Fehler und Mißstände aufdeckt und deren Revision herbeiführt bzw. anregt. Objekt der wissenschaftlichen Kritik können einmal die Aussagen und Aussagensysteme der Wissenschaft selbst sein, die im Interesse der Erkenntnisfortschritts ständig zu überprüfen und zu verbessern sind, und zum anderen die Zustände der Welt, in der wir leben. Der *utopischen* Funktion wird die Wissenschaft gerecht, indem sie neue Ziele, Werte und Modelle möglicher Welten erarbeitet. Zwischen der kritischen und utopischen Funktion der Wissenschaft besteht ein enger Zusammenhang. Einerseits führt die Kritik am Vorhandenen zu „utopischen" Überlegungen (oder sollte es u. E. zumindest tun), denn solche Kritik macht neue Entwürfe nötig; andererseits sind Utopien eine wichtige Voraussetzung für Kritik, denn aus ihnen sind Werte ableitbar, die die Basis für die Kritik der gegebenen Verhältnisse bilden können.

Die Kritik an den gegebenen Verhältnissen und die Entwicklung alternativer Modelle ist für die Sozialwissenschaften und damit auch für die Betriebswirtschaftslehre von besonderer Bedeutung, weil ohne wissenschaftliche Diskussion neuer Ideen und Entwürfe gesellschaftlicher Fortschritt behindert wird. Betrachten wir die bisherige Betriebswirtschaftslehre, so zeigt sich u. E. als schwerwiegender Mangel, daß sie sich um die Erfüllung der kritischen und der utopischen Wissenschaftsfunktion nur wenig gekümmert hat. Wie im einzelnen noch zu zeigen sein wird, hat in der bisherigen Betriebswirtschaftslehre weder die Position der *Arbeitnehmer* noch die der *Konsumenten* die ihnen gebührende Beachtung gefunden. So spielte im Gesamtprogramm der Betriebswirtschaftslehre etwa die Entwicklung neuer alternativer Modelle (z. B. Mitbestimmungsmodelle, Modelle der Konsumenteninformation) nur eine sehr geringe Rolle. Dieser Sachverhalt ist nicht zuletzt darin begründet, daß die Frage, ob die Wissenschaft eine utopische Funktion haben soll oder nicht, auch im Bereich der Wissenschaftstheorie kontrovers ist. Während die sog. *Kritische Theorie* (Frankfurter Schule: H o r k h e i m e r , A d o r n o , B l o c h , M a r c u s e , H a b e r m a s) engagiert für die Ausübung der utopischen Wissenschaftsfunktion eintritt, wird ihre Notwendigkeit von den Vertretern des sog. *Kritischen Rationalismus* (P o p p e r , A l b e r t) in einem engeren Rahmen gesehen als von der Kritischen Theorie (vgl. zu dieser Kontroverse das interessante und leicht erschließbare Buch von G r o s s n e r [Verfall der Philosophie]). Unabhängig jedoch wie man zu dieser Kontroverse steht: auch im Kritischen Rationalismus wird das kritische Potential utopischer Vorstellungen durchaus anerkannt (vgl. z.B. A l b e r t [Traktat 174]). Im Blick auf die Betriebswirtschaftslehre sind wir der Meinung, daß man nicht umhin kommt, auch ihr die Aufgabe zu übertragen, durch utopisches Denken Veränderungen der gesellschaftlichen Verhältnisse anzuregen und bei der Durchführung der Veränderungen Hilfestellung zu leisten. Auf die gesellschaftliche Veränderungsfunktion der Wissenschaften kann nur verzichten, wer den Standpunkt vertritt, die vorhandene soziale Welt sei die denkbar beste aller Welten.

II. Begriff und Aufgaben der Wissenschaftstheorie

Wissenschaftstheorie (Epistemologie) können wir ganz einfach als *Lehre von der Wissenschaft* bzw. als *Wissenschaftswissenschaft* definieren (B u n g e [Scientific Research 2]); mit anderen Worten: die Wissenschaftstheorie formuliert Aussagen *über* die Wissenschaft. In diesem Sinne stellen unsere Ausführungen in Abschnitt A I. über den Begriff und die Aufgaben der Wissenschaft wissenschaftstheoretische Aussagen dar.

Zur Charakterisierung der Aufgabenstellung der Wissenschaftstheorie knüpfen wir an die drei oben definierten Wissenschaftsbegriffe an. Ziele wissenschaftstheoretischer Aussagen können die *Erklärung* und *Beschreibung* des *Wissenschaftsprozesses* und der *Institution Wissenschaft* sein. Die Erklärungsversuche schlagen sich nieder in *empirischen wissenschaftspsychologischen, wissenschaftssoziologischen und wissenschaftsökonomischen Theorien.* Sofern diese empirische Wissenschaftswissenschaft als angewandte Wissenschaft verstanden wird, gehört zu ihrer Aufgabe auch die Formulierung von *Aussagen über die zweckmäßige Organisation* der Wissenschaftsprozesse und der wissenschaftlichen Institutionen. Die *Beschreibung* der Wissenschaftsprozesse und Wissenschaftsinstitutionen ist Aufgabe der *Wissen-*

schaftsgeschichte. Die Versuche der empirisch-theoretischen Durchdringung, der praktischen Gestaltung und der historischen Beschreibung der Wissenschaft werden als der *externale Ansatz* der Wissenschaftstheorie bezeichnet (B u n g e [Scientific Research 32]).
Demgegenüber stellt die Wissenschaftstheorie mit dem *internalen Ansatz* auf die *Wissenschaft als System von Sätzen* ab. Auch in internaler Sicht kann die Wissenschaftstheorie in verschiedene Teildisziplinen aufgeteilt werden. Die *Wissenschaftslogik* befaßt sich mit der logischen Struktur und den logischen Aspekten des empirischen Gehalts wissenschaftlicher Aussagen. Die *Methodologie der Wissenschaft* versucht, generelle Forschungsmethoden zu entwickeln und zu begründen. Die *Philosophie der Wissenschaft* endlich erforscht die erkenntnistheoretischen und ontologischen Voraussetzungen für die Formulierung wissenschaftlicher Aussagen.

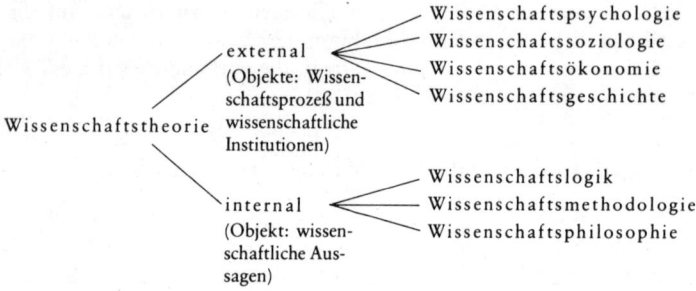

Abb. 3: Die Teildisziplinen der Wissenschaftstheorie.

Das Ergebnis der Tätigkeit der internalen Wissenschaftstheoretiker sind Aussagen über die Sätze und Satzsysteme der Einzelwissenschaften und in dieser Hinsicht Aussagen über Aussagen. Diese Tatsache macht deutlich, daß es verschiedene *Sprachebenen* gibt, die es zu unterscheiden gilt. Aussagen über die Dinge gehören der *Objektsprache* an, Aussagen über Aussagen der *Metasprache*. Die Sätze der Einzel- oder Objektwissenschaften, zu denen auch die Teildisziplinen der externalen Wissenschaftstheorie zählen, sind Aussagen über Dinge und damit Teil der Objektsprache; die Sätze der internalen wissenschaftstheoretischen Teildisziplinen oder Metawissenschaften dagegen sind Aussagen über Aussagen der Objektwissenschaften und damit Sätze der Metasprache.

Die angesprochene Unterscheidung der Sprachebenen läßt sich anhand der folgenden Beispiele, die sich bei Seiffert finden, nochmals verdeutlichen (Seiffert [Wissenschaftstheorie 1, 73]).

Beispielsatz 1: „Bremen liegt an der Weser." Dieser Satz gehört der Objektsprache an, denn es wird eine Aussage über die realen Phänomene ,Stadt Bremen' und ,Fluß Weser' gemacht.

Beispielsatz 2: „Der Satz: ,Bremen liegt an der Weser' ist wahr." Im Beispielsatz 2 wird eine Aussage über eine andere Aussage getroffen; sie gehört deshalb der Metasprache an. Die Zweiteilung Metasprache und Objektsprache kann weiter ausgedehnt werden, denn es sind wiederum Aussagen über Metaaussagen möglich. Man erhält dann *Meta-Meta-Aussagen* usw.

Die Unterscheidung zwischen Objekt- und Metasprache wurde im Rahmen der logischen Sprachanalyse (Hauptvertreter: Rudolf Carnap) erarbeitet. Sie wird von Seiffert mit Recht eine philosophische Großtat ersten Ranges genannt (Seiffert [Wissenschaftstheorie 1, 74]), denn mit ihrer Hilfe wurde es möglich, zahlreiche semantische Paradoxien aufzulösen (siehe dazu das berühmte Beispiel des lügenden Kreters: „Ein Kreter sagt: Der Satz ,Alle Kreter lügen' ist wahr." und seine Analyse bei Seiffert [Wissenschaftstheorie 1, 75]).

Mit den obigen Überlegungen wurde das Gebiet der *Semiotik* angesprochen, die Carnap wie folgt definiert: „Die gesamte Theorie über eine Objektsprache wird die Semiotik der betreffenden Sprache genannt; die Semiotik wird in der Metasprache formuliert" (Carnap [Einführung 78]). Eine etwas weitere Definition der Semiotik gibt Klaus. Er definiert Semiotik als „allgemeine Lehre von den sprachlichen Zeichen und Zeichenreihen" (Klaus [Kybernetik 2, 565]). Unter *Zeichen* wird dabei ein raum-zeitliches Gebilde, das für etwas anderes steht, verstanden (Seiffert [Wissenschaftstheorie 1, 85]). Von besonderer Bedeutung sind die drei Ebenen bzw. Dimensionen der Semiotik:

1. die syntaktische Ebene,
2. die semantische Ebene,
3. die pragmatische Ebene.

Aussagen auf der *semantischen Sprachebene* betreffen die Bedeutung der Zeichen oder, anders ausgedrückt, die Beziehung der Zeichen zu dem, was gemeint ist. Die *syntaktische Ebene* liegt *vor* der Ebene der Bedeutung. Es interessieren hier die Zeichen selbst und die Regeln ihrer Zusammenstellung. Auf der *pragmatischen Ebene* wird die Bedeutung der Zeichen in Relation zu dem Benutzer der Zeichen (Sender und Empfänger) gesetzt. Die Pragmatik untersucht z.B. die Bedeutung bestimmter Worte für bestimmte Schichten der Bevölkerung (z.B. Rotwelsch). Den Unterschied zwischen Semantik und Pragmatik macht Seiffert an folgendem Beispiel klar: „Wenn ich als Fußgänger ein Stop-Straßenschild sehe, weiß ich zwar genau, was dieses Schild bedeutet. Aber diese Bedeutung betrifft mich nicht, da ich als Fußgänger zwar Fußgängerampeln, nicht aber Stop-Schilder beachten muß. Für den Autofahrer hingegen ist das Stop-Straßenschild unmittelbar verbindlich. Er muß anhalten und kann dann erst über die Kreuzung fahren" (Seiffert [Wissenschafts-theorie 1, 92]). Das Beispiel zeigt zugleich, daß es die pragmatische Sprachebene mit Zwecksetzungen von Informationen zu tun hat.

Die besondere Bedeutung, die der Semiotik im heutigen Wissenschaftsbetrieb zukommt, liegt einmal darin, daß die Semiotik eine wesentliche Grundlage für die Beurteilung der Aussagen der Objektwissenschaften bildet. Zum anderen sind die drei Ebenen der Semiotik nicht nur für die internale Wissenschafts-theorie von Bedeutung, sondern auch für die Informationstheorie, auf die später noch zurückzukommen sein wird (vgl. 2. Hauptteil, B II 4 g).

Es erhebt sich die Frage, ob die Beschäftigung mit Problemen der Wissenschaftstheorie – zumal für die Betriebswirtschaftslehre – über-haupt nötig bzw. sinnvoll ist. So haben denn auch Fachvertreter der Betriebswirtschaftslehre bis in die jüngste Zeit (vgl. z.B. D. Schnei-der [Bilanztheorie 46]) die Erörterung methodologischer Fragen als wenig fruchtbar angesehen. Indessen kann u.E. zumindest für die moderne Betriebswirtschaftslehre die Notwendigkeit und Fruchtbar-keit wissenschaftstheoretischer Diskussion kaum ernsthaft bestritten werden. Die große Bedeutung, die die Wissenschaftstheorie für den Wissenschaftsbetrieb hat, ergibt sich allein schon aus dem Risiko eines unrationellen wissenschaftlichen Vorgehens und möglicher Fehlent-wicklungen, die die Wissenschaft auf breiter Front nehmen kann. Im Bereich der Wirtschaftswissenschaft ist hier etwa an die Kultivierung eines unfruchtbaren *Modell-Platonismus* zu denken (siehe unten C II. 4) oder auch an die erwähnte Einseitigkeit in der Entwicklung der vorliegenden Betriebswirtschaftslehre zugunsten der Unternehmer- und Kapitalgeberseite. Hinzu kommt, daß auch die Betriebswirt-schaftslehre inzwischen den Zugang zu jenen wissenschaftstheore-tischen Arbeiten gefunden hat, die heute den neuesten Stand der Diskussion darstellen und die für die Betriebswirtschaftslehre die not-wendige Orientierungshilfe abzugeben in der Lage sind.

III. Weiterführende Literatur

Bense [Atheist] – Bunge [Scientific Research 3–7, 25–36] – Carnap [Einführung 77–79] – Grossner [Verfall] – Heinen [Einführung 11–14] – Moxter [Grund-fragen 2–4] – Opp [Methodologie 12–18] – Seiffert [Wissenschaftstheorie 1, 81–102] – Weingartner [Wissenschaftstheorie 38–50]).

B. Die Betriebswirtschaftslehre im Rahmen der Wissenschaftssystematik

I. Die Stellung der Betriebswirtschaftslehre in alternativen Wissenschaftseinteilungen

Wissenschaftseinteilungen werfen beträchtliche Probleme auf. Dennoch dient der Versuch, die Betriebswirtschaftslehre in eine Wissenschaftssystematik einzuordnen, nicht nur der allgemeinen Orientierung, sondern erhellt zugleich wichtige methodologische Probleme, deren Skizzierung zur weiteren Standortbestimmung der Betriebswirtschaftslehre beiträgt.

Gehen wir zunächst von der gängigen Unterscheidung zwischen *Natur-* und *Geisteswissenschaften* aus. Sie erfolgt vielfach unter dem Gesichtspunkt, daß in beiden Wissenschaftsbereichen unterschiedliche Erkenntnisziele und -methoden zur Anwendung kommen: Demnach bedienen sich die Naturwissenschaften der *Methode des Erklärens* mit Hilfe von Gesetzen (Methode der deduktiven Prüfung – vgl. C II. 2.); demgegenüber sind die Geisteswissenschaften auf die *Methode des Beschreibens und des Verstehens* (Hermeneutik) angewiesen oder, mit anderen Worten, die Naturwissenschaft geht *nomographisch* vor, d. h. sie ist bestrebt, allgemeine Gesetzesaussagen aufzustellen, während die Geisteswissenschaften *idiographisch* verfahren, d. h. sie haben als Aufgabe die Beschreibung von Einzelerscheinungen und eventuell deren Interpretation (vgl. hierzu: Apel [Hermeneutik] und die Kritik von Albert [Hermeneutik]). Auf die genannte Weise kann eine Unterscheidung zwischen Natur- und Geisteswissenschaften jedoch nicht begründet werden, da die Bedeutung der Methode des Erklärens über die Naturwissenschaften hinausreicht. So wesentliche Teildisziplinen der Geisteswissenschaften wie die Soziologie und die Wirtschaftswissenschaft bemühen sich ebenfalls um die Aufstellung allgemeiner Gesetze. Eine auf der Anwendung spezieller Methoden basierende Einordnung der Betriebswirtschaftslehre zu den Geisteswissenschaften ist also nicht haltbar, da sich auch die Betriebswirtschaftslehre in ihrer Suche nach Gesetzen derselben Methoden bedient wie die Naturwissenschaft.

Weiterhin ist die Unterscheidung zwischen *Formal- und Realwissenschaften* üblich. Die Aussagen der Formalwissenschaft sind abstrakt und nehmen keinen Bezug auf reale (empirische) Erscheinungen. Sie stellen „ein System von Zeichen mit Regeln zur Verwendung dieser Zeichen dar" (Carnap [Einführung 1]). Der *Wahrheitsgehalt* formalwissenschaftlicher Aussagen bzw. Aussagensysteme läßt sich nur in *logischer* Hinsicht prüfen. Realwissenschaftliche Aussagen dagegen sind „ein System von Behauptungen über irgendwelche Gegenstände" (Carnap [Einführung 1]). Sie können sowohl im Hinblick auf ihre *logische* als auch auf ihre *faktische Wahrheit* geprüft werden.

Die Betriebswirtschaftslehre befaßt sich mit realen Erscheinungen, nämlich mit speziellen Organisationen („Betrieben") und den in ihnen wirtschaftenden Personen. Sie ist daher den Realwissenschaften zuzurechnen. Dies schließt nicht aus, daß auch Ergebnisse der Formalwissenschaften, speziell der Mathematik, in ihr Anwendung finden. Derartige formalwissenschaftliche Methoden haben indessen nur Hilfsfunktion bei der Lösung jener Probleme, die sich im realwissenschaftlichen Bereich der Betriebswirtschaftslehre stellen.

Schließlich wird die Unterscheidung zwischen *Natur- und Kulturwissenschaften* häufig verwendet. Dabei hat sich der – nicht sehr überzeugende – Brauch herausgebildet, diese Zweiteilung lediglich auf die Realwissenschaften zu beziehen. Gegenstand der Kulturwissenschaften sind dann die Beziehungen zwischen Menschen, zwischen Menschen und Sachen sowie bestimmte Hervorbringungen des Menschen. Indessen gerät man bei einer auf realwissenschaftlicher Ebene vorgenommenen Unterscheidung zwischen Natur- und Kulturwissenschaften in ähnliche Schwierigkeiten, wie wir sie bei der an bestimmten Methoden orientierten Trennung von Natur- und Geisteswissenschaften kennengelernt haben. Auch die Naturwissenschaften befassen sich ja nicht nur mit den ohne Zutun des Menschen vorhandenen Dingen, sondern auch mit seinen Hervorbringungen. Eben diese Abgrenzungsprobleme sind denn auch der Ansatzpunkt, Natur- und Geisteswissenschaft zu einer Einheitswissenschaft verschmelzen zu wollen. Unter diesem Gesichtspunkt wäre die Zuordnung der Betriebswirtschaftslehre zu den Kulturwissenschaften nur noch ein historisches Relikt einer traditionellen Wissenschaftssystematik.

Indessen ist eine solche Perspektive u. E. problematisch. Selbst wenn man die Kulturwissenschaften nur auf die Realwissenschaften bezieht (also metaphysische Disziplinen ausschließt), geht im Konzept der Einheitswissenschaft verloren, daß in den Kulturwissenschaften eine wissenschaftliche Legitimation menschlicher bzw. gesellschaftlicher Normen zumindest zu erwägen ist.

Die dargestellten Zusammenhänge verdeutlicht die folgende Abbildung.

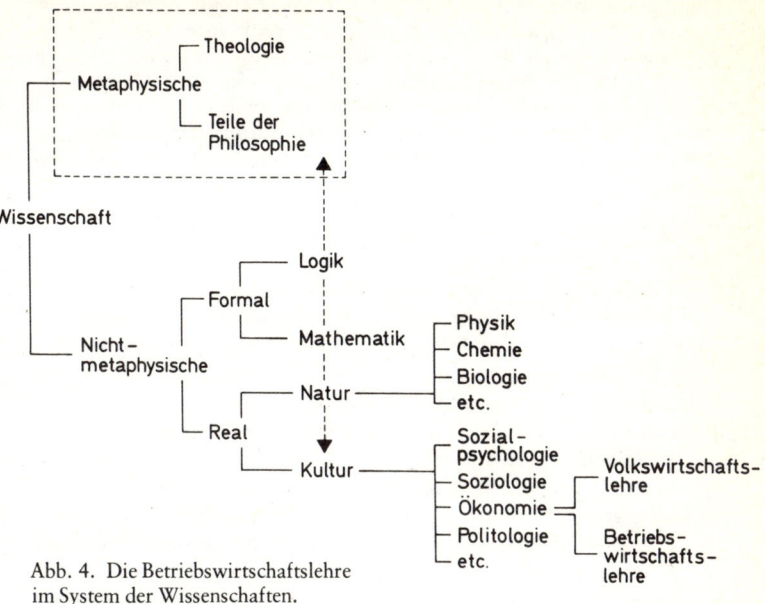

Abb. 4. Die Betriebswirtschaftslehre
im System der Wissenschaften.

II. Die Betriebswirtschaftslehre als Teildisziplin der Wirtschaftswissenschaft

Teildisziplin der Kulturwissenschaft ist neben Sozialpsychologie, Soziologie, Geschichte u.a. die *Wirtschaftswissenschaft* (Ökonomie). Ihr Problembereich erstreckt sich auf die *planvolle Versorgung der Menschen mit knappen* Gütern. Damit ist zugleich die außerordentliche Spannweite wirtschaftlicher Tätigkeit angedeutet: Wirtschaften bzw. Wirtschaftswissenschaft hat nicht nur Entscheidungen über *materielle Güter* zum Gegenstand, sondern bezieht sich auch auf zweckhaftes Handeln hinsichtlich *immaterieller Güter,* sei es, daß diese gegen direktes Entgelt („clear payment") im Markt gehandelt werden (z.B. Beratungsleistungen von Wirtschaftsprüfern), sei es, daß diese ohne direktes Entgelt den Abnehmern zur Verfügung gestellt werden (z.B. bestimmte öffentliche Güter, aber auch Parteiprogramme, kirchliche Dienstleistungen u.ä.).

Ungenau ist es allerdings, Wirtschaft als „dasjenige Gebiet menschlicher Tätigkeiten" zu bezeichnen, „das der Bedürfnisbefriedigung" dient (Wöhe [Einführung 1]). Erst das *zweckhafte* Handeln in bezug auf *knappe* Güter macht eine wirtschaftliche Tätigkeit aus. Zuneigung z. B. – ein knappes Gut – wird erst dann zum Objekt des Wirtschaftens, wenn ihr Einsatz „kalkuliert" ist, d. h. planvollen „Kosten-/Nutzen"-Erwägungen unterworfen wird. Hingegen besteht in der modernen Betriebswirtschaftslehre u. E. zu Recht die Tendenz, auch planvolle Dispositionen über knappe Zeit zum Wirtschaften zu zählen (das alte Sprichwort „time is money" bringt diesen Sachverhalt gut zum Ausdruck).

Die Wirtschaftswissenschaft wiederum besteht aus zwei Teildisziplinen: der *Volkswirtschaftslehre* und der *Betriebswirtschaftslehre,* wobei Schwierigkeiten und Problematik einer solchen Abgrenzung sich besonders deutlich in der Literaturdiskussion verfolgen lassen (und dort z. T. zu absonderlichen Perspektiven geführt haben). Derartige Schwierigkeiten sind nicht zuletzt darin begründet, daß in der Volkswirtschaftslehre zwischen *Makro-* und *Mikroökonomie* unterschieden wird. Gegenstand der Makroökonomie sind nach herrschender Auffassung spezielle Probleme, die aus dem Zusammenwirken aggregierter Größen entstehen, etwa Erklärung der Inflation und Entwicklung von Maßnahmen zu ihrer Bekämpfung, Sicherung der gesamtwirtschaftlichen Vollbeschäftigung u. ä.; demgegenüber sind die Aktivitäten der *einzelnen* Wirtschaftseinheiten (also der Produktionswirtschaften und der privaten Haushalte) Gegenstand der Mikroökonomie.

Man sollte derartige Abgrenzungsfragen nicht überbetonen; dennoch ist die Frage wichtig (und bisher immer wieder diskutiert worden), ob eine Unterscheidung zwischen *Betriebswirtschaftslehre und Mikroökonomie* zweckmäßig bzw. nötig ist. Völlig unhaltbar erweist sich u. E. die Auffassung Wöhes [Einführung 12], der einen Unterschied zwischen Mikroökonomie und Betriebswirtschaftslehre folgendermaßen zu begründen versucht: „Da die mikroökonomische Analyse aber nicht vom einzelnen Betrieb ausgeht, sondern vom Markt aus in den einzelnen Betrieb hinein, ist sie in Wirklichkeit gar keine betriebswirtschaftliche Untersuchung. Eine mikroökonomische Analyse übersieht beide Marktseiten: Angebot und Nachfrage. Für das Marktgleichgewicht stellt aber, wie Mellerowicz das ausdrückt, ‚der Betriebsprozeß nur die eine Hälfte' dar. Die betriebswirtschaftliche Analyse betrachtet die Nachfrageseite als Datum." Es genügt bereits ein Hinweis auf die Tatsache, daß in der Betriebswirtschaftslehre heute ganz generell der *Marketing-Gedanke* (vgl. 2. Hauptteil, A III) eine wesentliche Rolle spielt, um die Unhaltbarkeit der Argumentation Wöhes aufzuzeigen: Es kann zumindest in der modernen Betriebswirtschaftslehre nicht mehr die Rede davon sein, daß der Markt bzw. die Nachfrageseite als Datum angesehen wird.

Moxter [Grundfragen 93f.] versucht die Verschiedenartigkeit von Mikroökonomie und Betriebswirtschaftslehre an Hand *unterschiedlicher Erkenntnisziele* nachzuweisen. Nach Moxter ergibt sich das besondere Erkenntnisziel der Betriebswirtschaftslehre dadurch, daß sie „dem *Unternehmer* die Mittel und Wege weisen will, seine – *einzelwirtschaftlichen* Ziele . . . optimal zu erreichen" (Moxter [Grundfragen 93]). Wie im folgenden noch näher auszuführen sein wird (vgl. C III, 3,), ist es nicht nur plausibel, sondern wissenschaftlich äußerst bedenklich, die Betriebswirtschaftslehre nur vom Blickpunkt des Unternehmerinteresses her zu konzipieren.

Heute setzt sich – u.E. völlig zu Recht – immer mehr die Meinung durch, daß Betriebswirtschaftslehre und Mikroökonomie identisch sind. Daraus ergibt sich die folgende Gliederung der Wirtschaftswissenschaft in:

1. Makroökonomie = Volkswirtschaftslehre
2. Mikroökonomie = Betriebswirtschaftslehre (= Einzelwirtschaftslehre)

Die einzelwirtschaftliche Betrachtung der Dispositionen über knappe Güter bildet also den Schwerpunkt der Betriebswirtschaftslehre (ähnlich z.B. Menrad [Gutenbergs System 585]). Welche weiteren Probleme damit z.B. für das Verhältnis der Betriebswirtschaftslehre zu den Nachbardisziplinen verbunden sind, wird später noch einmal aufzugreifen sein (vgl. C III. 3. c).

III. Weiterführende Literatur

Albert [Verstehen] – Bense [Atheist] – Bunge [Scientific Research 21–25] – Risse [Gliederung 4f.] – Wöhe [Einführung 17–24].

C. Aussagenkategorien im Wissenschaftssystem der Betriebswirtschaftslehre

I. Definitionen

Aussagen über die Realität setzen voraus, daß eine intersubjektiv nachvollziehbare *Beziehung zwischen der Sprache und der Realität* vorliegt. Die Herstellung der Beziehung erfolgt mit Hilfe von *Begriffen*. Man kann zwischen Begriffen und Termini trennen. Unter einem *Terminus* wird ein sprachlicher Ausdruck verstanden, der einer bestimmten Tatbestandsgattung der Realität explizit zugeordnet ist und unter einem *Begriff* das, was der Terminus zu verstehen gibt (Seiffert [Wissenschaftstheorie 1, 42]). Der Begriff stellt also eine assoziative Kopplung zwischen dem Terminus und dem zugeordneten Tatbestand der Realität (Designat) dar.

Der Zusammenhang läßt sich im folgenden Schaubild aufzeigen (Kroeber-Riel [Sprachkritik 26]):

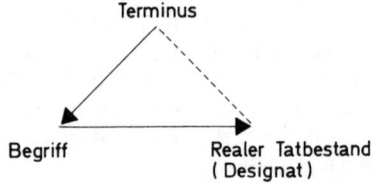

Terminus

Begriff

Realer Tatbestand (Designat)

Bei der Analyse der Begriffe ist es zweckmäßig, zwischen dem *Begriffsinhalt* (Intension, Bedeutung) und dem *Begriffsumfang* (Extension, Bezeichnung) zu unterscheiden. Unter dem Begriffsinhalt versteht man die Gesamtheit seiner Merkmale und unter dem Begriffsumfang die Klasse (oder Menge) aller auffindbaren Elemente des Objektbereichs, auf die der Ausdruck zutrifft, also die Tatbestände, die mit dem Begriff bezeichnet werden (Carnap [Einführung 39f.]; Seiffert [Wissenschaftstheorie 1, 42f.]; Szyperski [Problematik 28f.]). Der Inhalt des Begriffs „Betrieb" ist z.B. gekennzeichnet durch die Merkmale „System", „sozio-technisch" und „zielgerichtet", während der Umfang bestimmt wird durch die Zahl der in der Realität vorhandenen Gebilde, auf die diese Merkmale zutreffen, Gebilde, die wir als Betriebe bezeichnen.

Gegenüber der Intension ist die Extension die schwächere Relation, weil mit der Intension immer auch die Extension gegeben ist, aber nicht umgekehrt (Bocheński [Denkmethoden 58]). Aus diesem Grunde sollte der Begriff primär „mittels seiner Intension, nicht mittels seiner Extension eingeführt werden, wenn man eine vollständige semantische Kenntnis über ihn erhalten will; denn man kann wohl aus der Kenntnis der Intension auf die Extension schließen (da es zu einer Intension immer nur eine Extension gibt), aber man kann nicht umgekehrt aus der Kenntnis der Extension auf die Intension zurückschließen (da es zu einer Extension mehrere Intensionen geben kann)" (Stegmüller [Wahrheitsproblem 150]). So können die gleichen realen Betriebe möglicherweise durch andere Merkmale als die oben gekennzeichet werden (zu einem Beispiel vgl. Szyperski [Problematik 23]).

Die Einführung der Begriffe erfolgt mit Hilfe von Definitionen. *Definitionen* stellen in syntaktischer Hinsicht „Verknüpfungsformeln mit zwei Gliedern" (Carnap [Einführung 57]), den zu definierenden Zeichen *(Definiendum)* und den definierenden Zeichen *(Definiens)* dar. Sie können in folgender Definitionsgleichung geschrieben werden (vgl. z.B. Chmielewicz [Forschungskonzeptionen 8]).

Definiendum (z.B. Betrieb) = df. Definiens
                                     (Sozio-technisches, zielgerichtetes
                                     System)

(„= df." bedeutet dabei: „ist definiert durch")

Bei Definitionen wird festgelegt, daß der neu einzuführende Terminus (Definiendum) dieselbe Bedeutung haben soll wie der im Definiens stehende komplexe Ausdruck, wobei vorausgesetzt wird, daß die einzelnen Termini des Definiens in ihrer Bedeutung bekannt sind (Carnap [Einführung 56]; Opp [Methodologie 73]; Fischer-Winkelmann [Methodologie 32f.]). Es findet gewissermaßen ein Bedeutungstransfer von der rechten Seite der Gleichung zur linken Seite statt. Durch Definitionen wird also Synonymität von Definiendum und Definiens festgelegt, so daß in einem Aussagenzusammenhang jederzeit beide Ausdrücke substituiert werden können (Albert [Theoriebildung 21]; derselbe [Definition 146]).
In der Literatur wird z.T. die Auffassung vertreten, daß Definitionen nicht allein sprachliche Festlegungen und damit *Nominaldefinitionen* sind, sondern auch informative Aussagen über die Realität machen. Im letzteren Fall spricht man von *Realdefinitionen*.

Unter Realdefinitionen verstand man in der klassischen Logik „die Beschreibung des Wesens und der Natur von Tatbeständen (Albert [Definition 173]). Realdefinitionen sind also als Aussagen über die Realität zu verstehen, sie geben Antwort auf die Frage: Was ist . . . ?"; „sie enthalten unser gesamtes Wissen" (Popper [Gesellschaft 22]). Eine solche Realdefinition findet sich z.B. bei Ulrich [Ansatz 49]: Nachdem Ulrich die Unternehmung als ein „soziotechnisches System" bezeichnet hat, schreibt er: „Eine solche Definition der Unternehmung ist zwar empirisch gehaltvoll, d.h. sie stellt Behauptungen über die Realität auf und kann an dieser scheitern, doch sind diese Aussagen derart allgemein und mit der täglichen Erfahrung übereinstimmend, daß eine Falsifikation kaum erwartet werden kann." (Über Probleme der Überprüfung von Aussagen vgl. Abschnitt C II.)

Nun leuchtet es unmittelbar ein, daß Aussagen über die Realität nur dann überprüfbar sind, wenn die Tatbestände, auf die sie sich beziehen, definiert sind. Um also z.B. Aussagen über die Unternehmung machen zu können, muß bekannt sein, was man unter einer „Unternehmung" versteht.

Im Gegensatz zu Realdefinitionen sollen mit Nominaldefinitionen keine informativen Aussagen über die Realität gemacht werden (Albert [Theoriebildung 19–22]; derselbe [Definitionen 146]; Popper [Gesellschaft 19–23]). Bei Nominaldefinitionen handelt es sich nicht um Feststellungen über die Welt, sondern um Festsetzungen über den Gebrauch bestimmter Termini (Kaufmann [Methodenlehre 34]). Nominaldefinitionen sind Sprachregelungen ohne jeden Wahrheitsanspruch und damit Tautologien, die sich zwar auf die realen Gegenstände und ihre Attribute beziehen, die aber selbst keine Urteile über sie liefern (Wild [Organisationslehre 76]).

Da Nominaldefinitionen Konventionen über den Gebrauch von Termini darstellen und selbst keine informativen, wahrheitsbedürftigen Aussagen über die Realität machen, sondern ihre Berechtigung lediglich über die Begriffe als Grundlage von Aussagen über die Realität erhalten, sind sie an der Erfüllung dieser Aufgabenstellung, d.h. auf ihre *Zweckmäßigkeit* hin zu überprüfen. Ein Kriterium im Rahmen dieser Zweckmäßigkeitsüberlegungen stellt ihre „*Fruchtbarkeit*" (Carnap [Induktive Logik 14]) dar. Die Fruchtbarkeit eines Begriffes ist in der Wissenschaft um so größer, „je mehr er sich auf Grund von beobachteten Tatsachen mit anderen Begriffen in Beziehung bringen läßt", d.h. je mehr generelle Hypothesen mit diesen Begriffen gebildet werden können. Dabei kann angenommen werden, daß dieses Postulat immer dann erfüllt ist, wenn „erkennbare Unterschiede im Untersuchungsobjekt auch begrifflich differenziert werden und das begrifflich Unterschiedene auch sprachlich, terminologisch deutlich zum Ausdruck gebracht wird" (Szyperski [Problematik 36 f.]). Man kann

in diesem Zusammenhang auch von einem „*Primat der gegenstands-
und zweckgerechten Präzision*" sprechen.

Für die Überprüfung der Theorie an der Realität ist im Hinblick auf
die Begriffe neben der Fruchtbarkeit bzw. der gegenstands- und
zweckgerechten Präzision die „*Operationalität*" von Begriffen zu fordern, d. h. es muß exakt feststellbar sein, ob und welche beobacht-
baren Dinge, Eigenschaften und Relationen unter den zugehörigen
Begriff fallen.

Weiterführende Literatur

Albert [Definition] – Albert [Theoriebildung 19–22] – Chmielewicz [For-
schungskonzeptionen 7–9] – Fischer-Winkelmann [Methodologie 29–35] –
Opp [Methodologie 89–165] – Seiffert [Wissenschaftstheorie 1, 15–51] – Szyperski [Problematik 17–46].

II. Wertfreie Aussagen bzw. Aussagesysteme

1. Empirische und nichtempirische Aussagen

Wir haben bereits darauf hingewiesen, daß *empirische Aussagen*
wahrheitsfähige Aussagen über reale Sachverhalte sind. Die Wahrheit
empirischer Aussagen wird auch als *faktische Wahrheit* oder ab-
gekürzt als *F-Wahrheit* bezeichnet. Prüfinstanz für die Wahrheit

empirischer Aussagen ist die *Realität;* d. h. die Wahrheit empirischer
Aussagen wird festgestellt, indem man sie mit der Realität konfron-
tiert. So läßt sich z. B. die Aussage: „Die Mehrzahl der Konsumenten
in der Bundesrepublik Deutschland ist Abonnent der Zeitschrift ‚test' "
dadurch prüfen, daß ich die Zahl der ermittelten „test"-Abonnenten
zu der Zahl der Konsumenten in der BRD in Beziehung setze.

Von den empirischen Aussagen sind die *logischen Aussagen* zu unterscheiden. Auch logische Aussagen sind wahrheitsfähig, jedoch spricht
man hier im Gegensatz zu der (empirischen) F-Wahrheit von der
logischen Wahrheit oder kurz *L-Wahrheit* (C a r n a p [Einführung
16–19]). Prüfinstanz ist die *logische Konsistenz,* die durch Ableitung
unter Berücksichtigung der Regeln der Logik festgestellt wird. Neben
den *wahrheitsfähigen* empirischen und logischen Aussagen stehen
diejenigen Aussagen, die von den Vertretern des modernen Empiris-
mus als *nicht wahrheitsfähig* bezeichnet werden. Es lassen sich
wiederum zwei Kategorien, nämlich *normative Aussagen* (Beispielsatz: „Du sollst nicht töten") und *metaphysische Aussagen* (Bei-

spiellsatz: „Es gibt einen Gott"), unterscheiden. Das folgende Schema macht den Zusammenhang zwischen den verschiedenen Aussagen-kategorien deutlich:

Wahrheitsfähige Aussagen	F-wahre Aussagen	Empirische Aussagen
	L-wahre Aussagen	
Lt. mod. Empiris-mus nicht wahr-heitsfähige Aus-sagen	Normative Aussagen	Nicht empirische Aussagen
	Metaphysische Aus-sagen	

Abb. 5. Die Wahrheitsfähigkeit von Aussagen.

2. Deskriptive und explikative Aussagen

Die empirischen Aussagen können *deskriptiven* oder *explikativen* Charakter haben. Stegmüller [Hauptströmungen 450] definiert *deskriptive Aussagen* wie folgt: „In einer Beschreibung formulieren wir sprachlich das Ergebnis von Wahrnehmungen und Beobach-tungen." Deskriptive (= beschreibende) Aussagen haben die Form *singulärer Sätze,* d.h. sie haben stets einen speziellen Raum-Zeit-Bezug. Sie beantworten die Frage nach dem „was ist der Fall" oder „was war der Fall" (Stegmüller [Hauptströmungen 450]). Beispiel: Die Volkswagenwerke erzielten vom 1. Januar bis 30. September 1973 einen Absatzerlös von 12,8 Milliarden DM. Seiffert [Wissenschafts-theorie 1, 138] bezeichnet deskriptive Aussagen auch als *Protokoll-Sätze.*

Die Grundlage für *explikative* (= erklärende) *Aussagen* sind *generelle Sätze,* die in ihrer strengen Form keinen speziellen Raum-Zeit-Bezug aufweisen („Immer-und-überall-wenn . . ., dann . . ."). Sie verhelfen zu einer Antwort auf die Frage *„warum* ist das der Fall?". Explikative Aussagen, deren Gültigkeit durch die bisherige Erfahrung gut bestätigt ist, werden *Gesetzesaussagen* oder *Gesetzeshypothesen* (= nomolo-gische Hypothesen) genannt. Innerhalb der wahrheitsfähigen Aus-sagen bezeichnen wir die Menge von Gesetzen, die logisch miteinander verbunden sind, als eine *Theorie* (Opp [Methodologie 50]).

Um Sachverhalte erklären zu können, benötigen wir außer den generellen Gesetzesaussagen noch singuläre deskriptive Aussagen, die sog. *Antecedenz-, Anfangs-* oder *Randbedingungen.* Randbedingun-gen machen Aussagen über die individuellen konkreten Einzelheiten der zu erklärenden Erscheinung. Generelle Gesetzesaussagen und singuläre Antecedenzbedingungen werden unter dem Terminus *Explanans* zusammengefaßt. Diejenige Erscheinung, die erklärt werden soll, heißt *Explanandum*. Explanans und Explanandum ergeben zusammen das sog. *deduktive Erklärungsmodell*. Deduktiv heißt dieses Erklärungsmodell deshalb, weil die Erklärung der fraglichen Erscheinung (Explanandum) aus dem Explanans abgeleitet (= deduziert) wird (Opp [Methodologie 29–36]).

Explanans $\left\{\begin{array}{l} \text{Gesetzesaussage} \quad (G_i) \\[2ex] \text{Randbedingungen} \quad (A_i) \end{array}\right.$

$\qquad\qquad\quad$ Explanandum $\quad (E_i)$

Ein instruktives Beispiel zur Erläuterung des deduktiven Erklärungsmodells findet sich bei Opp [Methodologie 30f.]. Wir gehen von der Annahme aus, es sei festgestellt worden, daß die Selbstmordrate in Baltimore höher ist als in New York. Diesen empirischen Sachverhalt wollen wir nun erklären. Wir stehen also vor dem Problem, ein Explanans zu finden, aus dem wir das Explanandum (die höhere Selbstmordrate in Baltimore) deduzieren können. Bei einer sorgfältigen Durchforstung der theoretischen Rüstkammer entdecken wir folgende auf Emile Durkheim zurückgehende einschlägige allgemeine Gesetzesaussage: „In Gruppen, in denen ein hoher Prozentsatz von Personen sozial isoliert ist, ist die Selbstmordrate höher als in Gruppen, in denen ein geringer Prozentsatz von Personen sozial isoliert ist." Nunmehr geht es nur noch darum, die entsprechenden Randbedingungen (Antecedenzbedingungen) zu finden. Dieses Problem haben wir dann gelöst, wenn wir feststellen: „In Baltimore sind mehr Personen sozial isoliert als in New York." Aus der Durkheimschen Gesetzesaussage und der Randbedingung können wir nun das Explanandum deduzieren:

G_1: Wenn in einer Gruppe A die soziale Isolierung stärker ist als in Gruppe B, dann ist auch die Selbstmordrate in Gruppe A höher als in Gruppe B

A_1: In Baltimore ist die soziale Isolierung stärker als in New York

E_1: In Baltimore ist die Selbstmordrate höher als in New York

Damit haben wir eine wissenschaftliche Erklärung (logische Ableitung des Explanandum aus dem Explanans) für die höhere Selbstmordrate in Baltimore gegeben.
Die erklärende Kraft einer Gesetzesaussage hängt von zwei Dingen ab: ihrer *empirischen Gültigkeit* und ihrem *Informationsgehalt*. Wenden wir uns zunächst dem Informationsgehalt genereller Aussagen zu (siehe hierzu insbesondere Chmielewicz [Forschungskonzeptionen 16–20]; Köhler [Systeme 16–22]). Gesetze bzw. Gesetzeshypothesen können stets in die Form von Wenn-Dann-Aussagen gebracht werden (z.B.: Wenn höhere soziale Isolation, dann höhere Selbstmordrate); generelle Hypothesen lassen sich auch als „Immer-und-überall-Wenn-Dann-Aussagen" bezeichnen. Jede Hypothese hat also eine *Wenn-Komponente* und eine *Dann-Komponente*. Von dem Informationsgehalt, den diese beiden Komponenten jeweils aufweisen, hängt der Informationsgehalt der gesamten Wenn-Dann-Aussage (= Gesetzeshypothese bzw. Gesetz) ab. Wird der Informationsgehalt der Wenn- bzw. Dann-Komponente verändert, ändert sich auch der Informationsgehalt der gesamten Aussage. Wenn wir den Gehalt der Dann-Komponente steigern, indem wir sie mit zusätzlichen Informationen anreichern, so erhöhen wir den Gehalt der gesamten Hypothese. Wir sagen, die Hypothese wird *präziser*. Die Präzisierung von Hypothesen kann anhand der folgenden Beispielsätze deutlich gemacht werden. Nehmen wir an, eine generelle Aussage lautet: „Wenn Unternehmer handeln, dann handeln sie so, wie sie es für richtig halten" (Köhler [Systeme 19]). Dieser Satz kann kaum empirischen Sachverhalten widersprechen. Der Satz ist deshalb wenig informativ, ja er grenzt an den Extremfall der *Leerformel,* da durch ihn nichts ausgeschlossen wird. Nehmen wir dagegen den Satz: „Wenn die Unternehmer handeln, dann hat für sie die Gewinnerzielung Vorrang gegenüber der Schonung von Ressourcen." In diesem Satz haben wir der Dann-Komponente Informationen insofern hinzugefügt, als wir nun sagen, *was* die Unternehmer für richtig halten: Die Dann-Komponente und damit die gesamte Aussage sind präzisiert worden. Der zweite Satz ist informativer, denn er kann zu der Realität in Widerspruch geraten, nämlich dann, wenn ein Unternehmer bewußt im Interesse der Ressourcenschonung auf Gewinne verzichtet.
Wenn wir dagegen der Wenn-Komponente zusätzliche Informationen hinzufügen, also die Wenn-Komponente präziser machen, so nimmt der Informationsgehalt der gesamten Hypothese ab. Wir sagen, die Hypothese wird *spezieller,* d.h. sie gilt nun für weniger Fälle als vorher. Eine solche Spezifizierung einer Hypothese läge z.B. vor,

wenn wir das Durkheim-Gesetz über die Selbstmordrate in seiner Reichweite auf die psychisch labilen Personen einschränken. Wir würden dann folgendermaßen formulieren: Wenn psychisch labile Personen in Gruppen mit hoher sozialer Isolation leben, dann ... Ein solches Gesetz wäre weniger informativ als die Fassung Durkheims.

Die Ausführungen zur Veränderung des Informationsgehalts von Hypothesen machen deutlich, daß der Wahrheitsgehalt und der Informationsgehalt von Hypothesen und Theorien u. U. in ein Konkurrenzverhältnis treten können. Wir brauchen eine Hypothese nur genügend unpräzise zu machen, um zu erreichen, daß sie immer wahr ist. Freilich verliert sie dann ihren Informationsgehalt. Ein Beispiel für eine nicht-informative, aber stets wahre allgemeine Aussage ist die scherzhafte Wetterregel: „Wenn der Hahn kräht auf dem Mist, ändert sich das Wetter oder es bleibt wie es ist."

Unabhängig von ihrem potentiellen Informationsgehalt können nomologische (= gesetzmäßige, explikative) Aussagen nur für Erklärungen herangezogen werden, wenn sie empirisch gültig bzw. „wahr" sind. Wir haben oben bereits vermerkt, daß die Wahrheit empirischer Hypothesen durch ihre Konfrontation mit der Realität festgestellt wird. Mit diesem Prüfverfahren wollen wir uns im folgenden näher befassen (siehe hierzu Köhler [Systeme 28–36]; Fischer-Winkelmann [Methodologie 62–69]).

Eine nomologische Hypothese behauptet, daß bestimmte empirisch feststellbare Wirkungen immer dann eintreten, wenn bestimmte Ursachen gegeben sind. Bisher sind wir davon ausgegangen, daß ein gegebenes empirisches Ereignis (Explanandum) mit Hilfe eines Explanans, das aus Gesetzesaussage und Randbedingungen besteht, erklärt wird. Die Richtung dieses Prozesses kann umgekehrt werden. Aufgrund eines gegebenen Explanans können wir das Vorhandensein bzw. den Eintritt eines entsprechenden empirischen Ereignisses *prognostizieren*. Wenn wir z.B. über das oben genannte aus G_1 und A_1 bestehende Explanans verfügen, können wir immer dann, wenn wir auf Gruppen mit unterschiedlicher sozialer Integration stoßen, prognostizieren, daß die Selbstmordrate in derjenigen Gruppe am höchsten ist, die die geringste soziale Integration aufweist. Zwischen *Erklärung* und *Prognose* besteht also eine strukturelle Identität in der Weise, daß immer dann, wenn eine wissenschaftliche Erklärung möglich ist, stets auch prognostiziert werden kann. Der Zusammenhang von Erklärung und Prognose wird durch das folgende bei Opp [Methodologie 69] zu findende Schema deutlich:

Erklärung:		Prognose:
gesucht	Gesetzesaussage	gegeben
gesucht	Randbedingungen	gegeben
gegeben	Explanandum	gesucht

Aus dem Zusammenhang zwischen Erklärung und Prognose geht unmittelbar hervor, wie wichtig die Kenntnis von Gesetzen auch für betriebswirtschaftliche Entscheidungen ist. Kennt man z. B. ein Gesetz, das die quantitative Wirkung unternehmerischer Werbemaßnahmen und entsprechender Werbekosten auf den Absatz angibt, so kann man den Werbeerfolg prognostizieren und hat damit eine wichtige Entscheidungsinformation in der Hand.

Die den nomologischen Hypothesen innewohnende prognostische Kraft nutzen wir gleichzeitig zur Prüfung ihrer empirischen Gültigkeit: Wir leiten aus ihnen Prognosen ab und stellen durch Beobachtung fest, ob sie in der Realität eingetreten sind oder nicht. Ist das prognostizierte Ereignis eingetreten, so sagen wir, die Hypothese wurde bestätigt. Durch strenge Tests gut bestätigte Hypothesen betrachten wir (vorläufig) als wahr (= Gesetze). Tritt das prognostizierte Ereignis nicht ein, so wird die Hypothese durch die Realität zurückgewiesen. Diese Zurückweisung empirischer Hypothesen nennen wir *Falsifikation*. Die Falsifizierbarkeit oder das sog. *Popper-Kriterium* fordert, daß empirische Aussagen so gestaltet sein müssen, daß sie an der Erfahrung (Realität) scheitern können. Die Forderung nach potentieller Falsifizierbarkeit dient als Kriterium für die Abgrenzung gehaltvoller realwissenschaftlicher Theorien von anderen Aussagen.

In der Literatur wird vielfach gefordert, daß die Wahrheit empirischer Gesetzesaussagen durch ihre *Verifikation* nachgewiesen werden muß. Diese Sicht ist, wie Popper nachgewiesen hat, falsch. Empirische nomologische Aussagen müssen zwar grundsätzlich falsifizierbar sein; niemals ist es jedoch möglich, sie endgültig zu verifizieren, weil nicht logisch zwingend ausgeschlossen werden kann, daß selbst für bisher gut bestätigte Theorien irgendwann ein falsifizierender Tatbestand auftritt. Verifikation ist ein infiniter Prozeß; die endgültige Bestätigung von Theorien ist deshalb unmöglich. Die Tatsache, daß empirische Aussagen zwar falsifizierbar, nicht aber verifizierbar sind, wird in der Literatur als *Asymmetrie zwischen Verifikation und Falsifikation* bezeichnet. Die Konsequenz des Bestehens dieser Asymmetrie ist, daß alle Wahrheit in der Wissenschaft einen vorläufigen Charakter besitzt. Wer sich wissenschaftlich betätigt, muß erkennen und akzeptieren, daß wir den Stein der Weisen in der Form einer endgültigen Wahrheit nicht besitzen.

Wie die explikativen empirischen Aussagen müssen auch die deskriptiven empirischen Sätze auf ihre Wahrheit hin prüfbar sein und geprüft werden. Wir haben bereits gesehen, daß deskriptive (singuläre) Aussagen im deduktiven Erklärungsmodell als Randbedingungen vorkommen. Ihre zweite Funktion in diesem Modell erfüllen sie als sog. *Falsifikatoren* bzw. *Konfirmatoren* der Gesetzeshypothesen, d. h. sie beschreiben die die Prognosen bestätigenden oder zurückweisenden Ereignisse. In dieser Richterfunktion bilden die deskriptiven Aussagen die Basis der empirischen Erkenntnis und werden deshalb als *Basissätze* bezeichnet. Diese Richterfunktion können deskriptive Aussagen nur erfüllen, wenn sie wahr sind. Es wird deshalb gefordert, daß sie *intersubjektiv nachprüfbar* sind. Jeder sachverständige Dritte muß in der Lage sein, durch eigene Beobachtung die Richtigkeit der Deskriptionen zu prüfen. Noch soviele Überprüfungen sind jedoch nicht ausreichend, die Möglichkeit eines Irrtums völlig auszuschließen. Die absolute Wahrheit einer deskriptiven Aussage kann nicht mit logischer Stringenz bewiesen werden. Die Akzeptierung eines Basissatzes bzw. einer Randbedingung bedeutet immer eine *Entscheidung* des Wissenschaftlers, eine bestimmte endliche Zahl von Überprüfungen als ausreichenden Wahrheitsbeweis anzusehen. Diese nicht völlig auszuräumende Unsicherheit im Fundament des deduktiven Erklärungsmodells wird als das *Basisproblem der empirischen Erkenntnis* bezeichnet.

3. Deterministische, stochastische und tendenzielle Aussagen

Bisher haben wir stillschweigend auf einen bestimmten Typ von explikativen Aussagen abgestellt, nämlich auf die *deterministischen* Gesetze bzw. Gesetzeshypothesen. Die *deterministischen Aussagen* verknüpfen in ganz eindeutiger Weise bestimmte Ursachen und Wirkungen. Sie sind deshalb sehr präzise und von hohem Informationsgehalt. Entsprechend hoch ist jedoch auf der anderen Seite das *Scheiterrisiko* solcher Aussagen. Eine deterministische Aussage stellt z. B. der folgende Satz dar: „Alle Vorbestraften werden rückfällig." Es ist klar, daß ohne große Mühe zahlreiche Gegenbeispiele zur Falsifikation dieser Aussage gefunden werden können. Wir haben es zwar mit einer Aussage von großem empirischen Gehalt zu tun, die jedoch ad hoc falsifizierbar ist.

Dieser Problematik können wir teilweise durch die Bildung *stochastischer Aussagen (Wahrscheinlichkeitsaussagen)* entgehen, denn stochastische Aussagen sind weniger leicht falsifizierbar und dennoch prüfbar und informativ. Diese Eigenschaft stochastischer Aussagen wird dadurch erreicht, daß Abweichungen zugelassen und durch eine *Wahrscheinlichkeitsverteilung* (d. h. durch eine Hypothese über die wahrscheinliche Verteilung der Abweichungen) quantifiziert werden. Charakteristisch für stochastische Aussagen ist, daß die Dann-Komponente Informationen über zwei Phänomene liefert: z. B. würden wir bei einer bestimmten Anzahl von Vorbestraften eine Aussage über diejenigen machen, die rückfällig, und diejenigen, die nicht rückfällig werden. Dies bedeutet, daß – im Gegensatz zu deterministischen Aussagen – *für den einzelnen Vorbestraften nicht mit Sicherheit vorhergesagt werden kann, ob er rückfällig wird oder nicht.* Dabei darf die Hypothese jedoch nicht etwa die folgende Form annehmen: „Alle Vorbestraften werden entweder rückfällig oder nicht rückfällig." Eine solche Aussage entspräche der bereits zitierten Wetterregel und wäre damit inhaltsleer (Leerformel). Dieser Gefahr entgehen wir dadurch, daß wir quantitative Angaben über die Rückfälligkeit bzw. Nichtrückfälligkeit machen. Unserer Aussage über die Vorbestraften würden wir etwa die folgende Form geben: „95 % aller Vorbestraften werden rückfällig, 5 % dagegen nicht." Die Prüfbarkeit dieser Aussage wird dadurch hergestellt, daß wir eine bestimmte Hypothese über das für die jeweiligen Fälle geltende *Verteilungsgesetz* aufstellen. Diese Hypothese könnte etwa das folgende Aussehen haben:

In x % der Fälle gilt folgendes Verhältnis von rückfälligen zu nicht-rückfälligen Vorbestraften:

3 %	91 : 9
7 %	92 : 8
80 %	95 : 5
7 %	98 : 2
3 %	99 : 1
100 %	

Stellen wir durch empirische Untersuchungen fest, daß beispielsweise in 90 % aller Fälle das Verhältnis von Rückfälligen zu Nichtrückfälligen 92 : 8 lautet, so müssen wir sowohl unsere Hypothese über das geltende Verteilungsgesetz als auch unsere empirische Hypothese als falsifiziert ansehen (siehe zu dieser Problematik Opp [Methodologie 36–44]).

Es sind nun durchaus Sachverhalte denkbar, die weder durch deterministische noch durch stochastische Aussagen erfolgreich erklärt werden können, weil zum einen deterministische Hypothesen an den in der Realität auftretenden Gegenbeispielen scheitern und weil zum anderen die Abweichungen in der Realität nicht dem reinen *Zufallsgesetz* unterliegen und somit nicht in einem Verteilungsgesetz „gezähmt" werden können. In diesen Fällen ist es möglich, auf einen dritten Typ von generellen Aussagen zurückzugreifen, nämlich auf die *Tendenzaussagen* (zur Gegenüberstellung der drei Typen von Allsätzen siehe S c h ü t t e [Funktionalismus 18–25]). Eine Tendenzaussage könnte z. B. lauten: „Viele Straffällige werden rückfällig." Die Dann-Komponente derartiger Aussagen ist noch weitaus unpräziser als diejenige stochastischer Aussagen. Es wird weder das Bestehen einer eindeutigen Ursache-Wirkungs-Beziehung behauptet, noch wird eine objektive, d. h. berechenbare und nachprüfbare Wahrscheinlichkeit genannt. Die gesamte Tendenzaussage bringt nur eine nicht quantifizierte Vermutung über einen bestehenden Zusammenhang zum Ausdruck. Eben darin liegt ihre Falsifikationsproblematik, denn bei Tendenzaussagen ist es nur noch ein kleiner Schritt bis zu dem Standpunkt: „Ausnahmen bestätigen die Regel" und damit zur Zurückweisung von Falsifikationen überhaupt. Es ist daher u. E. überzeugend, wenn S c h ü t t e [Funktionalismus 25] es ablehnt, derartige Tendenzaussagen noch zu den explikativen empirischen Aussagen zu rechnen. Erst wenn sich nämlich die Tendenzaussage in irgendeiner Weise quantifizieren läßt, stellt sie eine prüfbare empirische Aussage

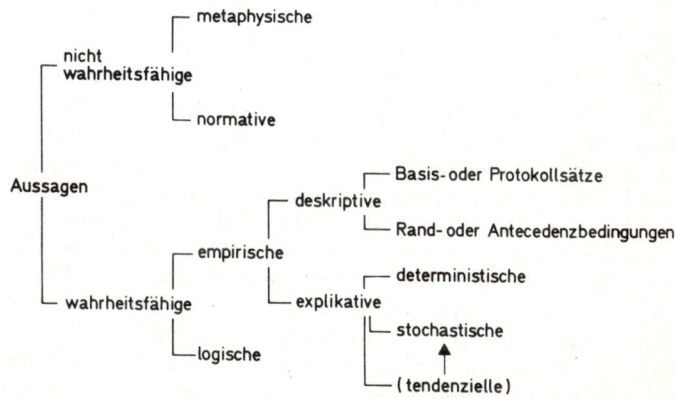

Abb. 6. Aussagenkategorien

dar. Sie rückt damit *in die Nähe* der stochastischen Aussagen, unterscheidet sich jedoch von diesen dadurch, daß das zugrunde liegende

Verteilungsgesetz nicht bekannt ist. Wir wollen deshalb quantifizierte Tendenzaussagen als *quasi-stochastische Aussagen* bezeichnen.

Die Tatsache, daß (qualitative) Tendenzaussagen erst im Vorfeld explikativer Aussagen stehen, heißt nicht, daß sie für betriebswirtschaftliche Entscheidungen irrelevant wären. Anders als unter dem Erklärungsaspekt nähert sich vielmehr unter dem Blickwinkel *einzelner* Entscheidungen die Entscheidungsrelevanz stochastischer und tendenzieller Aussagen einander an: Weder stochastische noch tendenzielle Aussagen erlauben eine Prognose des Einzelfalls. Insofern kann es z.B. bei Maßnahmen der Risikopolitik unerheblich sein, ob eine stochastische oder lediglich eine tendenzielle Aussage die Entscheidungsgrundlage bildet.

4. Die Formulierung explikativer Aussagen als Teilziel der Betriebswirtschaftslehre

In den Frühphasen ihrer Entwicklung verfolgte die Betriebswirtschaftslehre in erster Linie das Ziel, *Deskriptionen* von Betriebsabläufen und angewendeten Verfahren zu liefern, die dann ihrerseits als *Gestaltungsrezepte* dienen sollten (Jehle [Fortschritt 16–39]). Die Bildung deskriptiver Aussagen kann jedoch nicht das alleinige und endgültige Ziel der Wissenschaft sein, denn diese hat vorwiegend die Frage nach dem „*warum* ist dies der Fall?" zu beantworten. In der modernen Betriebswirtschaftslehre herrscht denn auch Einigkeit darüber, daß die *Erklärung* von Sachverhalten wesentlicher Bestandteil ihres Wissenschaftsprogramms ist.

Wenn man schon Erklärungen geben will, so erscheint es sinnvoll, nach möglichst gehaltvollen Explikativen Aussagen zu streben. Als gehaltvollsten Typ empirischer Explikationen haben wir die uneingeschränkten, deterministischen Gesetzesaussagen, d.h. die deterministischen Immer-und-überall-Wenn-Dann-Aussagen, kennengelernt. Eine Durchsicht der betriebswirtschaftlichen Literatur zeigt allerdings, daß Aussagen dieses Typs bisher kaum zu finden sind. Der Grund für diesen Mangel liegt nicht darin, daß sich die betriebswirtschaftlichen Forscher nicht bemüht hätten, solche Gesetze zu finden; verantwortlich sind vielmehr vor allem die Schwierigkeiten, die sich der Theoriebildung in der Betriebswirtschaftslehre entgegenstellen. Die Sachverhalte, auf die die Betriebswirtschaftslehre ihre Erklärungsbemühungen richtet, sind äußerst komplexer Natur. Die zu erklärenden Ereignisse können in der Regel nicht auf einen oder wenige Kausalfaktoren zurückgeführt werden, sondern sie sind die Wirkung eines ganzen Systems sich gegenseitig wiederum beeinflussender kausalrelevanter Faktoren. Um deterministische Gesetzesaussagen formulieren zu können, müßten Kausalfaktoren isoliert und dem zu erklärenden Ereignis eindeutig zugeordnet werden. Versuche, auf diesem Wege Gesetzesaussagen zu finden, die durch die Realität gut bestätigt werden, waren bisher wenig erfolgreich. Das gleiche Schicksal ist meist auch den Bemühungen, echte stochastische Gesetze zu formulieren, beschieden gewesen. Wenn der betriebswirtschaftliche Forscher vor den Schwierigkeiten nicht kapitulieren und auf Erklärungen nicht völlig verzichten will, muß er sich zumindest vorerst mit schwächeren explikativen Aussagen begnügen; d.h. er muß seine Aussagen so formulieren, daß ihr Risiko, an der Realität zu scheitern, vermindert wird. Wir stehen hier vor einem Dilemma: Einerseits ist es das Ziel der Betriebwirtschaftslehre als Wissenschaft, Hypothesen von hohem empirischen Gehalt zu bilden; „andererseits wäre es kaum wünschenswert, . . . Gesetze zu haben, die dauernd an den Tatsachen scheitern" (Schütte [Funktionalismus 20]). Die Lösung dieses Problems kann nur in einem Kompromiß liegen. Wenn wir auf der einen Seite die Verminderung des Scheiterrisikos explikativer Aussagen als zulässige Strategie akzeptieren, müssen wir auf der anderen Seite die Mindestforderung erheben, daß die Strategie den empirischen Gehalt der Aussage nicht völlig verzehren darf.

Die Verminderung des Scheiterrisikos explikativer Aussagen kann durch die folgenden Vorgehensweisen erreicht werden:

(1) Der Geltungsbereich der explikativen Aussagen wird auf ein bestimmtes Raum-Zeit-Gebiet beschränkt. Die Aussagen lauten dann nicht mehr „Immer und überall gilt: wenn . . ., dann . . .", sondern *„Für das Raum-Zeit-Gebiet X, Y gilt:* wenn . . ., dann . . .". Obwohl solche Aussagen mit einem speziellen Raum-Zeit-Bezug beträchtlichen empirischen Gehalt aufweisen können, sind sie keine generellen Aussagen im eigentlichen Sinne. Albert nennt sie deshalb *Quasitheorien* (Albert [Theorie 131–134]; derselbe [Nationalökonomie 483–488]). Quasitheorien spielen in der Betriebswirtschaftslehre eine große Rolle, weil unter der Voraussetzung der Konstanz der sozialen Verhältnisse leichter Theorien entwickelt werden können, die gut bestätigt sind. Der empirische Gehalt von Quasitheorien hängt bei gegebenem Gehalt der Wenn- und der Dann-Komponente von der Ausdehnung des Raum-Zeit-Gebiets ab. Je spezieller der Raum-Zeit-Bezug gewählt wird, desto geringer ist der Gehalt der Aussage. Die Strategie der *historischen Relativierung* von Aussagen stößt dort an ihre Grenze, wo die Raum-Zeit-Bedingungen so eng gefaßt sind, daß nur noch ein einmaliges historisches Ereignis erfaßt wird.

Die erklärende und prognostische Kraft einer solchen Aussage ist gleich Null. Beispiel: Wenn die Unternehmung X mehr Forschung und Entwicklung betrieben hätte, wäre sie nicht in Konkurs gegangen.

(2) Der Geltungsbereich der explikativen Aussage kann durch die Anreicherung der Wenn-Komponente mit zusätzlichen Anwendungsbedingungen eingeschränkt werden. Die Dann-Komponente wird damit auf eine geringere Zahl realer Phänomene bezogen; man sagt auch: die Menge der potentiellen Falsifikatoren wird kleiner. Auch dieses Verfahren erreicht seine absolute Grenze, wenn nur noch ein reales Ereignis erfaßt wird (Schmidt, R. H. [Schwierigkeiten 399]).

(3) Die Präzision der Dann-Komponente der explikativen Aussage wird herabgesetzt. Anstelle deterministischer oder auf statistischen Gesetzmäßigkeiten beruhender stochastischer Hypothesen werden schwächer prüfbare quasi-stochastische Aussagen formuliert. Die Verringerung der Präzision der Dann-Komponente erreicht ihre Grenze, wenn durch die Aussage kein realer Fall mehr ausgeschlossen wird. Ein solches Maximum an Unbestimmtheit weisen z.B. Aussagen wie die oben angegebene Wetterregel auf. Eine nicht mehr prüfbare Tendenzaussage liegt dann vor, wenn die Dann-Komponente nicht ein Minimum an Quantifizierbarkeit aufweist.

Die bei Anwendung der Strategien (1) bis (3) entstehenden Aussagen sind – von den geschilderten Extremfällen abgesehen – grundsätzlich gehaltvoll und können deshalb u.E. als realwissenschaftliche explikative Aussagen akzeptiert werden. Mit dem realwissenschaftlichen Erkenntnisprogramm unvereinbar sind jedoch die folgenden in der Betriebswirtschaftslehre nicht selten angewendeten Verfahren der Absicherung von Aussagen gegen ihr Scheitern an der Realität; sie führen zwar zu logisch wahren, aber empirisch gehaltlosen Aussagen. Die so gewonnenen Aussagen sind *immun gegen jede empirische Kritik*.

(4) Die Aussagen werden so formuliert, daß sie den Charakter von *Leerformeln* haben. Ein Beispiel für diese Immunisierungsstrategie in der Wirtschaftswissenschaft stellt das *Nutzenkonzept* in seiner Funktion als Zielsetzung der Wirtschaftssubjekte dar. Faßt man den Nutzenbegriff entsprechend weit, so lassen sich alle wirtschaftlichen Handlungen mit dem Streben nach Nutzen begründen. Weil das Nutzenkonzept keinen realen Fall ausschließt,

liefert es keine Informationen über empirische Phänomene (vgl. auch B I 3 a, aa des 2. Hauptteils).

(5) Die Aussagen werden mit einer *pauschalen Ceteris-paribus-Klausel* versehen. Bei der Analyse sozialer Phänomene wird oft so vorgegangen, daß nur ein Teil des allgemeinen Ursachenkomplexes unter Konstanthaltung der übrigen Einflußfaktoren („ceteris paribus") betrachtet wird. Auch in der Betriebswirtschaftslehre ist man bei der Analyse realer Phänomene häufig darauf angewiesen, Faktoren konstant zu halten, wenn man überhaupt zu wissenschaftlichen Aussagen gelangen will. Wenn dabei die jeweils konstant gesetzten Faktoren explizit gemacht werden, d. h. wenn sie als Einschränkungen in die Wenn-Komponente der Aussagen aufgenommen werden, ist dieses analytische Verfahren unbedenklich [es entspricht der Strategie (2)]. Schlimme Konsequenzen zeitigt aber eine pauschale Anwendung der Ceteris-paribus-Klausel, bei der also die als konstant angesehenen Faktoren nicht präzisiert werden. Für jedes Scheitern einer Hypothese an der Realität kann dann die Änderung bestimmter Einflußfaktoren, die pauschal als konstant vorausgesetzt worden sind, verantwortlich gemacht werden. Beispiele: „Ceteris paribus steigt mit jeder Preissenkung für ein Gut A die Nachfragemenge nach diesem Gut." Abweichungen von einem solchen Gesetz – die sich leicht feststellen lassen – werden mit der Nichteinhaltung des „Ceteris paribus" begründet. Eine solche pauschale Ceteris-paribus-Klausel führt somit zu einer generellen Immunisierung gegen Falsifikation und damit zu gehaltlosen Aussagen.

(6) In die Wenn-Komponente der Aussage werden Bedingungen aufgenommen, deren Vorliegen in der Realität nicht unabhängig von der Aussage selbst geprüft werden kann. Nehmen wir an, daß in der Wenn-Komponente einer preistheoretischen Aussage die Voraussetzung enthalten ist, daß die Bedürfnisstrukturen der Konsumenten konstant bleiben. Solange kein Verfahren verfügbar ist, das es erlaubt, die Konstanz der Bedürfnisstrukturen der Konsumenten unabhängig von der preistheoretischen Aussage zu prüfen, kann ein Scheitern der Aussage immer damit begründet werden, daß die Bedürfnisstrukturen sich verändert haben. Die Aussage enthält ein *unbeschränktes Alibi* gegen Falsifikationen.

(7) Die Aussage wird so formuliert, daß die Dann-Komponente eine *logische Konsequenz* der Wenn-Komponente ist. Beispiel: Wenn der Grenzumsatz = 0 ist, ist das Umsatzmaximum erreicht. Aus logischen Gründen wahre Aussagen sind ohne empirischen Ge-

halt, denn sie können nicht an der Realität scheitern. (Zu den genannten Immunisierungsstrategien siehe insbesondere Albert [Modell-Platonismus].)

5. Die Ergänzung explikativer betriebswirtschaftlicher Aussagen durch Heuristiken und formallogische Kalküle

Als bisheriges Ergebnis können wir feststellen: Wesentliches Ziel einer realwissenschaftlichen Betriebswirtschaftslehre ist die Bildung empirisch gehaltvoller Theorien; d. h. auch die Betriebswirtschaftslehre sollte nach Gesetzen suchen, und diese Gesetze müssen grundsätzlich an der Realität prüfbar sein. In diesem Sinne muß die Relevanz des Popper-Kriteriums auch für die Betriebswirtschaftslehre anerkannt werden. Es ist in diesem Zusammenhang u. E. nicht haltbar, einen grundsätzlichen Unterschied der betriebswirtschaftlichen Gesetze gegenüber denen der Naturwissenschaft zu konstruieren, wie es bei Wöhe [Einführung 18] der Fall ist. Allerdings zwingen die besonderen Probleme, die die Theorienbildung im Rahmen der Sozialwissenschaften aufwirft, den Betriebswirt, sich häufig mit sehr speziellen, quasi-theoretischen, stochastischen oder gar quasi-stochastischen Aussagen zufriedenzugeben. Die Prüfbarkeit muß jedoch grundsätzlich aufrechterhalten werden. Die Immunisierung von Aussagen gegen eine mögliche Falsifikation stellt eine im Bereich der Wissenschaften unzulässige Strategie dar.

Unsere bisherigen Ausführungen haben sich mit der Darstellung des Informationsgehalts und der empirischen Gültigkeit von explikativen Aussagen befaßt oder – anders ausgedrückt – wir haben uns nur für den *Begründungszusammenhang* von Theorien und theorieartigen Aussagen interessiert. Ein weiterer wichtiger Bereich der Theoriebildung ist der *Entdeckungszusammenhang* (zu der Unterscheidung von Entdeckungs- und Begründungszusammenhang von Theorien siehe z.B. Köhler [Systeme 24 f.]), innerhalb dessen die Frage gestellt wird, auf welchem Wege wir zu empirisch gehaltvollen generellen Aussagen gelangen. Von den Vertretern des kritischen Rationalismus werden die Probleme der Entdeckung von Theorien oder – wie wir auch sagen können – der *Heuristik der Forschung* nur am Rande behandelt, weil sie nicht mit den Gesetzen der Logik erfaßbar sind. Für eine wissenschaftliche Disziplin, der sich wie der Betriebswirtschaftslehre bei der Theoriebildung große Schwierigkeiten entgegenstellen, sind jedoch die Untersuchung des Entdeckungszusammenhangs und die Entwicklung von Heuristiken nicht nur unter dem Forschungsaspekt, sondern auch im Hinblick auf das

Aufzeigen von Entscheidungshilfen von großer Bedeutung. Unter Heuristiken sollen hier nicht-nomologische Problemlösungshilfen ohne Lösungsgarantie verstanden werden. Gerade unter dem Entscheidungsaspekt bedürfen also die explikativen betriebswirtschaftlichen Aussagen einer Ergänzung durch Heuristiken. Ein Produkt-Manager hat z.B. die Erfahrung gemacht, daß ihm beim Anhören von Albinoni oft gute Ideen für neue Produkte kommen. Auf der Suche nach Produktideen sagt er sich also: „Mal wieder Albinoni hören ..."

Sowohl für die Bewältigung von Entscheidungssituationen als auch für den Entdeckungszusammenhang schlechthin gewinnen damit Aussagen, Prinzipien oder Verfahren wissenschaftliche Relevanz, die für den Begründungszusammenhang bedeutungslos sind:

(1) So können *metaphysische Aussagen,* die, weil nicht wahrheitsfähig, empirisch gehaltlos sind, z.B. in Gestalt einer neuen philosophischen Weltsicht den Anstoß sowohl zur Bildung realwissenschaftlicher Theorien als auch zu neuen praktischen Problemlösungsvorschlägen abgeben.

(2) In der Literatur wird häufig der Fehler begangen, in der *Induktion* ein der *Deduktion* analoges Schlußverfahren zu sehen. Popper hat gezeigt, daß Gesetzesaussagen niemals auf induktivem Wege begründet werden können (Popper [Logik 3–6]). Aus der Tatsache, daß ich bisher nur weiße Schwäne gesehen habe, kann ich nicht den Satz ableiten: Alle Schwäne sind weiß. Die Unmöglichkeit einer induktiven Begründung von Gesetzen ist der Unmöglichkeit einer endgültigen Verifikation von Aussagen analog (siehe oben). Die Induktion gehört nicht – wie die Deduktion – in den Begründungszusammenhang, sondern in den Entdeckungszusammenhang. Hier hat sie als Prinzip der Generalisierung empirisch beobachteter Einzelfälle eine große heuristische Bedeutung.

(3) Ähnliches läßt sich über die *Hermeneutik* als Methode der verstehenden Erfassung von Lebenssituationen sagen: Sie wird von ihren Verfechtern (z.B. Gadamer) als Methode der Findung und Begründung absoluter Wahrheiten angesehen. Auch dieser Anspruch scheitert an der Unmöglichkeit endgültiger Verifikationen. Im Rahmen der Betriebswirtschaftslehre hat die Hermeneutik aber eine wichtige Funktion im Entdeckungszusammenhang. Das gilt einmal für den Bereich der Forschung, zum anderen für den der Praxis: auch bei betriebswirtschaftlichen Entschei-

dungen in der Praxis erleichtert der hermeneutische Ansatz das Finden von Problemlösungen. Grundlage für die verstehende Erfassung realer Situationen ist außerdem deren ausreichende Kenntnis. Von hier aus gewinnen – gerade für praktische Problemlösungen – die deskriptiven Aussagen eine große Bedeutung (und ihre Aneignung durch die Studierenden der Betriebswirtschaftslehre → Notwendigkeit eines Grundbestands an Faktenwissen).

Haben wir uns bisher nur mit den empirischen Aussagen als Bereich der Betriebswirtschaftslehre befaßt (vgl. Abb. 6, S. 29), so resultiert aus ihrem Anwendungs- und Entscheidungsbezug die Relevanz *formallogischer Kalküle*. Sie ergänzen die explikativen und heuristischen Aussagen insbesondere in Gestalt einfacher oder komplizierter Rechenverfahren (letztere z. B. im Bereich der sog. Operations Research). Derartige Kalküle haben einmal unmittelbare Entscheidungsrelevanz, sofern die Informationsansprüche dieser Kalküle, d. h. ihr Bedarf an empirischen Daten, mit ausreichender Zuverlässigkeit befriedigt werden können (gerade für die Deckung solcher Informationsansprüche gewinnen wiederum die empirischen und nicht zuletzt die explikativen Aussagen der Betriebswirtschaftslehre ihre große Bedeutung). Darüber hinaus können die „empirisch gehaltlosen" Kalkülmodelle Impulse zur Bildung empirisch gehaltvoller Theorien geben und erhalten somit eine Funktion im Entdeckungszusammenhang (Kade/Meissner [Wissenschaftstheorie 101]).

6. Weiterführende Literatur

Albert [Theorie] – Albert [Konstruktion] – Fischer-Winkelmann [Methodologie 13–99] – Kosiol [Unternehmung 208–211] – Opp [Methodologie 29–88] – Schmidt, R. H. [Schwierigkeiten] – Seiffert [Wissenschaftstheorie 1, 136–160] – Seiffert [Wissenschaftstheorie 2, 43–195] – Spinner [Modelle].

III. Werturteile im Wissenschaftssystem der Betriebswirtschaftslehre

1. Problemdimensionen – Arten von Werturteilen

In unseren bisherigen Ausführungen wurden bereits – mehr oder weniger explizit – *Wertungen* bzw. *Werturteile* berührt, etwa wenn von der kritischen Funktion der Wissenschaft die Rede war, von der Konzeption der Betriebswirtschaftslehre als angewandter Wissenschaft u. ä. Solche Werturteile liegen nach A l b e r t immer dann vor, wenn eine Aussage

(1) den jeweils anvisierten Sachverhalt in positiver oder negativer Weise für das Verhalten (Stellungnahme oder Handeln) auszeichnet;
(2) man dabei ein normatives Prinzip (Wertstandard oder Verhaltensmaxime) als gültig unterstellt, das ein entsprechendes Verhalten fordert;
(3) eine präskriptive Erwartung involviert, daß die Adressaten des Satzes sich mit diesem Prinzip identifizieren und sich daher entsprechend verhalten (vgl. A l b e r t [Konstruktion 148]).

Aussagen können also als Werturteile betrachtet werden, wenn sie einen *auszeichnenden Realitätsbezug,* eine *implizite Bezugnahme auf Prinzipien* und eine *präskriptive Erwartung* enthalten.

Bereits in dem bisherigen Vorkommen von Werturteilen zeigt sich die zentrale Bedeutung, die ihnen für die Wissenschaft im allgemeinen wie für die Betriebswirtschaftslehre im besonderen zukommt, und es kann nicht deutlich genug herausgestellt werden, daß es eine „voraussetzungslose Wissenschaft" nicht gibt und daß jede wissenschaftliche Tätigkeit mit wertbehafteten Entscheidungen durchsetzt ist. Gerade eine angewandte Disziplin wie die Betriebswirtschaftslehre ist – wie noch zu zeigen sein wird – in Gefahr, der Werturteilsproblematik zu wenig Beachtung zu schenken. Es ist daher durchaus verständlich, wenn der Betriebswirtschaftslehre in marktwirtschaftlichen Systemen der Vorwurf gemacht wird, zur Ideologie zu degenerieren, indem systemstabilisierendes Herrschaftswissen produziert wird.

Die Werturteilsdiskussion spielt denn auch (glücklicherweise) in der modernen Betriebswirtschaftslehre eine außerordentlich große Rolle (vgl. z. B. K a t t e r l e [Betriebswirtschaftslehre]; L o i t l s b e r g e r [Wertvorstellungen]; F i s c h e r - W i n k e l m a n n [Marketing]; S c h a n z [Selbstverständnis]). Dabei lag es nahe, an die große Tradition anzuknüpfen, die die Werturteilsdebatte in der Volkswirtschaftslehre hat und die unlösbar mit dem Namen M a x W e b e r verbunden ist. Im Streit mit den sog. Kathedersozialisten versuchte M a x W e b e r in seinen wissenschaftstheoretischen Schriften Anfang dieses Jahrhunderts klar herauszuarbeiten, warum *Werturteilsfreiheit* im Rahmen der Wissenschaften nötig ist (vgl. z. B. M a x W e b e r [Wertfreiheit]).

Um die erst in der neueren Werturteilsdiskussion zutage getretene Komplexität des Problembereichs zu reduzieren, erweist sich ein Rückgriff auf die von A l b e r t stammende Werturteilsklassifikation als zweckmäßig (A l b e r t [Wertfreiheit]; K ö h l e r [Systeme 64–78]). A l b e r t unterscheidet in dem genannten Aufsatz die folgenden drei Kategorien von Werturteilen:

(1) Werturteile im Basisbereich.

Werturteile im Basisbereich sind eine unumgängliche Voraussetzung für jede Forschertätigkeit; mit ihrer Hilfe werden die Grundlagen für wissenschaftliche Aussagen gelegt. Zu den Werturteilen im Basisbereich gehören insbesondere die Entscheidung über die Auswahl der Probleme, denen sich das Interesse der Wissenschaftler zukehrt, die Auswahl wissenschaftlicher Forschungsmethoden sowie Entscheidungen über die Spielregeln, nach denen das „Wissenschaftsspiel" stattfinden soll. So ist z.B. die Entscheidung für das Prinzip der Wertfreiheit wissenschaftlicher Aussagen ein Werturteil im Basisbereich.

(2) Werturteile im Objektbereich.

Im Gegensatz zur Kategorie I werden Werturteile hier nicht gefällt, sondern sie sind Objekte wissenschaftlicher Analyse (z.B. Untersuchung des Zielsystems der Unternehmungen durch die Betriebswirtschaftslehre – vgl. im einzelnen C. III. 2.).

(3) Das „eigentliche Werturteilsproblem" bzw. die Werturteile im Aussagenzusammenhang.

Es geht hier um die Frage, ob und inwieweit Wertungen in das Aussagensystem der Wissenschaften selbst zwangsläufig einfließen oder einfließen sollen oder ob der Wissenschaftler nicht vielmehr wertfrei in seinen wissenschaftlichen Äußerungen sein kann bzw. sein soll. Soll z.B. der Wissenschaftler, der Betriebswirtschaftslehre treibt, in seinen Aussagen über die Wirtschaftswerbung das Verbot der Zigarettenwerbung empfehlen?

Neben der Albertschen Dreiteilung ist die Unterscheidung der Werturteile in *offene* und *versteckte Werturteile* wichtig. Versteckte Werturteile liegen dann vor, wenn die normativen Aussagen in empirische verwoben sind (z.B.: „das Streben der Unternehmungen nach maximalem Unternehmungsgewinn führt zum größten Glück einer größten Zahl von Individuen").

Im folgenden geht es darum, die Werturteilsproblematik in der Betriebswirtschaftslehre anhand der genannten Werturteils-Kategorien zu analysieren. Dabei beginnen wir mit den am wenigsten problematischen Werturteilen, nämlich den Werturteilen im Objektbereich der Betriebswirtschaftslehre.

2. Werturteile im Objektbereich in ihrer Relevanz für die Betriebswirtschaftslehre

Die Werturteile im Objektbereich interessieren die Betriebswirtschaftslehre insofern, als sie als *Determinanten der Entscheidungen der Wirtschaftssubjekte* in Betracht kommen (vgl. hierzu auch 2. Hauptteil, B. I.). Derartige Werturteile können einmal implizit in Gestalt von Motivationen und Einstellungen handlungsrelevant sein (z.B. eine bestimmte Leistungsmotivation als Determinante des Arbeitsverhaltens; eine bestimmte Einstellung gegenüber einer Herstellerfirma als Determinante des Kaufverhaltens); zum anderen spielen Werturteile in Gestalt explizit formulierter Handlungsziele in der Betriebswirtschaftslehre eine Rolle. Das Gewinnziel einer Unternehmung stellt z.B. ein Werturteil der an seiner Formulierung beteiligten Personen dar. Soweit die Betriebswirtschaftslehre das Vorhandensein und/oder Zustandekommen derartiger Werte bzw. Ziele analysiert, befaßt sie sich mit *Werturteilen im Objektbereich* (Werte bzw. Ziele als Objekt betriebswirtschaftlicher Aussagen).

Die moderne Betriebswirtschaftslehre hat sich mit den Werturteilen im Objektbereich insbesondere in Gestalt der *Zielforschung* intensiv befaßt, und auch wir werden auf die Zielsysteme von Betriebswirtschaften noch ausführlicher zurückkommen (vgl. 2. Hauptteil, B. I.). Aufgabe der Forschung ist dabei die inhaltliche Fassung der Ziele, die Diskussion ihrer Konsequenzen, die Aufdeckung der Zusammenhänge zwischen mehreren Zielen sowie die Untersuchung der Probleme, die bei der Ableitung konkreter Unterziele aus Oberzielen entstehen.

Auch Wertungen in Gestalt von *Motivationen* und *Einstellungen* finden in der modernen Betriebswirtschaftslehre mehr und mehr Beachtung (vgl. 2. Hauptteil, B. I. 3.). Dies ist insofern von grundsätzlicher Bedeutung, als die Betriebswirtschaftslehre damit eine Art von Selbstgenügsamkeit aufzugeben beginnt, die bisher darin bestand, überwiegend nur die sog. ökonomischen Ziele der Wirtschaftssubjekte zu untersuchen; demgegenüber wurden die „außerökonomischen" Ziele weitgehend vernachlässigt.

Eine solche verkürzte Zielanalyse (die letztlich auf eine Wertung im Basisbereich zurückgeht – vgl. C. III. 3.) ist insofern problematisch, als dadurch wichtige Probleme „unter den Tisch fallen": Einmal werden dadurch nicht sämtliche Faktoren erfaßt, die wirtschaftliche Entscheidungen bestimmen. Zum anderen – und das ist noch gravierender – (ver)führt eine solche „ökonomische Perspektive" bei der Zielanalyse dazu, ein autonomes System wirtschaftlicher Werte zu konstruieren (z.B. Steigerung der Produktivität), deren Bezüge zu sog. „außerökonomischen Werten" nicht mehr analysiert werden (vgl. zu dieser als *„Ökonomismus"* gekennzeichneten Position in der Betriebswirtschaftslehre Katterle [Betriebswirtschaftslehre 36–65]). Demzufolge weist die betriebswirtschaftliche Analyse der Werturteile im Objektbereich zwei unterentwickelte Gebiete auf:

1. Die Werturteils- (bzw. Ziel-)analyse wurde auf bestimmte unmittelbare ökonomische Wirkungen eingeengt (z.B. Wirkung des unternehmerischen Wachstumsziels auf das Gewinnziel der Unternehmung). Außer Betracht bleiben z.B. Wirkungen unternehmerischer Wachstumsziele auf die Umweltbedingungen. Es ist wohl kaum übertrieben, wenn man die modernen Umweltprobleme teilweise auch auf die „amputierte" Zielanalyse der Betriebswirtschaftslehre zurückführt.
2. Die ökonomische Perspektive bei der Analyse von Werturteilen bzw. Zielen ließ bisher außer acht, bestimmte ökonomische Werte bzw. Ziele auf ihre Vereinbarkeit mit (übergeordneten) „nicht ökonomischen" Zielen zu analysieren. Es wurde z.B. nicht untersucht, inwieweit die Verfolgung von Wirtschaftlichkeits- und Gewinnzielen mit der Verwirklichung bestimmter Grundrechte für alle am Produktionsprozeß Beteiligten vereinbar ist (z.B. Art. 2 des Grundgesetzes: Jeder hat das Recht auf die freie Entfaltung seiner Persönlichkeit). Gerade derartige „Konsistenzprüfungen" unterschiedlicher Werte dürften wichtige Aufschlüsse für die Gestaltung der betriebswirtschaftlichen Realität vermitteln. Eine „Scheuklappen-Betriebswirtschaftslehre", die sich mit einer künstlich verkürzten Analyse der Werturteile im Objektbereich zufrieden gibt, vernachlässigt ein Stück der ihr zufallenden kritischen Wissenschaftsfunktion.

Wir werden auf diese Problematik, die zugleich die Werturteile im Basisbereich betrifft, im folgenden Abschnitt noch zurückkommen.

3. Werturteile im Basisbereich in der Betriebswirtschaftslehre

a) Problemdimensionen

Im Zentrum der Werturteile im Basisbereich, über die der einzelne Wissenschaftler wie die Institution Wissenschaft zu entscheiden hat, steht das Problem des *Wissenschaftsprogramms* einer Disziplin. Für die Betriebswirtschaftslehre läßt sich die Frage nach ihrem Wissen-

schaftsprogramm (bzw. nach ihrem „Objektbereich") in folgende
– durchweg kontroverse – Teilprobleme zerlegen:

1. Welche *Institutionen* sollen den Objektbereich der Betriebswirtschaftslehre bilden *(institutioneller Objektbereich)*? Gehört insbesondere der *private Haushalt* in das Wissenschaftsprogramm der
   Betriebswirtschaftslehre?
2. Inwieweit fallen *Fragestellungen der Nachbardisziplinen* in den
   Objektbereich der Betriebswirtschaftslehre?
3. Inwieweit sollen durch die Betriebswirtschaftslehre *Handlungs-
   anweisungen* gegeben werden? Die Beantwortung dieser Frage
   steht im engen Zusammenhang mit einer Entscheidung für eine
   sog. reine oder eine angewandte Betriebswirtschaftslehre.

Gelegentlich wird die Auffassung vertreten, daß derartige Werturteile
im Basisbereich eine subjektive Angelegenheit des einzelnen Wissenschaftlers darstellen und in sein Belieben gestellt seien (vgl. z.B. im
Hinblick auf den institutionellen Objektbereich der Betriebswirtschaftslehre K ö h l e r [Systeme 80]; M e n r a d [Gutenbergs System
583 f.]). Dies ist jedoch nur die eine Seite des Problems. Die intrapersonale Entscheidung bedarf u. E. der Ergänzung durch eine *inter-
personale Diskussion von Basiswerturteilen;* denn nur dadurch lassen
sich allgemeine Orientierungspunkte für die Ausgestaltung von
Wissenschaftsprogrammen (und nicht zuletzt für ihre finanzielle Absicherung) gewinnen. Eine unzureichende Diskussion von Wissenschaftsprogrammen und ein lediglich intrapersonal gesteuertes Laisser-
Faire des einzelnen Wissenschaftlers läuft Gefahr, daß methodische
Fehlentwicklungen auftreten und/oder wichtige Lehr- und For-
schungsgebiete einer Disziplin vernachlässigt werden. Dies läßt sich
auch im Falle der Betriebswirtschaftslehre in nicht geringem Maße
feststellen.

b) *Kontroverse Auffassungen hinsichtlich des institutionellen Objekt-*
bereichs der Betriebswirtschaftslehre

Es hat in der Betriebswirtschaftslehre immer wieder Versuche gegeben,
das „*Wesen*" des Betriebs zu ergründen (vgl. die Beispiele bei K ö h l e r
[Systeme 46 f.]) und im Anschluß daran den institutionellen Objektbereich der Betriebswirtschaftslehre festzulegen. Eine solche Suche
nach „essentialistischen" Definitionen beruht jedoch – wie wir im
Abschnitt C. I. gezeigt haben – auf einem erkenntnistheoretischen
Irrweg: Betriebswirtschaftliche Begriffe lassen sich nicht aus einer

„Wesensschau" ableiten und als wahr oder falsch klassifizieren; sie sind vielmehr Zweckgebilde, und daher ist auch der Begriff Betrieb auf verschiedene Weise definierbar. Ganz allgemein kann man – wie in C. I. schon erwähnt – Betrieb als zielgerichtete Institution definieren, d.h. als ein zielorientiertes längerfristig intendiertes System von Menschen und Sachen. Mit den Terminus *System* wird dabei ein Begriff angesprochen, der uns im folgenden noch häufig begegnen wird (vgl. auch 2. Hauptteil, A. I.). Georg Klaus [Kybernetik 634] definiert System als „Menge von Elementen und Menge von Relationen, die zwischen diesen Elementen bestehen". Der oben definierte Begriff Betrieb ist sehr allgemein und bedarf deshalb einer im folgenden zu behandelnden näheren Konkretisierung.

aa) Die Betriebswirtschaftslehre als Lehre der privatwirtschaftlichen Unternehmung

Die engste in der Literatur vertretene Definition des institutionellen Objektbereichs der Betriebswirtschaftslehre ergibt sich aus einer *Gleichsetzung von Betrieb mit privatwirtschaftlicher Unternehmung.* Vertreter dieser Auffassung ist insbesondere Wilhelm Rieger ([Privatwirtschaftslehre]; als Sekundärliteratur Ulrich [Unternehmung 28–32]). Riegers wissenschaftliches Interesse richtet sich lediglich auf private Erwerbswirtschaften, also auf gewinnerzielende Produktivbetriebe in privater Hand.

Riegers Auffassung kann heute weitgehend als überwunden angesehen werden, und in der Tat wäre es wenig zweckmäßig, den Obtjektbereich der Betriebswirtschaftslehre auf private Erwerbswirtschaften einzuengen. Dagegen spricht einmal die Tatsache, daß selbst in „kapitalistischen" Wirtschafts- und Gesellschaftsordnungen andere Betriebstypen (z.B. öffentliche Betriebe) eine wichtige Rolle spielen, deren Sonderprobleme sowohl unter dem Aspekt der Forschung als auch unter dem der Lehre bzw. Ausbildung von Interesse sind (vgl. hierzu Ulrich [Unternehmung 29–32]). Zum anderen läuft eine „Privatwirtschaftslehre" Gefahr, Auswahl und Lösung wissenschaftlicher Probleme einseitig aus der Perspektive privater Erwerbswirtschaften vorzunehmen und z.B. die Analyse und Entwicklung von Alternativ-Institutionen (etwa in Gestalt öffentlicher Betriebe) zu vernachlässigen.

bb) Die Kontroverse: Betriebswirtschaftslehre als Lehre von den Produktionswirtschaften versus Betriebswirtschaftslehre als Lehre von den Einzelwirtschaften

Ist man sich heute in der Betriebswirtschaftslehre weitgehend darin einig, daß alle Produktionswirtschaften (also auch öffentliche Betriebe) zum Objektbereich der Betriebswirtschaftslehre gehören, so ist jedoch strittig, ob darin auch der *private Haushalt* einbezogen werden sollte. Für dessen Erfassung durch die Betriebswirtschaftslehre und damit für die Konzeption einer *Betriebswirtschaftslehre als Einzelwirtschaftslehre* treten Autoren wie Kosiol, Seyffert, Sandig, Banse und Ralf-Bodo Schmidt ein. Demgegenüber fassen etwa Karl Hax, Ulrich, Heinen und Wöhe die Betriebswirtschaftslehre lediglich als *Lehre von den Produktionswirtschaften* auf (Produktionswirtschaften im weiten Sinne verstanden, also einschließlich der Dienstleistungsbetriebe wie z.B. Banken, Versicherungen u.ä.). Die nicht-betriebswirtschaftlichen Autoren, die sich intensiv mit Problemen des privaten Haushalts befaßt haben, neigen dazu, eine Wirtschaftslehre des privaten Haushalts *neben* die Betriebswirtschaftslehre zu stellen (z.B. Egner, Sommer, Tschammer-Osten).

Betrachtet man die wichtigsten Einwände, die im Laufe einer zeitlich ausgedehnten Diskussion gegen die Einbeziehung des privaten Haushalts in die Betriebswirtschaftslehre vorgebracht wurden, so vermögen sie gerade aus der Perspektive der modernen Betriebswirtschaftslehre u.E. wenig zu überzeugen. Das gilt etwa für Argumente wie: geringe Dringlichkeit einer betriebswirtschaftlichen Haushaltanalyse (so z.B. Karl Hax [Gegenstand 4]) oder das Fehlen objektiver Rationalität im Haushalt (Erich Schäfer [Unternehmung 15]). Die Dringlichkeit einer betriebswirtschaftlichen Haushaltanalyse ergibt sich allein aus der Zahl der privaten Haushalte in einer Volkswirtschaft (in der BRD 1972 rd. 23 Mio. Einheiten) und nicht zuletzt aus dem unterentwickelten „rationalen Potential" privater Haushalte. Insofern kann man das „Fehlen objektiver Rationalität" geradezu als eine Herausforderung für die betriebswirtschaftliche Forschung und Lehre ansehen, das rationale Potential des privaten Haushalts zu erhöhen. Außerdem versucht die moderne Betriebswirtschaftslehre auch die – in Haushalten wie in Unternehmungen wirksamen – nicht-rationalen Handlungsdeterminanten zu erfassen und damit die engen Prämissen eines künstlich präparierten *homo oeconomicus-Modells* (vgl. z.B. Heinen [Einführung 36–43]) aufzugeben.

Gerade in dieser Perspektive verliert auch das z.B. von Ulrich vorgebrachte Argument einer nicht ausreichenden Gemeinsamkeit zwischen Produktionswirtschaften und privaten Haushalten an Gewicht (vgl. Ulrich [Unternehmung 33]). Zunächst ist zu berücksichtigen, daß bereits innerhalb der Produktionswirtschaften die Gemeinsamkeiten zwischen verschiedenen Betriebstypen außerordentlich gering sind (man denke etwa an die Unterschiede zwischen einem Walzwerk, einem Großversandhaus, einem kleinen Handwerksbetrieb und einem Wirtschaftsprüfungsbüro). Hinzu kommt, daß im Mittelpunkt der modernen Betriebswirtschaftslehre die *Analyse realer Entscheidungen* steht [vgl. auch C. III. 3. c) dieses Hauptteils], so daß gerade eine solche *Entscheidungsorientierung* die gemeinsame Klammer zwischen Dispositionen in Haushalten einerseits, in Unternehmungen andererseits bildet.

Angesichts einer solchen Entwicklung der modernen Betriebswirtschaftslehre könnte man allerdings die Frage stellen, ob es überhaupt einer speziellen Behandlung des privaten Haushalts durch die Betriebswirtschaftslehre bedürfe oder ob nicht die wissenschaftliche Behandlung des Haushalts durch eine explikative Theorie des wirtschaftlichen Verhaltens von Individuen und Organisationen abgedeckt werde, eine allgemeine Theorie, die für Haushalte und Unternehmungen gleichermaßen relevant sei.

Wir können hier an das anknüpfen, was wir in C. II. dieses Hauptteils zum Problem der Entwicklung empirischer Theorien in der Betriebswirtschaftslehre sagten: Mindestens im gegenwärtigen Zeitpunkt erweisen sich allgemeine explikative Aussagen zum Konsumenten- und Haushaltverhalten als eine zu schmale Basis für die Ableitung von Entscheidungshilfen. Die (dürftigen) explikativen Aussagen müssen daher durch haushaltbezogene Deskriptionen und durch die Entwicklung von Entscheidungsheuristiken ergänzt werden. Eine eigenständige Behandlung von Konsumenten- und Haushaltproblemen ist also neben dem Streben nach einer empirischen Theorie des wirtschaftlichen Handelns notwendig.

Für eine Erfassung dieser Probleme innerhalb der Betriebswirtschaftslehre (und nicht im Rahmen einer Haushaltwirtschaftslehre *neben* der Betriebswirtschaftslehre) sprechen u. E. vor allem folgende Gründe:

1. Wir haben bereits an anderer Stelle hervorgehoben (vgl. C. III. 2.), daß eine *umfassende Analyse der Wirkungen* wirtschaftlicher Handlungen eine wesentliche Voraussetzung für die Wahrnehmung der kritischen Wissenschaftsfunktion darstellt. Dementsprechend sind auch die Wirkungen der Aktivitäten von Produktionswirtschaften zu erfassen, die sich gegenüber den Konsumenten bzw. privaten Haushalten ergeben. So ist es unter kritischem Aspekt nicht vertretbar, z. B. die betriebswirtschaftliche Analyse unternehmerischer Preisempfehlungen lediglich auf das System der Hersteller- und Handelsbetriebe zu beschränken. Um aber Aussagen über die Wirkungen derartiger preispolitischer Maßnahmen der Anbieter auf Haushalte machen zu können, bedarf es einer Untersuchung des Zielsystems der

Haushalte, ihrer Bedarfsdeckungssituation u. ä., wie sie nur durch eine *wissenschaftliche Haushaltanalyse* gewonnen werden können. Geschieht diese nicht innerhalb der Betriebswirtschaftslehre, so besteht die große Gefahr, daß eine *umfassende Wirkungsanalyse* überhaupt unterbleibt oder zumindest zu kurz kommt. Die bisherige Betriebswirtschaftslehre bietet ein gutes Beispiel dafür, daß die Wirkungsanalysen vielfach nur unter den Zielaspekten der Anbieter vorgenommen wurden und die Belange der Konsumenten demgegenüber unberücksichtigt blieben. In die Richtung einer umfassenden Wirkungsanalyse zielt übrigens auch der für die Betriebswirtschaftslehre bedeutsame *Systemansatz,* auf den später noch zurückzukommen sein wird (2. Hauptteil, A. I.). Erst eine Einbeziehung des Haushalts in die Wirkungsanalysen der Betriebswirtschaftslehre ermöglicht es ihr, auch gegenüber bestimmten Verhaltensweisen der Anbieter eine kritische Position zu beziehen und gegebenenfalls Gegenmaßnahmen zu entwickeln. Dies führt zu einem weiteren Problem einer angewandten Betriebswirtschaftslehre, nämlich:

2. Da die Betriebswirtschaftslehre als angewandte Wissenschaft auch *Entscheidungsheuristiken* entwickelt und damit eine *umfassende Beratungsfunktion* wahrnimmt (vgl. z. B. auch H e i n e n [Wissenschaftsprogramm 210]), ist es einseitig, wenn die Bereitstellung von Heuristiken bzw. die Erfüllung der Beratungsfunktion nur den Anbietern zugute kommt. So ist es z. B. wichtig, daß die Betriebswirtschaftslehre nicht nur Heuristiken und Modelle für die unternehmerische Werbung entwickelt, sondern sich auch mit den Möglichkeiten vergleichender Gütertests befaßt, um die Markttransparenz des Verbrauchers zu steigern. Lediglich unter der Bedingung, daß das Streben nach optimaler Zielrealisation der Anbieter zugleich auch zu einer optimalen Zielrealisation der Nachfrager und speziell der Konsumenten führen würde, wäre eine gesonderte Erfassung der Interessenlage des Haushalts entbehrlich. Daß ein solches *Harmoniekonzept* nicht der Realität entspricht, ist inzwischen hinreichend erwiesen.

3. Wenn auch gegenwärtig ein ausreichender Bestand an allgemeinen explikativen Aussagen oder gar eine empirische Theorie zum Bereich wirtschaftlicher Entscheidungen noch nicht vorhanden ist, so sollte zumindest die Suche nach solchen Aussagen im Verein mit relevanten Nachbardisziplinen nachdrücklich erfolgen (vgl. oben C. II. 4.). Insofern ergeben sich Systeme explikativer Aussagen zum wirtschaftlichen Verhalten, die für eine Betriebswirtschaftslehre der Produktionswirtschaften wie für eine solche der Haushalte gleichermaßen

relevant sind. Man denke etwa an die theoretischen Ansätze zur Erklärung des Konsumentenverhaltens. Es wäre demnach unzweckmäßig, derartige wissenschaftliche Zusammenhänge in zwei getrennten Disziplinen zu behandeln. Vielmehr empfiehlt es sich, von einem *gemeinsamen theoretischen Fundament* aus eine Betriebswirtschaftslehre der Produktionswirtschaften wie eine solche der Haushalte zu entwickeln.

4. Schließlich würden durch eine Wirtschaftslehre des privaten Haushalts, die gegenüber einer Betriebswirtschaftslehre der Produktionswirtschaften verselbständigt ist, zusammenhängende Problemkreise noch in einem weiteren Punkt auseinandergerissen: Es ist — wie erwähnt — heute in der Betriebswirtschaftslehre unbestritten, daß auch solche Produktionswirtschaften zum betriebswirtschaftlichen Objektbereich gehören, die nicht privatwirtschaftlicher Art sind (z. B. öffentliche Betriebe). Dazu zählen auch Organisationen, die durch Ausgliederung bestimmter konsumentennaher Funktionen aus privaten Haushalten geschaffen wurden bzw. werden können, etwa staatliche Warentestinstitute und Verbraucherverbände. Es wäre willkürlich, derartige Institutionen als zur Betriebswirtschaftslehre gehörend anzusehen, nicht aber die funktionsübertragenden Organisationen, also die privaten Haushalte, selbst.

Was die Eingliederung einer Betriebswirtschaftslehre des privaten Haushalts in das Lehrsystem der Betriebswirtschaftslehre angeht, so empfiehlt sich aufgrund der Eigenständigkeit der Haushaltprobleme u. E. die Bildung einer *speziellen Betriebswirtschaftslehre,* die neben die institutionellen Betriebswirtschaftslehren wie Industriebetriebslehre, Bankbetriebslehre usw. tritt. Eine solche spezielle Betriebswirtschaftslehre des privaten Haushalts hätte sowohl die allgemeinen betriebswirtschaftlichen Aussagen auf die spezifischen Haushaltprobleme anzuwenden als auch neue Erkenntnisse zu gewinnen.

Die vorgebrachten Argumente sind u. E. derart gravierend, daß dadurch das Basiswerturteil: „Einbeziehung der privaten Haushalte in den Objektbereich der Betriebswirtschaftslehre" überzeugend begründet wird. Dessenungeachtet steckt eine Betriebswirtschaftslehre der privaten Haushalte noch in den Anfängen. Wir werden im folgenden versuchen, wenigstens auf einige der wichtigsten Probleme privater Hauhalte zu sprechen zu kommen.

c) Reale wirtschaftliche Entscheidungen sämtlicher Wirtschaftssubjekte als Objektbereich der Betriebswirtschaftslehre

Selbst wenn man von einem weitgefaßten Betriebsbegriff ausgeht und auch private Haushalte als Betriebe ansieht, ist damit der Objektbereich der Betriebswirtschaftslehre immer noch nicht hinreichend exakt gekennzeichnet. Die realen Betriebe sind Gebilde mit zahlreichen Dimensionen (z.B. die wirtschaftliche, soziale, psychologische Dimension), und es stellt sich die Frage, ob die Betriebswirtschaftslehre alle diese Dimensionen in ihrem Objektbereich zu erfassen habe oder ob sie nur einen oder mehrere Teilaspekte in ihr Programm aufnehmen soll.

Wir wollen hier eine auf Ammon zurückgehende, sehr brauchbare Differenzierung wissenschaftlicher Untersuchungsgegenstände einführen, nämlich die Unterscheidung zwischen *Erfahrungsobjekt* und *Erkenntnisobjekt* einer wissenschaftlichen Disziplin (vgl. hierzu Moxter [Grundfragen 81]). Ammon bezeichnet die in der Realität vorkommenden Erscheinungen als *Erfahrungsobjekte* der Wissenschaften. Aus diesem Erfahrungsobjekt wird durch gedankliche Isolierung das jeweils interessierende *Erkenntnisobjekt* (= Denkobjekt) gewonnen. Die gedankliche Isolierung erfolgt dabei aufgrund bestimmter *Abgrenzungskriterien.* Ein solches Abgrenzungskriterium zur Konzipierung des Erkenntnisobjekts der Betriebswirtschaftslehre kann z.B. in engstem Wirtschaftssystembezug die *Gewinnmaximierung* des Unternehmers sein (so Wöhe [Einführung 41]) oder weniger einseitig das sog. *Wirtschaftlichkeitsprinzip* oder das Streben nach Wirtschaftlichkeit. Allen unterschiedlichen Definitionsmöglichkeiten des Wirtschaftlichkeitsprinzips (z.B. Zielerreichung mit geringstem Mitteleinsatz) und speziell des Wirtschaftlichkeitsbegriffs (z.B. Kostenwirtschaftlichkeit, Wirtschaftlichkeit als Mengenrelation; vgl. Menrad [Grundstudium: Rechnungswesen]) ist gemeinsam, daß sie eine *Beziehung zwischen Gütereinsatz und Güterausbringung* darstellen. Kennzeichnend für die zentrale Stellung eines speziellen betriebswirtschaftlichen Wirtschaftlichkeitskonzepts in der traditionellen Betriebswirtschaftslehre ist etwa die Behandlung von Input-Output-Beziehungen in Produktionswirtschaften, wie sie im Werk von Erich Gutenberg vorgenommen wird: untersucht werden Beziehungen zwischen ökonomischen Größen wie z.B. Einsatz von Maschinen- und Arbeitsstunden einerseits (= Input), Ausbringung materieller Güter andererseits (= Output – vgl. Gutenberg [Produktion]). Es wird bewußt darauf verzichtet, z.B. psychologische oder soziologische Auswirkungen produktiver Tätigkeit in die Betrachtung einzubeziehen. Als Folge einer derartigen Isolierung des Erkenntnisobjekts der Betriebswirtschaftslehre ergibt sich u.a., *daß die menschliche Arbeitsleistung in gleicher Weise als „Produktionsfaktor" betrachtet wird wie z.B. Maschineneinsatzstunden.* Typisch für eine derartige traditionelle Betriebswirtschaftslehre ist z.B. folgende Auffassung: „Die arbeitswissenschaftliche Literatur klammert das Problem der Arbeitsverfremdung mit Recht aus, denn es ist ihre Aufgabe, ... zu untersuchen, wie die Arbeit gestaltet werden muß, wenn sie einen möglichst hohen Leistungsstand erreichen soll" (Gutenberg [Produktion 23]).

Auch Schäfer und in ähnlicher Weise Leitherer wollen die Behandlung der Betriebe im Rahmen der Betriebswirtschaftslehre auf die ökonomische Dimension beschränken (vgl. Schäfer [Grundfragen 554]). So führt Leitherer aus, daß die Betriebswirtschaftslehre *der Bedarf* zu interessieren habe, nicht jedoch dessen psychologische oder soziologische Determinanten (vgl. Leitherer [Bedarf 102 u. 113]). Schäfer und Leitherer warnen vor amateurhaften betriebswirtschaftlichen „Auch-Psychologen".

In dem dargestellten Sachverhalt sind zwei unterschiedliche Problembereiche enthalten: der eine läßt sich durch die Gegenüberstellung: Erkenntnisobjekt-Orientierung versus Erfahrungsobjekt-Orientierung der Betriebswirtschaftslehre charakterisieren; der andere Problemkreis betrifft die Frage, inwieweit durch die traditionelle Orientierung am Wirtschaftlichkeitsprinzip den Belangen *sämtlicher* Wirtschaftssubjekte ausreichend Rechnung getragen wird.

Zu 1: Erfahrungsobjektorientierung statt Erkenntnisobjektorientierung.

Anstatt (etwa durch Orientierung am Wirtschaftlichkeitsbegriff) gedanklich ein Erkenntnisobjekt der Betriebswirtschaftslehre zu isolieren, kann man den Betrieb in seiner realen Vielfalt zu erfassen suchen und *nach einer bewußten Integration verhaltenswissenschaftlicher Forschungsresultate* wie z.B. der Psychologie und der Soziologie in die Betriebswirtschaftslehre streben. Eine solche Orientierung der Betriebswirtschaftslehre am Erfahrungsobjekt gewinnt in der modernen Betriebswirtschaftslehre zunehmend an Bedeutung. Grundlegend für eine derartige *verhaltenswissenschaftliche Betriebswirtschaftslehre* sind die Arbeiten von Heinen [Einführung], Ulrich [Unternehmung] und Kirsch [Entscheidungsprozesse I–III]. So fordert z.B. Ulrich ausdrücklich eine *mehrdimensionale Betriebswirtschaftslehre,* da von ihr ein größeres Problemlösungspotential zu erwarten sei als aus der eindimensionalen Betrachtung (Ulrich [Unternehmung 34]). *Reale Entscheidungen von Wirtschaftssubjekten* werden damit zum Gegenstand der modernen Betriebswirtschaftslehre.

Wenn auch die Auffassungen hinsichtlich einer mehrdimensionalen Betriebswirtschaftslehre heute noch kontrovers sind (vgl. z.B. die Diskussion Blohm [Entscheidungsprozesse] und Kirsch [Replik]), so ist u.E. die Entwicklung einer *zu den Nachbardisziplinen offenen Betriebswirtschaftslehre eindeutig positiv zu beurteilen*. Dies ergibt sich nicht zuletzt daraus, daß eine mehrdimensionale Betriebswirtschaftslehre sich in höherem Maß im Kontext der modernen Wissenschaftstheorie bewegt als die eindimensionale Analyse. Der empirische Gehalt allgemeiner Gesetzesaussagen wird durch die Berücksichtigung *aller* Dimensionen eines Erfahrungsobjektes erhöht. Durch eine mehrdimensionale Betriebswirtschaftslehre läßt sich z.B. das Risiko vermindern, empirisch nicht relevante Modelle („Modellplatonismus") zu konstruieren (Modelle verstanden als vereinfachte Abbildungen von Sachverhalten).

Mit dieser positiven Beurteilung einer mehrdimensionalen Betriebswirtschaftslehre kann jedoch nicht gemeint sein, daß der Betriebswirt nun ein Allround-Wissenschaftler werden muß. Eine solche Forderung wäre schon aus Gründen der begrenzten Kapazität des einzelnen Forschers unsinnig. Zur Lösung des Praktikabilitätsproblems bietet sich der *interdisziplinäre Ansatz* dergestalt an, daß die einzelnen wissenschaftlichen Disziplinen selbständig bleiben, aber sich gegenseitig als Hilfswissenschaften dienen (siehe hierzu auch das Schema bei Heinen [Einführung 263]). Eine derartige Organisation der wissenschaftlichen Forschung bedingt allerdings, daß der Betriebswirt zugleich etwas „Auch-Mathematiker", „Auch-Psychologe" usw. sein muß, weil sonst eine interdisziplinäre Kommunikation nicht zustande kommen kann oder zu-

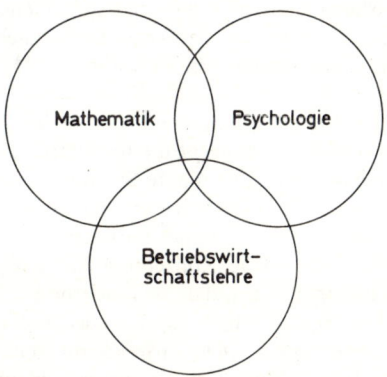

mindest außerordentlich erschwert wird. Im Rahmen der interdisziplinären Kooperation kann die Betriebswirtschaftslehre einerseits die sie interessierenden

Erkenntnisse aus den Nachbarwissenschaften übernehmen, andererseits aber auch Anregungen zur Untersuchung bestimmter Fragen durch die Nachbarwissenschaften geben. Das Verhältnis, das Einzelwissenschaften im Rahmen einer interdisziplinären Kooperation zueinander haben, kann exemplarisch durch das vorstehende Schema verdeutlicht werden.

Aus dem Schema geht hervor, daß die Einzelwissenschaften im wesentlichen selbständig bleiben und in ihrer Forschung bestimmte Schwerpunkte setzen. So bleibt z. B. auch die Betriebspsychologie eine Disziplin der Psychologie und wird nicht dadurch zur Betriebswirtschaftslehre, daß sie sich mit dem Erfahrungsobjekt Betrieb beschäftigt. In den Grenzzonen wird jedoch die Abgrenzung zwischen den einzelnen wissenschaftlichen Disziplinen schwimmend. Diese Grenzzonen sind jener Bereich der interdisziplinären Kooperation, die sich etwa in Gestalt einer bestimmten *Projektforschung* vollziehen kann.

Zu 2: Die Entscheidungen *sämtlicher* Wirtschaftssubjekte in Einzelwirtschaften als Objektbereich der Betriebswirtschaftslehre

Die Akzentuierung eines engen, nur an *produktionswirtschaftlichen Input/Output-Relationen* orientierten Wirtschaftlichkeitskonzepts steht in *enger Beziehung zu einer Betriebswirtschaftslehre, die an den Zielen des Management und der Eigentümer von Anbieterbetrieben orientiert ist.* Zwar werden in der modernen Betriebswirtschaftslehre die Ziele eines Betriebes nicht mehr als monolithischer, nur von einer oder wenigen Personen geprägter Block betrachtet, sondern als Ergebnis vielschichtiger, multipersonaler Zielbildungsprozesse analysiert (vgl. Näheres im 2. Hauptteil, B. I.); die eigenständigen Ziele *der nicht zum Management gehörenden Arbeitnehmer* fanden in der bisherigen Betriebswirtschaftslehre jedoch nur bedingt Berücksichtigung. So war die Betriebswirtschaftslehre z. B. wenig kreativ, was die eigenständige Entwicklung von Mitbestimmungsmodellen angeht.

Im kapitalistischen System erlangen mit der *Orientierung am traditionellen Wirtschaftlichkeitskonzept* die monetären Ziele der kapitalistischen Unternehmer eine dominante Stellung. So sagt z. B. Wöhe in aller Deutlichkeit: „Die Betriebswirtschaftslehre untersucht die Entscheidungen, die der Unternehmer im Betriebe trifft . . .“ (Wöhe [Einführung 40]). Eine solche Konzeption hat denn auch u. E. zu Recht zu dem Vorwurf geführt, daß die moderne Betriebswirtschaftslehre in kapitalistischen Systemen *kapitalgeberorientiert* sei und den Belangen der Arbeitnehmer nicht ausreichend gerecht werde (vgl. Projektgruppe WSI [Grundelemente] sowie 2. Hauptteil A. V.).

Interessant ist, daß auch in der modernen verhaltenswissenschaftlich ausgerichteten, entscheidungsorientierten Betriebswirtschaftslehre die

Management-Ziele noch stark akzentuiert werden, so etwa, wenn Ulrich in der Betriebswirtschaftslehre in erster Linie eine *Unternehmungsführungslehre* sieht (Ulrich [Unternehmung 38f.]). Auch im Konzept Heinens finden Arbeitnehmerbelange keine ausdrückliche Berücksichtigung, und insofern ist auch die von ihm angestrebte Entscheidungslehre u. E. nicht umfassend genug (vgl. Heinen [Einführung] passim).

Nach unserer Auffassung ist eine solche Verkürzung der entscheidungsorientierten Betriebswirtschaftslehre äußerst problematisch, denn eine Betriebswirtschaftslehre sollte den Bedürfnissen bzw. Zielen der Arbeitnehmer ebenso Rechnung zu tragen versuchen wie denen der Eigentümer von Anbieterinstitutionen und ihrem Management. Dafür sprechen u. E. weitgehend dieselben Gründe, wie wir sie für die Einbeziehung des privaten Haushalts geltend gemacht haben (vgl. C. III. 3b dieses Hauptteils). Wie es im übrigen wenig zweckmäßig wäre, eine Betriebswirtschaftslehre des privaten Haushalts *neben* die Betriebswirtschaftslehre der Produktionswirtschaften zu setzen, so gilt das gleiche für eine isoliert *neben* der Betriebswirtschaftslehre zu etablierende „Arbeitsorientierte Einzelwirtschaftslehre" (so die Forderung der Verfasser der Studie zur Arbeitsorientierten Einzelwirtschaftslehre; vgl. Projektgruppe WSI [Grundelemente] und Abschnitt A. V. im 2. Hauptteil dieser Arbeit).
Vielmehr sollten die Entscheidungen *sämtlicher* Wirtschaftssubjekte in einzelwirtschaftlichen Organisationen (Management, Arbeitnehmer, Konsumenten) in ein Gesamtsystem betriebswirtschaftlicher Aussagen integriert werden (vgl. hierzu Teil A. VI. im 2. Hauptteil). Auf diese Weise ließe sich nicht nur der sachliche Problemkontext am besten wahren, sondern es könnten solche Lösungsvorschläge angestrebt werden, die den Interessen *aller* Wirtschaftssubjekte Rechnung tragen.

4. Werturteile im Aussagenbereich

Wie erwähnt, werden die Werturteile im Aussagenbereich oft als das „eigentliche Werturteilsproblem" bezeichnet. Dies ist allerdings u. E. zu einseitig: Gerade der vorige Abschnitt hat gezeigt, welche gravierenden Probleme mit den Werturteilen im Basisbereich verbunden sind. Die im Basisbereich auftretenden Wertungsprobleme lassen es zudem als unzweckmäßig erscheinen, Basiswerturteile von der Problematik der Werturteile im Aussagenbereich völlig zu isolieren; wie noch zu zeigen sein wird (vgl. C. IV. 4.), deckt sich partiell die Problemstruktur in beiden Werturteilsbereichen.

Betriebswirtschaftliche Werturteile im Aussagenbereich betreffen die Objektsprache der Betriebswirtschaftslehre: die betriebswirtschaftlichen Aussagen erhalten eine positive oder negative Auszeichnung, einen Rekurs auf ein übergeordnetes, als gültig unterstelltes Prinzip und sind mit einer präskriptiven Verhaltenserwartung verbunden (vgl. Albert [Konstruktion 148] u. S. 45 dieser Arbeit). (Beispiel: Der Ausschluß der Arbeitnehmer von der Gewinnbeteiligung ist ungerecht; die Gerechtigkeit gebietet eine Gewinnbeteiligung der Arbeitnehmer.)

In der modernen „praktisch-normativen" Betriebswirtschaftslehre (vgl. C. IV. 3.) werden Werturteile im Aussagenbereich überwiegend abgelehnt (vgl. Heinen, Wöhe, Ulrich). Man hat sich vielmehr für eine sog. wertfreie Betriebswirtschaftslehre (wertfrei im Sinne des Verzichts auf Werturteile im Aussagenbereich) entschieden. Als Begründung für ein solches Basiswerturteil wird angeführt, daß Werturteile und entsprechend begründete Normen nicht wahrheitsfähig seien und daher in der Wissenschaft keinen Platz haben sollten (vgl. oben C. II. 1.).

Demgegenüber haben die Werturteile im Aussagenbereich in der Betriebswirtschaftslehre eine große Tradition in Gestalt der sog. *ethischen Richtung der Betriebswirtschaftslehre,* die daher einer kritischen Beurteilung zu unterziehen ist.

a) Werturteile in der sog. ethischen Richtung der Betriebswirtschaftslehre

Die Vertreter einer *ethisch-normativen Betriebswirtschaftslehre* fordern unter Bezug auf ethische Normen die bewußte Aufnahme von Werturteilen in das System wissenschaftlicher Aussagen. Im Mittelpunkt dieser Richtung steht Heinrich Nicklisch (1876–1946). Nicklisch hat den bisher einmaligen Versuch unternommen, ein geschlossenes System der Betriebswirtschaftslehre zu entwerfen, in dem eine philosophisch-ethische Gesamtkonzeption ihren Niederschlag findet (vgl. z.B. Nicklisch [Die Betriebswirtschaft]). Die Basis des Systems Nicklischs ist sein besonderer erkenntnistheoretischer Ansatz, in dem das *Gewissen als Erkenntnisquelle* verstanden wird. Das intuitiv erfaßte, nicht irrende Gewissen liefert nach Nicklisch ein Vorbewußtsein des Alls und seiner Gliederung. Aus dem Gewissen werden bestimmte für die Betriebswirtschaftslehre relevante

Postulate abgeleitet. Eine derartige Ableitung stellt z.B. die Auffassung dar, daß *menschliches Verhalten gemeinschaftsbezogenes Gestalten in Freiheit ist oder sein sollte.* Aus dieser Auffassung wiederum leitet Nicklisch seine Interpretation des Betriebs als Gemeinschaft freier Menschen ab. *Der Mensch* steht bei Nicklisch im Mittelpunkt der Betrachtung, und Nicklisch wendet sich ausdrücklich gegen eine rein mechanistische Behandlung des Betriebes, in der zwischen Mensch und Maschine nicht mehr differenziert wird. Die Grundhaltung Nicklischs gegenüber dem Menschen kommt etwa in der Art und Weise zum Ausdruck, wie bei ihm die Löhne und Gehälter behandelt werden. Löhne und Gehälter sind bei Nicklisch nicht – wie sonst in der Betriebswirtschaftslehre üblich – Kosten, sondern vorab ausgeschüttete Erträge. Der verbleibende Ertragsüberschuß fällt nicht automatisch dem Unternehmer und/oder den Kapitaleignern zu, sondern er muß auf Unternehmer, Kapitaleigner und Mitarbeiter verteilt werden. Die Verbindung, die sich von hier aus zu den Problemen der Gewinnbeteiligung ergibt, ist offensichtlich. Ziel des wissenschaftlichen Ansatzes Nicklischs ist es, die partikularegoistischen Interessen überwinden zu helfen.

Bis in die jüngere und jüngste Zeit haben Betriebswirte – teils von Nicklisch beeinflußt – ethische Normen in die Betriebswirtschaftslehre hineinzutragen versucht, so z.B. Kalveram, August Marx und bis zu einem gewissen Grade Rössle und Seyffert. Im Unterschied zu Nicklisch haben seine Nachfolger jedoch keine geschlossenen Systeme entwickelt, sondern sich darauf beschränkt, Werturteile in Teilbereichen der Betriebswirtschaftslehre und meist lediglich als ergänzende Enpfehlungen zu ihren übrigen Ausführungen zu geben.

Wie sind nun die ethische Richtung der Betriebswirtschaftslehre und insbesondere der Ansatz Nicklischs zu beurteilen? Die Geschlossenheit des Systementwurfs bei Nicklisch ist u.E. nicht ohne Faszination. Noch stärkere Beachtung verdient, daß Nicklisch *den Menschen in den Mittelpunkt der Betriebswirtschaftslehre* stellt und an die Wissenschaft die Forderung erhebt, den Menschen zu sagen, was sie tun sollen. Beide Ansatzpunkte sind von außerordentlich großer Aktualität und haben auch in der modernen Betriebswirtschaftslehre bzw. Sozialwissenschaft einen gewissen Niederschlag gefunden. So lassen sich z.B. in der Betriebswirtschaftslehre Verbindungslinien zum Werk Ulrichs ziehen: auch wenn Ulrich im Bereich wertfreier Aussagen zu bleiben versucht, findet in seinem System der Mensch ungleich mehr Beachtung als etwa bei Gutenberg und Wöhe. Ulrich betrachtet die Unternehmung als *soziales System*, während nach Wöhe [Einführung 42] lediglich die Soziologie, nicht aber die Betriebswirtschaftslehre die Aufgabe hat, den Menschen in den Mittelpunkt zu stellen(!) Wenn man sich vergegenwärtigt, in welchem Umfang bestimmte menschliche Belange von der Betriebswirtschaftslehre bisher vernachlässigt wurden (vgl. z. B. unsere Ausführungen in C. III. 3.), wird allein von daher die große Bedeutung Nicklischs erkennbar.

Auch mit der Forderung nach *wissenschaftlicher Begründung von Werturteilen* hat Nicklisch einen Problembereich aufgegriffen, von dem aus sich eine Verbindung zu einer der wesentlichen modernen wissenschaftstheoretischen bzw. philosophischen Kontroversen ergibt: der Kontroverse nämlich zwischen *kritischem Rationalismus* (Popper, Albert) einerseits, *kritischer Theorie* (Marcuse, Horkheimer, Adorno, Habermas) andererseits. (Zu den Grundzügen dieser Kontroverse vgl. die Arbeit von Grossner [Verfall], außerdem: Habermas [Legitimationsprobleme] insbesondere S. 133–162. Hierauf wird unten noch zurückzukommen sein [vgl. C. IV. 4.]).

Allerdings sind bei allem Respekt vor dem Grundansatz Nicklischs und der ethischen Richtung der Betriebwirtschaftslehre u. E. folgende kritische Einwände notwendig:

1. Die verwendeten Werturteile haben stark *dogmatischen Charakter*, und die Art und Weise ihrer Begründung (Gewissen, Intuition) genügt wissenschaftlichen Ansprüchen nicht. In der ethischen Richtung der Betriebswirtschaftslehre wird der Spielraum, der sich einer rationalen Diskussion und Begründung von Werturteilen eröffnet, bei weitem nicht ausgeschöpft. Eine rationale Diskussion von Werturteilen bedeutet zunächst, daß die praktischen Wirkungen von Werturteilen umfassend analysiert werden (auch hier stoßen wir auf die Notwendigkeit umfassender Wirkungsanalysen). Mit anderen Worten: Die *dogmatische Akzeptanz* von Werturteilen sollte durch die *wirkungsbezogene Akzeptanz* von Werturteilen ersetzt werden. (Zur Unterscheidung zwischen dogmatischer und wirkungsbezogener Akzeptanz von Werurteilen vgl. Chmielewicz [Forschungskonzeptionen 61 f.]). Will man dann zu einer *Bewertung* unterschiedlicher Wirkungen gelangen, bedarf es einer *umfassenden Diskussion von Normen,* die die ethische Richtung der Betriebswirtschaftslehre schuldig bleibt.

2. Insbesondere im wissenschaftlichen Werk Nicklischs werden empirische und normative Aussagen nicht scharf voneinander ge-

trennt. Eine solche Vorgehensweise ist deswegen gefährlich, weil dem Adressaten der Aussagen Wertungen unter Umständen verborgen bleiben. Wegen des unterschiedlichen Ausmaßes an Wahrheitsfähigkeit sollte daher eine Vermischung empirischer und wertender Aussagen vermieden werden.

Trotz dieser Einwände ist die ethische Richtung der Betriebswirtschaftslehre gewissermaßen der „Pfahl im Fleisch" gegen eine Disziplin, die sich vordergründig als wertfreies „praktisch-normatives" Aussagensystem versteht (vgl. C. IV. 3.). Es ist daher nicht erstaunlich, daß in jüngster Zeit das Plädoyer für die Einbeziehung normativer Aussagen in die Betriebswirtschaftslehre wieder aufgegriffen wurde (vgl. z.B. Staehle [Plädoyer]). Insbesondere vom Ansatz Nicklischs her ergeben sich außerdem interessante Beziehungen zum *Kriterium der Verallgemeinerungsfähigkeit von Interessen* als Basis von Werturteilen, wie es jüngst von Habermas aufgegriffen wurde (vgl. Habermas [Legitimationsprobleme 149]).

b) Werturteile im Aussagenbereich als ergänzende Empfehlungen

Als Alternative gegenüber den Werturteilen im Aussagenbereich, wie sie von der ethischen Richtung der Betriebwirtschaftslehre vollzogen werden, bietet sich an, daß der Wissenschaftler *neben* die empirischen Aussagen *wohl begründete, offene* Empfehlungen auf der Basis einer umfassenden Wirkungsanalyse abgibt. In diese Kategorie fallen z.B. Aussagen, die Wissenschaftler in Wahrnehmung einer Beratungsfunktion – sei es gegenüber Produktionswirtschaften, sei es gegenüber staatlichen Institutionen – abgeben.

Es leuchtet ein, daß bei Werturteilen dieser Art die gegen die ethische Richtung vorgebrachten Einwände zu einem großen Teil gegenstandslos werden. Allerdings bleibt nach wie vor die Kardinalfrage offen, ob der Wissenschaftler bei solchen Aussagen als Wissenschaftler nicht überfordert ist, da er sich hier zweifellos in einem schwächeren Begründungszusammenhang bewegt als im Bereich empirischer Aussagen. Als Alternative bliebe entweder der vollständige Verzicht auf Wertungen im Aussagenbereich oder lediglich das subjektive Bekenntnis der Privatperson ohne wissenschaftlichen Anspruch. Für diese Lösung spricht, daß politische Empfehlungen von Wissenschaftlern häufig genug durch persönlich und/oder ideologisch verengte Perspektiven gekennzeichnet waren und daher – in ihrem Anspruch auf wissenschaftliche „expert power" – mehr Schaden als Nutzen stifteten. Anders sieht es allerdings aus, wenn sich eine „breite Werturteilsdiskussion" in einer *„Kommunikationsgemeinschaft der Be-*

troffenen" vollzicht, wie sie etwa Habermas vorschwebt (Habermas [Legitimationsprobleme 144]). Außerdem ist darauf hinzuweisen, daß der *„good reasons approach"* (vgl. dazu Habermas [Legitimationsprobleme 149]), der, wie dargestellt, bei den Werturteilen im Basisbereich unverzichtbar ist, grundsätzlich auch für offene Wertungen im Aussagenbereich Anwendung finden kann (eben hier liegt die Gemeinsamkeit zwischen Werturteilen im Basisbereich und im Aussagenzusammenhang). So wird denn auch z.B. im Bereich der Volkswirtschaftslehre von Giersch die Position vertreten, daß der Wissenschaftler zu begründeten offenen Wertungen als Wissenschaftler legitimiert ist (vgl. Giersch [Wirtschaftspolitik 46–51]). Notwendigkeit und Leistungsfähigkeit derartiger Werturteile in der Betriebswirtschaftslehre lassen sich erst dann voll beurteilen, wenn im folgenden Abschnitt die Werturteilsproblematik in der sog. angewandten Betriebswirtschaftslehre diskutiert wurde. Wir werden daher auf das Problem der Werturteile im Aussagenzusammenhang noch einmal zurückkommen (vgl. C. IV. 3. u. 4.).

5. Weiterführende Literatur

Albert [Konstruktion] – Chmielewicz [Forschungskonzeptionen 51–95] – Fischer-Winkelmann [Methodologie 100–156] – Grossner [Verfall] – Katterle [Betriebswirtschaftslehre] – Köhler [Systeme 64–78] – Loitlsberger [Wertvorstellungen] – Schanz [Selbstverständnis] – Staehle [Plädoyer].

IV. Betriebswirtschaftslehre als reine oder angewandte Wissenschaft

Wir haben schon kurz erwähnt, daß nach herrschender Auffassung die Betriebswirtschaftslehre als angewandte Disziplin aufgefaßt wird, als eine Disziplin also, die „der Praxis" Problemlösungshilfen liefern soll. Daß „die" Praxis nicht nur durch die Unternehmungen oder – noch enger – durch bestimmte Vertreter von Partialinteressen in diesen Unternehmungen repräsentiert wird bzw. werden sollte, wurde bei der Diskussion des Objektbereichs der Betriebswirtschaftslehre erörtert (vgl. C. III. 3.).

Die Deklaration der Betriebswirtschaftslehre als angewandte Wissenschaft bedarf jedoch noch in weiterer Hinsicht der Diskussion: Einmal ist die Interpretation der Betriebswirtschaftslehre als angewandter Wissenschaft nicht ohne Widerspruch geblieben: insbesondere Wilhelm Rieger hat sich engagiert für eine Betriebswirtschaftslehre als „reine" Wissenschaft (und damit gegen Problemlösungshilfen für die Praxis) ausgesprochen. Zum anderen ist die heutige Spielart der angewandten Betriebswirtschaftslehre, nämlich die sog. „praktisch-normative" Betriebswirtschaftslehre in ihrem Grundansatz einer kritischen Analyse zu unterziehen. Diesen beiden Fragen sind die folgenden Abschnitte gewidmet.

1. Die Kontroverse: „reine" oder „angewandte" Betriebswirtschaftslehre in der Literatur

Die Frage, ob die Betriebswirtschaftslehre eine „reine" oder eine „angewandte" Wissenschaft ist, hat sowohl Ende der zwanziger als auch Anfang der fünfziger Jahre dieses Jahrhunderts zu heftigen Kontroversen geführt. Die Anfang der zwanziger Jahre geführte Auseinandersetzung ist insbesondere mit den Namen Schmalenbach als Vertreter einer *angewandten* Betriebswirtschaftslehre und Rieger als Vertreter einer *reinen* Betriebswirtschaftslehre verbunden, während die Kontroverse Anfang der fünfziger Jahre vor allem zwischen Gutenberg und Mellerowicz ausgetragen wurde.
Rieger wendet sich mit Nachdruck dagegen, daß die Betriebswirtschaftslehre bzw. die von ihm vertretene „Privatwirtschaftslehre" Normen und Verhaltensempfehlungen irgendwelcher Art aufstellt. Das gilt sowohl für ethische Normen (einschließlich der Forderung einer Ausrichtung unternehmerischen Handelns am Gemeinwohl), für das Postulat der Wirtschaftlichkeit im Sinne einer einzelbetrieblichen monetären Input-Output-Relation wie für die konkreten Empfehlungen, wie sie die Betriebswirtschaftslehre z. B. für die Ausgestaltung des Rechnungswesens angesichts von Geldwertschwankungen entwickelt hat (Rieger [Privatwirtschaftslehre 44–56]).

Gerade in der Betriebswirtschaftslehre der zwanziger Jahre hat angesichts der Inflation das Problem der rechnerischen Neutralisierung von Geldwertschwankungen und (damit zusammenhängend) die Frage nach der betrieblichen Substanzerhaltung die Betriebswirtschaftslehre stark beschäftigt (vgl. hierzu im einzelnen Menrad [Grundstudium: Rechnungswesen]). Schmalenbach und eine Reihe anderer namhafter Betriebswirte der damaligen Zeit (etwa Fritz Schmidt) versuchten, Abrechnungstechniken zu entwickeln, die die Ausschüttung von „Scheingewinnen" verhindern und die Erhaltung des Unternehmungskapitals gewährleisten sollten. Rieger hat diese Verfahren (die man als Entscheidungskalküle bezeichnen kann) scharf kritisiert (Rieger [Privatwirtschaftslehre 244–259]). So formuliert er: Soll also „die Wissenschaft müßig zusehen ..., wie die Inflation die Wirtschaft ... verheert? In der Tat, so ist es. Die Wissenschaft kann niemals wissen, ob nicht in einem bestimmten

Augenblick die Inflation in einem höheren Interesse als dem der Erhaltung der Substanz notwendig ist. Deswegen hat sie zu schweigen" (R i e g e r [Privat-wirtschaftslehre 259]).

Im Gegensatz zu R i e g e r hat sich S c h m a l e n b a c h eindeutig für Normen und Verhaltensempfehlungen seitens der Betriebswirtschafts-lehre ausgesprochen. Ein kompaktes Werturteil tritt bei S c h m a l e n -b a c h insofern auf, als er fordert, die Betriebswirtschaft habe sich grundsätzlich an gesamtwirtschaftlichen Zielen in Gestalt der *„ge-meinwirtschaftlichen Wirtschaftlichkeit"* zu orientieren (S c h m a l e n -b a c h [Dynamische Bilanz, 4. Aufl. 94]). Außerdem habe die Be-triebswirtschaftslehre in ihrer Ausprägung als „Kunstlehre" der Praxis Entscheidungshilfen zu liefern (S c h m a l e n b a c h [Kunstlehre]).

Anfangs der fünfziger Jahre erlebte mit dem Erscheinen des ersten Bandes von G u t e n b e r g s „Grundlagen der Betriebswirtschaftslehre" die Kontroverse zwischen S c h m a l e n b a c h und R i e g e r eine nicht undramatische Renaissance. M e l l e r o w i c z als Verfechter einer an-gewandten Betriebswirtschaftslehre warf G u t e n b e r g vor, daß er Theorie um der Theorie willen treibe (M e l l e r o w i c z [Eine neue Richtung 160]). Die Darstellungen in G u t e n b e r g s Werk seien von einem derart hohen Abstraktionsgrad, daß sie für die Praxis un-ergiebig würden. In einer u. E. problematischen Reaktion rezipierte G u t e n b e r g nun partiell die R i e g e r s c h e Position: Gutenberg dekla-rierte es als „klein und eng", wenn man der Betriebswirtschaftslehre die Aufgabe zuweise, den Unternehmungsleitungen sagen zu wollen, was sie zu tun hätten. Die Aufgabe der Betriebswirtschaftslehre liege demgegenüber darin, betriebswirtschaftliche Sachverhalte gedanklich zu durchdringen (G u t e n b e r g [Methodenstreit 340 f.]; M o x t e r [Grundfragen 29 f.]).

2. Die Kontroverse: „reine" oder „angewandte" Betriebswirt-schaftslehre in wissenschaftstheoretischer Perspektive

Die dargestellten Kontroversen sind einmal deswegen von besonderer Bedeutung, weil in ihnen methodologische Grundpositionen zum Ausdruck kommen, über die auch heute noch kein Konsens erzielt worden ist. Zum anderen läßt sich gerade anhand dieser Kontro-versen zeigen, mit welchem Nutzen wissenschaftstheoretische Kate-gorien zur Klärung der angeschnittenen Probleme verwendet werden können. Analysieren wir zunächst die Kontroverse R i e g e r / S c h m a -l e n b a c h:

Aus R i e g e r s Plädoyer für eine reine Betriebswirtschaftslehre lassen sich u. E. drei Problemdimensionen „herausdestillieren":

1. Die Ablehnung von Wertungen im Aussagenzusammenhang;
2. das Aufdecken versteckter Wertungen;
3. eine totale Skepsis gegenüber der Möglichkeit wissenschaftlich fundierter Handlungsempfehlungen.

Zu 1: In bezug auf die Ablehnung von Wertungen im Aussagenzusammenhang hat R i e g e r bereits jene Auffassung antizipiert, wie sie heute etwa vom Kritischen Rationalismus (z. B. P o p p e r , A l b e r t) vertreten wird. Danach sind derartige Werturteile nicht wahrheitsfähig (vgl. oben C. II. 1.), und den normativen Aussagen eines Wissenschaftlers kommt kein größeres Gewicht zu als Werturteilen beliebiger anderer Personen.

Wir haben bereits auf die Problematik hingewiesen, die u. E. in dieser Auffassung liegt (vgl. C. III. 4. b). Eine solche Position resigniert gegenüber einem „good reasons-approach", wie er in einer Kommunikationsgemeinschaft der Betroffenen (H a b e r m a s [Legitimationsprobleme 144]) und der zugleich ausreichend Fachkundigen möglich und u. E. erkenntnisfördernd ist. Was R i e g e r s Kritik an S c h m a l e n b a c h s Postulat einer „gemeinwirtschaftlichen Wirtschaftlichkeit" angeht, so trifft sie allerdings insofern ins Schwarze, als es S c h m a l e n b a c h nicht gelungen ist, dieses Konzept in eindeutiger Weise meßbar zu machen (zu „operationalisieren").

Zu 2: R i e g e r s Verdienst ist es weiterhin, auf die *Gefahr versteckter Wertungen* in der Betriebswirtschaftslehre hingewiesen zu haben. R i e g e r hat erkannt, daß Empfehlungen der Betriebswirtschaftslehre wie der Volkswirtschaftslehre *„unter dem Gesichtspunkt der Wirtschaftlichkeit" eine Wertfreiheit vortäuschen, die in der Regel de facto nicht gegeben ist.* Zu Recht führt R i e g e r aus: „Die Wirtschaftlichkeit in einem höheren Sinne würde zu ihrer Messung verlangen, daß man das Leben in seiner Totalität umgreift – räumlich und zeitlich – und daß man sogar das Jenseits einbezieht" (R i e g e r [Privatwirtschaftslehre 69]). Und weiter: „Wenn die Betriebswirte schon die Rationalisierung fördern wollen, dann sollten sie zugestehen, daß es sie nicht kümmert, ob durch alle diese technischen Fortschritte die Menschen glücklicher werden oder nicht" [ebd. 70]. In einer solchen Position wird scharfsinnig jene Ablehnung versteckter Wertungen vorweggenommen, die A l b e r t als „ökonomische Perspektive" kritisiert hat (A l b e r t [Marktsoziologie 37–48]). Wie notwendig eine solche Kritik ist, wird nicht zuletzt an den heutigen Fragestellungen einer Bewältigung der Umweltprobleme, einer Erhaltung der „Qualität des Lebens" u. ä. deutlich. (Zu Problemen der Lebensqualität vgl. E p p l e r [Lebensqualität]).

Zu 3: Sosehr gerade die Kritik R i e g e r s an versteckten Wertungen in der modernen wissenschaftstheoretischen Diskussion eine Stütze findet, so problematisch ist indessen seine totale Negation der Möglichkeit wissenschaftlich fundierter Handlungsempfehlungen. In dieser Hinsicht erweist sich die Kontroverse: „reine" oder „angewandte" Betriebswirtschaftslehre als ein *Scheinproblem.* Hierzu ist an unsere obige Darstellung explikativer Aussagen anzuknüpfen:

Zentrales Element explikativer Aussagen sind Gesetze oder Quasi-Gesetze, die in Wenn-Dann-Form formuliert werden können. Aus solchen kausalen Wenn-Dann-Aussagen lassen sich durch sog. tautologische Transformation *technologische Aussagen* und damit *Handlungsvorschläge bzw. -empfehlungen* bilden. Z.B. könnte man von folgender Gesetzeshypothese ausgehen:

„Wenn in einem Markt mit nur wenigen Anbietern (= Angebots-oligopol) ,Nicht-Preis-Wettbewerb' (z.B. Produktvariation und/oder Werbung) anstatt eines Preiswettbewerbs betrieben wird, erzielt man einen höheren Gewinn als durch Preiswettbewerb."

Aus diesem Gesetz läßt sich folgende *Handlungsempfehlung* ableiten:

„Wenn Unternehmer als Oligopolisten einen möglichst hohen Gewinn erzielen wollen, dann müssen sie statt des Preiswettbewerbs sich der Instrumente des Nicht-Preiswettbewerbs bedienen."

Wir haben es in diesem Falle mit einer technologischen Aussage zu tun, die von einer hypothetischen Norm ausgeht, deren Wahl in den Verantwortungsbereich des Entscheidungssubjekts fällt (im Beispiel: Ziel des möglichst hohen Gewinns). Über die Norm selbst gibt der Wissenschaftler kein Urteil ab, sondern nur über die aus der Norm bzw. dem Ziel abgeleiteten Mittel. Wir werden auf diesen Sachverhalt unten noch einmal zurückkommen (vgl. C. IV. 3. a).

Die Möglichkeit zu derartigen technologischen Aussagen bleibt in R i e g e r s *Konzeption unberücksichtigt.* R i e g e r übersieht die unmittelbare Anwendungsrelevanz, die auch eine „reine" Betriebswirtschaftslehre in dem Augenblick erlangt, von dem ab sie nach empirischen Gesetzen strebt. Derartige Gesetze lassen sich gerade in der Betriebswirtschaftslehre und anders als vielfach in den Naturwissenschaften ohne weiteres aufgrund der sog. tautologischen Transformation in technologische Aussagen von höchster Handlungsrelevanz umformen. *Es ist gewissermaßen das unausweichliche Schicksal auch eines Vertreters der „reinen" Betriebswirtschaftslehre, daß nomologische Aussagen eine unmittelbare Verwertungsdimension durch die Praxis besitzen.* Eben hierin liegt das *Scheinproblem* in der Kontroverse „reine" oder „angewandte" Betriebswirtschaftslehre.

Auch gegen R i e g e r läßt sich die Aussage anführen, daß *der Praxis
nichts mehr dient als eine gute Theorie* (M y r d a l [Wertproblem 233]).
Es bleibt allerdings die interessante und wichtige Anschlußfrage, wieweit solche technologischen Handlungsempfehlungen noch als wertfrei angesehen werden können; auf sie wird im nächsten Abschnitt
zurückzukommen sein (vgl. C. IV. 3.).

Die moderne wissenschaftstheoretische Diskussion verhilft auch zur
Klärung der M e l l e r o w i c z - G u t e n b e r g - Kontroverse. Gerade die
große praktische Relevanz theoretischer Aussagen läßt es keineswegs
als „klein und eng" erscheinen, wenn die Betriebswirtschaftslehre
der Praxis wissenschaftlich fundierte Handlungsempfehlungen zu
geben versucht. Insofern vernachlässigt G u t e n b e r g u. E. die Pro-
blemlösungskraft empirisch gehaltvoller Gesetze bzw. Theorien. An
der Position von M e l l e r o w i c z wiederum ist problematisch, daß
er den Wert abstrakter und formaler Problemlösungsmethoden, wie
sie von G u t e n b e r g vielfach verwendet werden, pauschal ablehnt.
Der gewählte Abstraktionsgrad einer Darstellung ist von dessen Beitrag zur Problemlösung her zu beurteilen. Insofern kann insbesondere
die Anwendung mathematischer Methoden zweckmäßig und notwendig sein, und zwar auch in der Form, wie sie G u t e n b e r g vornimmt.

3. Kennzeichen und Problematik der praktisch-normativen Betriebswirtschaftslehre

Wir haben schon kurz erwähnt, daß sich die moderne Betriebswirtschaftslehre als praktisch-normative Disziplin versteht (vgl. z.B.
H e i n e n [Einführung 22f.]; W ö h e [Einführung 43–46]). Das bedeutet: Die praktisch-normative Betriebswirtschaftslehre „geht von
den empirisch feststellbaren Zielen der Betriebswirtschaften aus"
(H e i n e n [Einführung 22]). Nach W ö h e ist eine derartige praktisch-
normative Betriebswirtschaftslehre dadurch gekennzeichnet, daß sie
„sich seit jeher bemüht, das jeweils bestehende Wirtschafts- und
Gesellschaftssystem als Datum hinzunehmen" (W ö h e [Einführung
42]). Unter Zugrundelegung der empirisch feststellbaren Ziele gibt
die praktisch-normative Betriebswirtschaftslehre Empfehlungen hinsichtlich des Mitteleinsatzes, der zur optimalen Realisation der (als
Daten betrachteten) betriebswirtschaftlichen Ziele führen soll. Die
praktisch-normative Betriebswirtschaftslehre macht also keine echten
normativen, sondern lediglich quasi-normative (A l b e r t) Aussagen.
Übereinstimmend ist man der Auffassung, daß eine derartige prak-

tisch-normative Betriebswirtschaftslehre wertfrei sei. Eine solche
Wertfreiheit wird ausdrücklich postuliert (vgl. z.B. Wöhe [Einführung 45]; Heinen [Einführung 23]).

Da die praktisch-normative Betriebswirtschaftslehre wertfrei sein will, ist der
Terminus „normativ" in diesem Zusammenhang außerordentlich unzweckmäßig, da er zu Mißverständnissen Anlaß gibt. Bestenfalls sollte mit Albert
von „quasi-normativen" Aussagen gesprochen werden (Albert [Konstruktion 147 f.]).

Eine kritische Beurteilung der „praktisch-normativen" Betriebswirtschaftslehre kann aufgrund folgender Fragen vorgenommen werden:

1. *Lassen sich „praktisch-normative" Aussagen tatsächlich wertfrei
   abgeben* (wertfrei im Sinne des Verzichts von Wertungen im Aussagenzusammenhang) oder unterläuft bei derartigen quasi-normativen (mittelnormativen) Aussagen ein sog. „naturalistischer Fehlschluß"?

2. *Hat sich die praktisch-normative Betriebswirtschaftslehre wirklich
   von Wertungen im Aussagenbereich freigehalten?* Mit anderen
   Worten: ist sie ihrer Wertfreiheitskonzeption treu geblieben?

3. *Wird die vorfindliche praktisch-normative Betriebswirtschaftslehre*
   der kritischen Wissenschaftsfunktion gerecht? Erfüllt sie also das
   vom kritischen Rationalismus geforderte „kritische Programm"?

4. *Sollte nicht die Betriebswirtschaftslehre versuchen, zu rational begründeten Wertungen im Aussagenbereich zu gelangen?*

Diesen Fragen wird in den folgenden Punkten nachgegangen.

*a) Praktisch-normative Betriebswirtschaftslehre und naturalistischer
    Fehlschluß*

Es hat sich in der betriebswirtschaftlichen Literatur eine Kontroverse
darüber entwickelt, inwieweit betriebswirtschaftliche Aussagensysteme dadurch gegen das Wertfreiheitspostulat verstoßen, daß sie
dem sog. *naturalistischen* oder *instrumentalistischen Fehlschluß* unterliegen. Fischer-Winkelmann z.B. macht den Vertretern der praktisch-normativen Betriebswirtschaftslehre eben diesen Vorwurf und
kritisiert, daß man in der praktisch-normativen Betriebswirtschaftslehre zwischen Ziel- und Mittelempfehlungen ethisch differenzieren
zu können meine und an die moralische Neutralität von Mittelempfehlungen glaube (Fischer-Winkelmann [Marketing 81, Fußn.
59]).

Was ist unter einem naturalistischen Fehlschluß zu verstehen und wie
ist die praktisch-normative Betriebswirtschaftslehre in diesem Punkt
zu beurteilen?

Unter einem *naturalistischen Fehlschluß* versteht man einen *deduktiven Schluß, dessen Prämissen ausschließlich aus Sachaussagen bestehen, dessen Folgerungen aber normativen Charakter haben*. Normative Aussagen sind nach dem oben genannten Deutungsschema (vgl. S. 37) durch drei Komponenten gekennzeichnet: auszeichnenden Realitätsbezug, implizite Bezugnahme auf Prinzipien, die als gültig unterstellt werden, also eine allgemeine Anerkennung beanspruchen, und eine präskriptive Erwartung (vgl. Abschnitt C. III. 1.). Derartige Folgerungen von deskriptiven Prämissen auf normative Konsequenzen sind mit der Logik unvereinbar, da sie *gehaltserweiternde Schlüsse* darstellen; d. h. daß die Konklusionen durch die implizite Bezugnahme auf Prinzipien, die allgemeine Anerkennung beanspruchen, einen *höheren Gehalt haben als die deskriptiven Prämissen* (zu der Problematik gehaltserweiternder Schlüsse vgl. C a r n a p [Einführung 21]; A l b e r t [Traktat 12]).

Zwischen dieser Folgerung und dem unzulässigen Schluß von einer bisher gut bestätigten Hypothese auf deren (endgültige) Wahrheit besteht dabei eine direkte Analogie. Ebensowenig wie auf die Wahrheit einer generellen Aussage aufgrund einer Bestätigung durch singuläre Ereignisse geschlossen werden kann (= Verifikation) (vgl. Abschn. C. II. 2.), ist ein Schluß von deskriptiven Aussagen auf Prinzipien zulässig, die eine allgemeine Anerkennung beanspruchen.

In Verbindung mit dem Problem naturalistischer Fehlschlüsse in der praktisch-normativen Betriebswirtschaftslehre ergeben sich zwei Fragen:

1. Sind Handlungsvorschriften der Betriebswirtschaftslehre in Gestalt von „Muß-Aussagen" unbedingt als normative Aussagen zu interpretieren und haben sie somit einen höheren Gehalt als die Prämissen, aus denen sie abgeleitet sind?

2. Stellen „Empfehlungen" über Mitteleinsätze notwendig normative Aussagen dar?

Zu 1.: „Muß-Aussagen" in technologischen Aussagensystemen werden von F i s c h e r - W i n k e l m a n n mit normativen Aussagen gleichgesetzt (F i s c h e r - W i n k e l m a n n [Methodologie 126–142]). Dies ist u. E. eine zu enge Betrachtungsweise. Kehren wir zur Erläuterung dieses Sachverhalts zu dem Oligopol-Beispiel des vorigen Abschnitts zurück:

Satz 1: Genau dann, wenn auf einem Markt mit wenigen Anbietern ein Nicht-Preiswettbewerb statt eines Preiswettbewerbs betrieben wird, erzielt man einen höheren Gewinn als durch Preiswettbewerb.

Satz 2: Wenn Unternehmer als Oligopolisten einen möglichst hohen
Gewinn erzielen wollen, müssen sie statt des Preiswettbewerbs
sich der Instrumente des Nicht-Preiswettbewerbs bedienen.

Die Folgerung im Beispiel, daß die Unternehmer Nicht-Preiswettbewerb betreiben *müssen,* kann hier u. e. nicht als normative Aussage
gewertet werden, da Nicht-Preiswettbewerb in diesem Beispiel die
zwangsläufige, einzige Alternative ist, die zu einem angenommenen
Ziel führt: d. h. *genau dann, wenn* Unternehmer diese Alternative
wählen, erzielen sie entsprechend höhere Gewinne. Würden im Beispiel noch weitere Handlungsalternativen bestehen, um einen entsprechend höheren Gewinn zu erreichen, so ist der Ausdruck „kann"
zu wählen. „Muß" ist gegenüber „kann" der logisch strengere Ausdruck, denn „muß" schließt die Möglichkeit weiterer Alternativen
aus; bei „muß" stellt das angegebene Mittel die notwendige und
hinreichende Bedingung für die Erreichung des Ziels dar, während
bei „kann" zwar behauptet wird, daß das Mittel zum Ziel führt,
die Möglichkeit alternativer, eventuell gleichwertiger Mittel zur Zielerreichung aber offen gelassen wird: Das Mittel stellt hier nur eine
hinreichende, aber keine *notwendige* Bedingung für die Erreichung
des Ziels dar.

*„Muß"-Aussagen brauchen also nicht als normative Aussagen (Soll-
Aussagen) interpretiert zu werden,* wie Fischer-Winkelmann es tut,
sie sind vielmehr immer dann notwendig, wenn der Ziel-Mittel-
Aussage eine *„Genau-Dann-Wenn*-Aussage"* zugrunde liegt.

Zu 2.: Die Gefahr, daß in betriebswirtschaftlichen Aussagezusammenhängen ein naturalistischer Fehlschluß gesehen wird, liegt aufgrund
der verwendeten Terminologie sehr nahe. Zur Analyse dieses Problems bedarf der Begriff der „Empfehlung" im Wissenschaftsprogramm der „praktisch-normativen" Betriebswirtschaftslehre einer
Präzisierung. *Derartige Empfehlungen,* die – wie gezeigt – durchaus
den Charakter eindeutiger Präskriptionen haben können, *beziehen
sich auf Mittel-Aussagen innerhalb von Ziel-Mittel-Kontexten. Sie
können sowohl als normative Aussagen als auch als nicht-normative
Aussagen interpretiert werden.* Nicht-normative Aussagen liegen dann
vor, wenn Mittel-Aussagen entweder als reine informative Aussagen
(Kann-Aussagen) formuliert sind, d. h. Informationen über *mögliche*
Mittel darstellen, oder wenn sie über diesen informativen Charakter
hinaus noch eine *präskriptive Komponente* (Punkt 3 im Deutungsschema) *und einen auszeichnenden Realitätsbezug* aufweisen (Punkt 1
im Deutungsschema). Im letzten Fall liegen zwar zwei Komponenten
vor, die auch normative Aussagen auszeichnen; die 2. Komponente

des Deutungsschemas allerdings, nämlich der Rekurs auf die übergeordneten, als gültig unterstellten Prinzipien, der dafür „verantwortlich" ist, daß ein gehaltserweiternder Schluß vorliegt, fehlt bei diesen Aussagen. Somit kann hier auch nicht von einem naturalistischen Fehlschluß gesprochen werden. Die Konklusionen im letztgenannten Fall sind von reinen normativen Aussagen und reinen informativen Aussagen zu trennen; *man könnte sie deshalb als „quasinormativ" bezeichnen* (Albert [Konstruktion 148]). *Sie stellen eine Zwischenstufe zwischen reinen informativen und reinen normativen Aussagen dar.* Quasi-normative Aussagen lassen sich ohne Bedeutungsverlust in informative Aussagen übersetzen und somit auch aus ihnen ableiten. Beispiele für quasi-normative Aussagen liegen z. B. dann vor, wenn bestimmte Zielsetzungen und Handlungsmaximen unterstellt werden, *ohne daß sie als allgemein gerechtfertigt angesehen werden.* Sind derartige Aussagen gemeint, wenn man von „Empfehlungen" und „praktisch-normativen" Aussagen spricht, so liegt kein naturalistischer Fehlschluß vor, da die Mittel-Aussagen keine reinen normativen Aussagen sind.

Dieser Zusammenhang läßt sich anhand folgenden Schemas veranschaulichen:

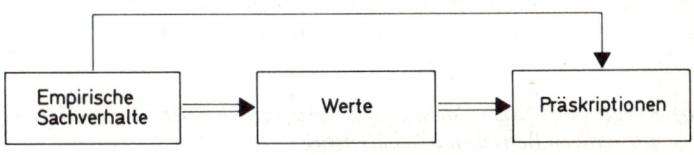

Man kann zu Präskriptionen durch das „Zwischenschalten" von Werten gelangen (vgl. den Doppelpfeil in der Skizze – Beispiel: Abtreibungen als empirischer Sachverhalt; Werte: Leben muß unter allen Umständen geschützt werden und wird bereits vom Tag der Empfängnis an als solches angesehen; Präskription: Abtreibung ist uneingeschränkt verboten).

Demgegenüber gibt es Präskriptionen, die eine Wertdimension nicht durchlaufen (vgl. den Einfachpfeil in der Skizze). *Eben hierzu gehören die Mittelempfehlungen der praktisch-normativen Betriebswirtschaftslehre.* Derartige Präskriptionen sind die zwangsläufige Folge einer bestimmten Formulierung der Wenn-Komponente in Wenn-Dann-Aussagen. Sie folgen gewissermaßen dem Motto: „Wer ‚a' sagt, muß auch ‚b' sagen." Durch eine entsprechende Formulierung der Wenn-

Komponente lassen sich auch mögliche ethische Nebenwirkungen der Mittelempfehlungen ausschließen. Im genannten Beispiel kann man z. B. formulieren: „Wenn Ihr Oligopolisten möglichst hohe Gewinne erzielen wollt und Ihr die Berücksichtigung ethischer Belange und/oder sonstiger Nebenwirkungen als durch die geltende Rechtsordnung abgesichert anseht, dann müßt Ihr den Nicht-Preiswettbewerb dem Preiswettbewerb vorziehen." Eine solche Empfehlung hat keine größere moralische Bedenklichkeit als das Aufdecken des ihr zugrunde liegenden Quasigesetzes selbst. *Auch bei den Empfehlungen der praktisch-normativen Betriebswirtschaftslehre handelt es sich also in der Regel lediglich um die technologische Transformation von Gesetzen bzw. Quasi-Gesetzen.*

Will man reine normative Aussagen (Soll-Aussagen) abgeben und gleichzeitig den naturalistischen Fehlschluß vermeiden, so müssen neben den empirischen Aussagen *explizit* normative Prämissen eingeführt werden. Ansatzpunkte für die rationale Diskussion dieser normativen Prämissen ergeben sich aus dem oben genannten „good reasons approach" (vgl. C. III. 4.). Hierbei gilt allerdings zu berücksichtigen, daß eine normative Auszeichnung *eines* Teils dieser Ziel-Mittel-Dichotomie nicht isolierbar ist, d. h. ein Teil (Mittel oder Ziel) nicht mit Wertungen belegt werden kann, ohne daß Wertkonsequenzen auf den anderen entstehen (Schanz [Betriebswirtschaftslehre 593]).

b) *Krypto-normative Aussagen im Aussagenbereich der praktisch-normativen Betriebswirtschaftslehre*

Die Verstöße der praktisch-normativen Betriebswirtschaftslehre gegen das Wertfreiheitspostulat liegen u. E. hingegen auf einem anderen Gebiet als dem des naturalistischen Fehlschlusses: die praktisch-normative Betriebswirtschaftslehre ist immer wieder in Gefahr, gegen das Wertfreiheitspostulat zu verstoßen, indem sie in *Aussagenzusammenhängen versteckte Wertungen* vornimmt. Dies sei anhand folgender Beispiele belegt:

(1) *Die Behandlung der sog. Grundsätze ordnungsmäßiger Buchführung und Bilanzierung (GoB) in der praktisch-normativen Betriebswirtschaftslehre.*

Die GoB dienen als Leitlinien für die Gestaltung des betrieblichen Rechnungswesens in seiner Funktion der Rechenschaftslegung gegenüber Dritten (vgl. auch Menrad [Grundstudium: Rechnungswesen]).

Sie waren früher eine Sammlung der Praktiken sog. ehrenwerter Kaufleute. Als eine derartige Kasuistik den gesteigerten Anforderungen an das Rechnungswesen der Unternehmung nicht mehr genügte, sah sich die Betriebswirtschaftslehre veranlaßt, Grundsätze ordnungsmäßiger Buchführung aus bestimmten „theoretischen" Systemen zu deduzieren und sie als wissenschaftlich gewonnene Normen zu deklarieren. Indessen ist die Betriebswirtschaftslehre u. E. hier den Gefahren ideologischer Aussagen erlegen. Denn bei der Aufstellung ihrer Ratschläge orientierte sie sich an vorgegebenen und interessenverhafteten Kriterien wie z. B. bestimmten tradierten Interpretationen der Begriffe „Bilanzwahrheit und Bilanzklarheit". Es wurde weder die kritische Position einer Wissenschaft erreicht, noch überhaupt eine saubere Trennung zwischen explikativen und präskriptiven Aussagen beachtet (zum Problembereich der GoB vgl. L e f f s o n [Grundsätze]).

(2) Ein weiteres Beispiel bildet die *Formulierung von Rechtfertigungsbegriffen und Rechtfertigungsaussagen für marktwirtschaftliche Phänomene* durch die praktisch-normative Betriebswirtschaftslehre.

Typisch in diesem Zusammenhang sind die Aussagen zum Begriff und „Wesen" des Marketing. Es wird hervorgehoben, die Aufgabe des Marketing sei die Befriedigung von vorhandenen Bedürfnissen der Konsumenten (vgl. z. B. S t a n t o n [Marketing 10]). Dabei wird unterschlagen, daß eben diese Bedürfnisse durch das Marketing zum Teil erst geschaffen und verändert werden können. Unterstellt wird bei diesen Aussagen *der souveräne Konsument* als eine Variante des homo oeconomicus (vgl. hierzu auch 2. Hauptteil, A. III. 1.). Die Werbung und die übrigen Aktivitäten des Marketing werden unter dieser Prämisse nicht mehr problematisiert.

Diese Verstöße der praktisch-normativen Betriebswirtschaftslehre gegen das Wertfreiheitspostulat sind u. E. auch darauf zurückzuführen, daß sich die Betriebswirtschaftslehre vor allem als kapitalorientierte Lehre der privaten Unternehmungen verstand und weitgehend noch versteht.

c) Die Vernachlässigung der kritischen Wissenschaftsfunktion durch die praktisch-normative Betriebswirtschaftslehre

Wie erwähnt, knüpft die praktisch-normative Betriebswirtschaftslehre an den *in der Empirie vorgefundenen Zielen* der Betriebswirtschaften an; sie setzt das bestehende Wirtschaftssystem als Datum (W ö h e

[Einführung 42]). Hierin liegt u. E. die *zentrale* Problematik einer derart verstandenen Betriebswirtschaftslehre. Die in der Empirie vorgefundenen Ziele sind historisch gewachsen und insofern ein Abbild bestehender Macht- und Herrschaftsverhältnisse. *Wenn nur diese Ziele erfaßt werden, läuft die Wissenschaft Gefahr, ihre kritische Funktion zu vernachlässigen.* Werden z. B. nur die am Kapitalinteresse orientierten, vorhandenen Strukturen der betrieblichen Willensbildung untersucht, kann man z. B. nicht zu alternativen Mitbestimmungskonzepten gelangen. Oder: Marketing-Konzeptionen (siehe auch A. III. und A. IV. im 2. Hauptteil) werden nur unter den gegebenen Zielhorizonten der Anbieter von Gütern des privaten Bedarfs entwickelt. Die gegebenen Machtstrukturen bedingen dann eine *Einseitigkeit des Forschens,* auch wenn Wertungen im Aussagenbereich vermieden werden. Um an die Kategorien des Gesprächs zwischen Hans Albert und Claus Grossner anzuknüpfen: In der praktisch-normativen Betriebswirtschaftslehre wird die Rationalität der Wissenschaft nur instrumental verstanden, „an dem Modell der Naturwissenschaften orientiert und speziell für Herrschaftswissen geeignet" (Grossner [Verfall 193]). *Eine Betriebswirtschaftslehre, die das Wirtschaftssystem als Datum setzt, muß sich in der Tat den Vorwurf gefallen lassen, daß sie Herrschaftswissen produziert und zur Systemveränderung keinen Beitrag leistet.*

Daß eine derartige praktisch-normative Betriebswirtschaftslehre sich nicht auf den kritischen Rationalismus berufen kann, steht außer Frage. „Rationales Verhalten besteht vor allem in Kritik, also auch in Sozialkritik (Albert, in: Grossner [Verfall 193]), und dies gilt in besonderem Maß für die Wissenschaft. Daraus folgt für die Betriebswirtschaftslehre, daß sie, will sie die Erkenntnisse der modernen Wissenschaftstheorie für sich fruchtbar machen, kritisch sein muß. Konkret kann es also nicht nur darum gehen, die vorfindlichen Ziele zu untersuchen, sondern die Betriebswirtschaftslehre muß demgegenüber *alternative Zielsysteme* aufstellen. Sie muß sich von einer „praktisch-normativen" Disziplin zu einer *universell-technologischen* Wissenschaft entwickeln. Es kann also nicht nur darum gehen, an die in der Empirie vorhandenen Ziele der Betriebswirtschaften anzuknüpfen, sondern es sind *neue* Ziele in die Analyse einzuführen und von ihrer Basis aus Wirkungsanalysen vorzunehmen. In der Vorlage solcher Alternativ-Entwürfe liegt auch dann ein nicht unbeträchtliches kritisches Potential, wenn sie sich von Wertungen im Aussagenbereich freihalten: der Entscheidende hat die Möglichkeit, Vor- und Nachteile der Alternativen gegeneinander abzuwägen und z. B. in seiner Rolle als Politiker für die in seinen Augen humanste Lösung einzutreten.

Indessen sollte die Schwäche einer solchen universell-technologischen Konzeption der Betriebswirtschaftslehre nicht übersehen werden: zunächst ist in einer universell-technologischen Betriebswirtschaftslehre nicht automatisch sichergestellt, daß sich die Wissenschaft mit den –z.B. unter humanitären Zielen – dringlichsten Technologien beschäftigt. Hier wird sichtbar, *daß es u.E. rational begründeter und in einer Kommunikationsgemeinschaft der Betroffenen zu erarbeitender Basiswertungen bedarf,* um wissenschaftliche Prioritäten sinnvoll setzen zu können (vgl. hierzu C. III. 4.). Doch selbst wenn das geschieht, wird der Entscheidende – etwa der Politiker – von einer universell-technologischen Wissenschaft insofern im Stich gelassen, als er allein eine Auswahl aus den vorgeschlagenen Alternativen zu treffen hat. Es liegt die Vermutung nahe, daß er damit in einer Reihe von Entscheidungssituationen überfordert ist. Eben dies sollte u.E. – wie schon an anderer Stelle angedeutet – zu einer Präferenz für rational begründete offene Wertungen im Aussagenbereich der Betriebswirtschaftslehre führen.

4. Rational begründete offene Wertungen im Aussagenbereich der Betriebswirtschaftslehre

Es ist u.E. plausibel, daß die Wertungen des Forschers im Basisbereich einer rationalen Diskussion bedürfen und Forschungsprogramme aufgrund eines „good reasons-approach" diskutiert und legitimiert werden müssen (vgl. C. III.). Es wäre u.E. jedoch wenig konsequent, einen solchen good-reasons-approach lediglich auf die Basiswerturteile zu beschränken. Durch *offene Empfehlungen des Wissenschaftlers* im Aussagenzusammenhang besteht die Chance, dem Politiker effiziente Informationen zu liefern und damit politischen Entscheidungen ein höheres Maß an Rationalität zu verleihen. Daß derartige Empfehlungen des Wissenschaftlers Resultat eines umfassenden Kommunikationsprozesses unter allen Betroffenen sein sollten, sei noch einmal deutlich hervorgehoben. Durch einen solchen Kommunikationsprozeß wird das Risiko „falscher" Ratschläge wesentlich vermindert.

Das Wertfreiheitspostulat darf nicht zur *„Selbstschutzideologie von Elfenbeinturmbewohnern"* degenerieren oder mit der „These von der völlig unabhängigen Forschung" legitimiert werden (Lenk, in: Grossner [Verfall 298]). In dem Augenblick, in dem auch die Philosophie in noch stärkerem Maß „Brückenprinzipien zur Verbindung von theoretischen Erkenntnissen und normativen Handlungsregeln" (Lenk [ebenda]) erarbeitet, dürfte auch die wissenschaftliche Legitimationsfähigkeit von Wertungen im Aussagenbereich weitere Zuwächse erfahren.

5. Weiterführende Literatur

Albert [Konstruktion 127–167] – Fischer-Winkelmann [Konsumentensouveränität] – Habermas [Legitimationsprobleme] – Mydral [Zweck-Mittel-Denken].

Grundprobleme im Gestaltungsbereich der Betriebswirtschaftslehre

A. Grundkonzeptionen einer gestaltungs- orientierten Betriebswirtschaftslehre

In der modernen Betriebswirtschaftslehre lassen sich unterschiedliche methodische und inhaltliche Grundkonzeptionen unterscheiden, nämlich der *Systemansatz,* der *Entscheidungsansatz,* der *Marketingansatz,* das sog. *Human Concept* und das *Konzept der Arbeitsorientierten Einzelwirtschaftslehre.* Die Auswahl gerade dieser Grundkonzeptionen erfolgte nach dem Kriterium ihrer Wichtigkeit für die angewandte – und d.h. gestaltungsorientierte – Betriebswirtschaftslehre wie auch unter dem Gesichtspunkt ihrer Integrations*fähigkeit* und Integrations*bedürftigkeit* zu einem *Gesamtsystem betriebswirtschaftlicher Aussagen.*

Die genannten Grundkonzeptionen bilden den Gegenstand des Abschnitts A. dieses 2. Hauptteils.

I. Der Systemansatz als Hilfsmittel zur Lösung betriebs- wirtschaftlicher Gestaltungsprobleme

1. Problemstellung

In jüngerer Zeit wird in der Betriebswirtschaftslehre – und interessanterweise auch in anderen sozialwissenschaftlichen Disziplinen wie z.B. der Soziologie – der Versuch unternommen, sich des sog. *Systemansatzes* als eines Problemlösungsinstruments zu bedienen. Für die Betriebswirtschaftslehre ist hier insbesondere auf die grundlegenden Ausführungen Ulrichs hinzuweisen (vgl. z.B. Ulrich [Unternehmung]). Im Bereich der Soziologie ist etwa an die jüngste Diskussion zwischen Habermas und Luhmann zu denken, die die Frage der Leistungsfähigkeit der Systemforschung im Rahmen der Soziologie betrifft (Habermas/Luhmann [Theorie]).

Zwar ist im gegenwärtigen Diskussionsstadium ein endgültiges Urteil über die Fruchtbarkeit des Systemansatzes für die Betriebswirtschaftslehre u.E. schwerlich möglich. Dennoch scheint es zweckmäßig, einige

Problemaspekte aufzuzeigen und damit zu der Grundfrage Stellung zu nehmen, ob der systemtheoretische Ansatz in der Betriebswirtschaftslehre mehr ist als lediglich Zuflucht zu einem „kokettierenden, aber wenig ertragreichen, eher problemverschleiernden Sprachspiel" (Naschold [Analyse 10]).

Im folgenden werden zunächst die Grundzüge des Systemansatzes skizziert, um im Anschluß daran die Frage seiner Brauchbarkeit für die Betriebswirtschaftslehre zu erörtern.

2. Grundbegriffe des Systemansatzes und ihre Anwendung in der Betriebswirtschaftslehre

Sieht man von unerheblichen Abweichungen ab, so wird System übereinstimmend definiert als *„Menge von Elementen und Menge von Relationen, die zwischen diesen Elementen bestehen"* (Klaus [Wörterbuch 634]). Unter *Elementen* werden dabei Bestandteile einer Gesamtheit verstanden, die nicht weiter zerlegt werden können oder zerlegt werden sollen (Klaus [Wörterbuch 173]). *Relationen* stellen logische oder empirische Beziehungen zwischen Phänomenen dar. Wenden wir diese Terminologie auf die Betriebswirtschaftslehre an, so läßt sich z.B. ein erwerbswirtschaftlicher Betrieb (= Unternehmung) als ein System auffassen, das sich aus einer Mehrzahl von Elementen zusammensetzt. Als Elemente können dabei die verschiedenen, nach sachlichen Gesichtspunkten gebildeten Betriebsabteilungen (z.B. Einkaufsabteilung, Verwaltung, Vertriebsabteilung) angesehen werden, wenn deren weitere Zerlegung als nicht mehr zweckmäßig erscheint. Allerdings liegt es im vorliegenden Fall nahe, derartige Abteilungen ebenfalls als (Teil-)Systeme des Gesamtsystems Unternehmung aufzufassen und damit zu einer *mehrstufigen Systemgliederung* zu gelangen: Ein System umfaßt dann mehrere *Subsysteme,* die wiederum in weitere Untersysteme („Sub-Sub-Systeme") zerlegt werden. So kann man z.B. die Vertriebsabteilung in weitere (Sub-Sub-)Systeme wie Werbeabteilung, Verkaufsabteilung usw. untergliedern.

Die grundsätzlich mögliche Mehrstufigkeit der Systembetrachtung ergibt sich nicht nur im Hinblick auf die interne Organisationsstruktur (vgl. die genannten Beispiele), sondern auch in bezug auf die *Umwelt* einer Organisation. So kann man die Umwelt, in der eine Unternehmung aktiv ist, als *Umsystem* oder *Supersystem* bezeichnen. Bei einer differenzierteren Analyse lassen sich wiederum verschiedene Typen von Umsystemen unterscheiden: Eine Unternehmung steht z.B. in direkten Austauschbeziehungen mit Abnehmern und Lieferanten, die sich als *Umsystem I* kennzeichnen lassen. Beziehungen, die die Unternehmung darüber hinaus zu Behörden, zur allgemeinen Öffentlichkeit usw. unterhält, bilden demgegenüber das *Umsystem II* (vgl. dazu auch A. IV. dieses Hauptteils).

Bestehen in der dargestellten Weise Beziehungen zwischen einer Organisation und ihrer Umwelt, kann man von *offenen Systemen* sprechen (im Gegensatz zu *geschlossenen* Systemen), wobei die Terminologie hier jedoch nicht einheitlich ist (anders z.B. Forrester [Systemtheorie 15]). In modernen Gesellschaften stellen sowohl Produktionswirtschaften als auch private Haushalte offene Systeme dar.

Das Merkmal der Offenheit von Systemen kann zur Bildung von *Zwischensystemen* führen. Ein solches mögliches Zwischensystem stellen z.B. die (vorwiegend informatorischen) Beziehungen dar, die zwischen dem Verkäufer V_1 einer Unternehmung U_1 und dem Einkäufer E_1 einer Unternehmung U_2 bestehen.

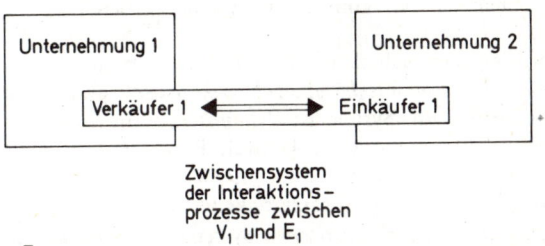

Zwischensystem
der Interaktions-
prozesse zwischen
V_1 und E_1

Abbildung 7.

Als *äußerst komplex* wird ein System dann bezeichnet, wenn die Zahl seiner Elemente und Relationen ein Ausmaß erreicht, das keine Beschreibung zuläßt. (Demgegenüber weisen komplexe Systeme zwar auch sehr viele Elemente und/oder Relationen auf, sind aber noch beschreibbar. Einfache Systeme bestehen dagegen nur aus wenigen Elementen und/oder Relationen.)

Es liegt auf der Hand, daß moderne Großbetriebe äußerst komplexe Systeme darstellen. Aber auch bei Kleinbetrieben ergibt sich deren äußerste Komplexität allein schon aufgrund ihrer Umweltbeziehungen. Sind aber auch private Haushalte – speziell Einpersonenhaushalte – als äußerst komplexe Systeme aufzufassen? Die Antwort auf diese Frage hängt von dem wissenschaftsmethodischen Ansatz ab, von dem aus man private Haushalte in der Betriebswirtschaftslehre analysiert: Man kann den privaten Haushalt oder zumindest seine

Mitglieder als „Black Box" betrachten, deren im Innern auftretende Größen und Prozesse als unbekannt und/oder als außerhalb der wissenschaftlichen Analyse liegend angesehen werden. Die im Rahmen der Volkswirtschaftslehre entwickelte Mikrotheorie des privaten Haushalts ist weitgehend diesen Weg gegangen: Nach der Black-Box-Methode (= Methode des „Schwarzen Kastens") werden z.B. Bedürfnis- und Bedarfsstrukturen des Haushalts und ihre Änderung als Daten angesehen, deren Zustandekommen den Wirtschaftswissenschaftler nicht mehr interessiert. Die moderne verhaltenswissenschaftlich orientierte Richtung der Betriebswirtschaftslehre beschäftigt sich dagegen auch mit den Vorgängen „im Innern" der Entscheidungssubjekte. Indem sie z.B. den Motiven, Einstellungen und Wahrnehmungsprozessen der Individuen Beachtung schenkt, wird versucht, auch die Black Box „Privater Haushalt" bzw. „Konsument" zu einer „Transparent Box" zu machen. Die Vielzahl der Elemente und Relationen, die damit ins Spiel kommt, läßt auch den privaten Haushalt zu einem äußerst komplexen System werden (vgl. auch B. I. 3. a, aa).

Schließlich ergeben sich als weitere Systemkennzeichen von Betrieben die Merkmale: *dynamisch, nicht-deterministisch* und *Zweck-* bzw. *Zielorientierung.* Ein System ist *dynamisch,* wenn in seinem Innern und/oder in bezug auf seine Umwelt Prozesse stattfinden. Solche Prozesse sind in Betrieben z.B. innerbetriebliche Produktionsvorgänge, Beschaffungs- und Absatztätigkeiten.

Im Gegensatz zu *deterministischen* Systemen sind *indeterministische Systemvorgänge* nicht voraussehbar. Eben eine solche Indeterminiertheit ist Merkmal von Produktionswirtschaften und Haushalten. Ihr Verhalten läßt sich lediglich mit Hilfe objektiver oder subjektiver Wahrscheinlichkeiten prognostizieren.

Die *Zweck-* bzw. *Zielorientierung* kennzeichnet wirtschaftliches Handeln schlechthin: Unter Abwägung von Kosten und Nutzen, Anreizen und Beiträgen, Inputs und Outputs – wie immer man diese Größen nennt – wird von Individuen wie von Kollektiven die Realisation bestimmter Vorhaben verfolgt.

Die aus der Zweckhaftigkeit wirtschaftlichen Handelns ableitbaren betrieblichen Ziele werden uns im nächsten Kapitel noch näher beschäftigen (B. I.). Interessant ist die Sache, wenn auch vom Begrifflichen her u.E. problematisch, ist die Unterscheidung zwischen Zwecken und Zielen, wie sie Ulrich vornimmt (Ulrich [Unternehmung 114f.]). Unter Zweck versteht Ulrich „die Funktionen, welche ein System in seiner Umwelt ausübt bzw. ausüben soll"; Ziele sind dagegen „die vom System selbst angestrebten Verhaltensweisen oder

Zustände irgendwelcher Outputgrößen" (Ulrich [Unternehmung 114]). Indem
Ulrich – u.E. völlig zu Recht – der Unternehmung keinen Selbstzweck ein-
räumt, sondern ihre Zweckerfüllung in der „Abgabe von ‚Outputgütern' in
Form von materiellen und immateriellen Leistungen" erblickt (Ulrich [Unter-
nehmung 134]), findet damit auch in der betriebswirtschaftlichen Betrachtung
latent ein normatives Element Berücksichtigung. Insofern ergibt sich bei
Ulrich eine gewisse Verbindung sowohl zu Nicklischs Akzentuierung des
Gliedcharakters der Betriebe wie auch zu Schmalenbachs postuliertem
Bezug betriebswirtschaftlichen Handelns auf die „gemeinwirtschaftliche Wirtschaftlichkeit" (vgl. 1. Hauptteil, C. III. und C. IV.). Eine solche Perspektive
liegt – wie wir noch sehen werden – gerade vom Systemansatz her nahe, da
er in besonderer Weise Möglichkeiten zu einer Einbeziehung gesamtwirtschaft-
licher und gesamtgesellschaftlicher Analysen bietet (vgl. die Abschnitte 4 und 5
dieses Teils).
Nicht haltbar ist u.E. allerdings bei Ulrich die unter dem Zweckkriterium
erfolgende Beurteilung privater Haushalte, die bei ihm ihren Zweck in sich
selbst tragen (Ulrich [Unternehmung 134]). Ulrich übersieht u.E., daß auch
den wirtschaftlichen Entscheidungen privater Haushalte ebensowenig ein
Selbstzweck zukommt wie den Aktivitäten von Unternehmungen. Außerdem
vernachlässigt Ulrich, daß auch die privaten Haushalte eine produktive
Dimension haben und ihre ausschließliche Kennzeichnung als Konsumwirt-
schaften zu eng ist.

3. Steuerung und Regelung als Zentralbegriffe der Systemtheorie

Hatten wir uns bisher auf die allgemeine sprachliche Ebene des
Systemansatzes beschränkt, so stoßen wir mit den Phänomenen
Steuerung und *Regelung* auf spezifische Merkmale der Systemtheorie.
Gleichzeitig ist damit jener Bereich der Systemtheorie angesprochen,
der als *Kybernetik* bezeichnet wird. Die Kybernetik ist die Wissenschaft von den kybernetischen Systemen (Klaus [Wörterbuch 324]).
Kybernetische Systeme wiederum sind jener besondere Typ *dyna-
mischer Systeme,* die mit Hilfe sog. *Rückkopplungen* einem Gleich-
gewichtszustand (Homöostase) zustreben (Klaus [Wörterbuch 335]).
Rückkopplung (Feedback) ist nichts anderes als die Rückmeldung
einer Output-Größe an den Input und gegebenenfalls die Beeinflussung des Input (und damit wiederum des Output). Dient die Rückkopplung dem Ausgleich von Störungen im Interesse der System-
stabilität, spricht man von *kompensierender Rückkopplung* (Klaus
[Wörterbuch 537]). *Kumulative Rückkopplung* liegt dagegen vor,
„wenn die Rückwirkungen dazu führen, die Stabilität des Systems
aufzuheben" (Klaus [Wörterbuch 537]).

Rückkopplung geschieht mit Hilfe von sog. *Regelkreisen;* Klaus bezeichnet *Rückkopplung* schlechthin als das *Funktionsprinzip von Regelkreisen* (Klaus [Wörterbuch 537]).

Was ist nun ein Regelkreis? Ein einfaches, aber informatives Beispiel für einen Regelkreis stellt der sich selbstregulierende Wasserbehälter dar (bei älteren WC's noch zu finden):

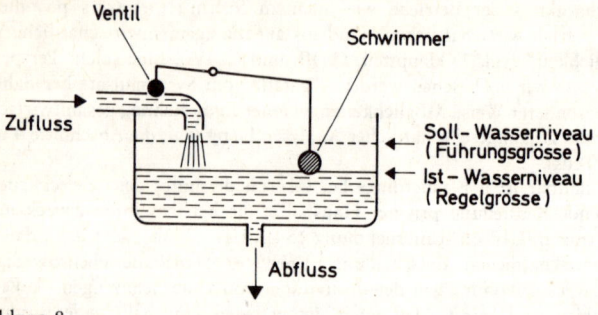

Abbildung 8.

In dem Behälter soll ein bestimmter Soll-Wasserstand (= Führungsgröße in der Regelkreisterminologie) aufrechterhalten werden. Fällt der Ist-Wasserstand (= Regelgröße) unter das Soll-Niveau, bewirkt ein über einen Schwimmer gesteuertes Ventil einen Wasserzufluß. Hat die Regelgröße die Führungsgröße erreicht, wird der Wasserzufluß gestoppt. Der Fall des Wasserbehälters zeigt anschaulich den kompensierenden Rückkopplungsprozeß: Der Output wirkt auf den Input zurück, um das Gleichgewicht zu erhalten bzw. herzustellen.

Das Beispiel des selbstregulierenden Wasserbehälters läßt sich ohne weiteres auf ökonomische Sachverhalte übertragen. Bei Forrester wird z. B. ein solcher Regelkreis anhand eines einfachen Lagerkontrollsystems dargestellt (Forrester [Systemtheorie 27]): Der effektive Lagerbestand wird mit dem Soll-Lagerbestand verglichen und Abweichungen führen zu Bestellentscheidungen (z. B. Auffüllung des Lagers, sofern Ist-Bestand < Soll-Bestand; Warenrücksendungen oder zumindest Bestellverzögerungen, sofern Ist-Bestand > Soll-Bestand). Die Beispiele machen im übrigen deutlich, daß der Regelprozeß automatisch *oder* unter Einschaltung von Menschen als Entscheidungssubjekten erfolgen kann. Geschieht das letztere, so zeigt sich, wie universell sich das Regelkreiskonzept in der Betriebswirtschaftslehre anwenden läßt: Alle Maßnahmen, die dem Ausgleich von Soll-Ist-Differenzen in Betrieben dienen, lassen sich als Regelkreis-Modelle darstellen. Von hier aus ergibt sich eine unmittelbare Beziehung zur sog. zielgesteuerten Unternehmungsführung (Management by Objectives), auf die wir später noch zurückkommen werden [vgl. Kapitel B. II. 3. e), dd), (2), (22)]. In allgemeiner Form läßt sich ein einfacher Regelkreis auch folgendermaßen darstellen (ähnlich Klaus [Wörterbuch 521]).

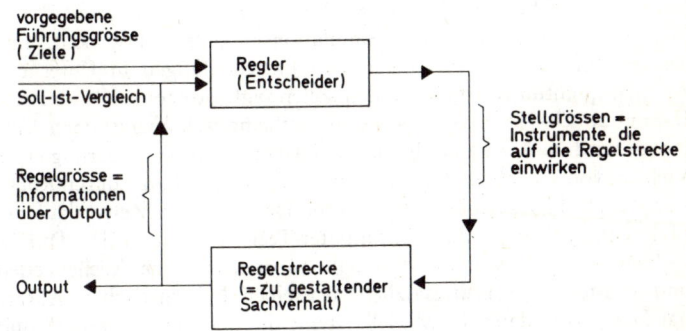

Abbildung 9.

Im Unterschied zur Regelung fehlt bei der *Steuerung* die Rückkopplung (Steuerung läßt sich mit Klaus daher als jener Spezialfall der Rückkopplung bezeichnen, bei dem die Rückkopplung = 0 ist (Klaus [Wörterbuch 617]). Anders als bei der kompensierenden Rückkopplung lösen Störungen also keinen Korrekturprozeß in Richtung auf ein vorgegebenes Ziel aus. Man spricht bei der Steuerung vom *offenen* Wirkungsablauf (im Unterschied zum geschlossenen Wirkungsablauf des Regelkreises); der offene Wirkungsablauf führt zu einer *Steuerkette:*

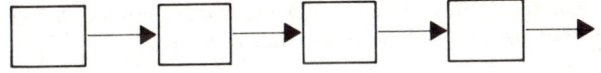

Abbildung 10.

Die bisherige Darstellung der Phänomene Regelung und Steuerung ist insofern völlig elementar, als sie sich auf Vorgänge einfachster Art bezieht. Will man z.B. die Komplexität von Organisationen in Gestalt kybernetischer Systeme darstellen, so gelangt man zu einer Vielzahl miteinander verbundener *(„vermaschter")* Regelkreise. Für

ihre quantitative Erfassung im Zeitverlauf erweisen sich mathe-
matisch-analytische Verfahren als unzureichend, und es bedarf einer
großen Zahl schrittweiser Rechenvorgänge im Rahmen von Simulationsmodellen, um die Zustands- und Prozeßvariablen äußerst komplexer Systeme ermitteln zu können. Die Entwicklung derartiger
Simulationsmodelle, die sich der aus der Elektrotechnik stammenden
Rückkopplungstheorie bedienen, ist insbesondere mit dem Namen
Forrester verbunden. In seinem Werk *„Industrial Dynamics"* hat
Forrester ein System von Simulationsmodellen entwickelt, mit
dessen Hilfe die Auswirkungen von Entscheidungen in Unternehmungen quantitativ erfaßt werden sollen (vgl. Forrester [Industrial
Dynamics 49–129]). Anders als in mathematisch-analytischen Verfahren wird im Ansatz des Industrial Dynamics die Veränderung einer
Vielzahl von Variablen des Unternehmensgeschehens, die durch Rück-
kopplungsschleifen miteinander verbunden sind, im Zeitverlauf berücksichtigt. Die moderne Computer-Technik erlaubt das Durch-
rechnen solcher Simulationsmodelle zu annehmbaren Rechenzeiten
und -kosten. Mit grundsätzlich demselben kybernetischen Ansatz
hat Forrester dann die Modellsysteme des *„Urban Dynamics"* und
des *„World Dynamics"* entwickelt (Forrester [Urban Dynamics;
World Dynamics]), die die Basis für Wachstumsprognosen bilden,
wie sie u. a. in den Untersuchungen des Club of Rome ihren Niederschlag gefunden haben (vgl. Meadows [Wachstum]). Damit wird
zugleich die Spannweite sichtbar, innerhalb derer der Systemansatz
bisher Anwendung gefunden hat.

4. Die Beurteilung der Anwendung des Systemansatzes in der Betriebswirtschaftslehre

Versucht man, die Relevanz der Systemforschung für die Betriebswirtschaftslehre zu beurteilen, ist es u. E. zweckmäßig, zwischen dem
Systemansatz als *Sprachspiel* und *Denkansatz* einerseits, als *technolo-
gischem Instrument* andererseits zu unterscheiden.

a) Der Systemansatz als technologisches Instrument

Gerade in den Arbeiten Forresters wird die Bedeutung sichtbar, die
dem Systemansatz als Technologie zur quantitativen Abbildung
äußerst komplexer Systeme grundsätzlich zukommt. Die vorgelegten
Systeme von Simulationsmodellen sprengen die Grenzen, denen die
analytischen Verfahren (einschließlich der „Operations Research")
unterliegen und die ihre fruchtbare Anwendung etwa bei *unter-*

nehmungspolitischen Entscheidungen verhindern. Es ist beim heutigen Stand der Diskussion durchaus noch offen, in welchem Umfang Simulationsmodelle nach der Art des Industrial Dynamics eine zuverlässige Basis für unternehmungspolitische Entscheidungen abgeben. So hängt die *Brauchbarkeit derartiger Simulationsmodelle* in hohem Maß von der *Qualität*, den *Kosten* und der *Bereitstellungsdauer* der *Informationen* ab, die in die Modelle eingegeben werden. Gerade für die geschäftspolitischen Entscheidungen der einzelnen Unternehmungen ergeben sich hier beträchtliche Schwierigkeiten. In Verbindung mit der unzureichenden Differenziertheit der Modelle haben sie dazu geführt, daß Systeme von Simulationsmodellen im Bereich unternehmungspolitischer Entscheidungen bisher nur sehr begrenzte Anwendung gefunden haben. Es ist aber anzunehmen, daß aufgrund von Modellverfeinerungen und einer besseren Bewältigung des Informationsproblems der mit Simulationsmodellen arbeitende Systemansatz als technologisches Instrument für Entscheidungen in Großbetrieben an praktischer Bedeutung gewinnen wird.

Sehen wir von der einzelwirtschaftlichen Ebene der Produktionswirtschaften ab, so hat der Systemansatz seine erste praktische Bewährungsprobe im Bereich staatlicher wie überstaatlicher Wirkungsanalysen bereits bestanden. Es spricht vieles dafür, daß die Diskussion von Umwelt- und Ressourcenproblemen ohne die quantitativen Analysen im Rahmen des Club of Rome-Projekts bei weitem nicht in dem Maß in Gang gekommen wären, wie es heute der Fall ist (vgl. Meadows [Wachstum]). Eben diese Analysen basieren jedoch – wie erwähnt – auf den systemtheoretischen Arbeiten von Forrester. Dabei kann es offen bleiben, inwieweit die abgegebenen Prognosen im einzelnen zutreffen (vgl. Meadows [Katastrophe]). Das generelle Prognoserisiko gilt auch für Voraussagen auf der Basis von Simulationsmodellen. Wichtig ist jedoch die grundsätzliche Verfügbarkeit eines technologischen Verfahrens, mit dessen Hilfe *umfassende Wirkungsanalysen* vorgenommen werden können. Wenn wir im vorigen Hauptteil die Forderung aufstellten, auch die Betriebswirtschaftslehre solle sich umfassenden Wirkungsanalysen öffnen (vgl. 1. Hauptteil, C. III.), so ist mit der Systemtheorie ein Instrument geschaffen, daß derartige Wirkungsanalysen wesentlich erleichtert und z.T. überhaupt erst ermöglicht.

b) Der Systemansatz als Sprachspiel und Denkansatz

Angesichts der Verwendung von Termini der Systemforschung in der Betriebswirtschaftslehre taucht immer wieder die Frage auf, inwieweit dabei bekannte Sachverhalte lediglich in einer anderen – oft sogar schwerer zugänglichen – Sprache formuliert werden und daher zumindest ein Innovationsbeitrag damit nicht verbunden ist.

In der Tat wird in zahlreichen neueren betriebswirtschaftlichen Arbeiten lediglich auf der verbalen Ebene mit Systemkategorien gearbeitet, und auch wir sind bei der Darstellung systemtheoretischer Grundbegriffe nach dieser Methode verfahren (vgl. A. I. 2.). Es ist offenkundig, daß bei einem solchen Vorgehen Innovationseffekte nicht zutage treten. Ob der Betriebswirt den Begriff Beschaffungs*abteilung* durch Beschaffungs*system* ersetzt, macht zunächst keinen Unterschied. Dennoch kann auch ein solches an der Systemtheorie orientiertes „Sprachspiel" zweckmäßig sein, indem es den Entdeckungszusammenhang der Wissenschaft befruchtet. Die zu erwartende heuristische Kraft einer an der Systemforschung orientierten betriebswirtschaftlichen Terminologie liegt insbesondere in ihrer *Transferfunktion* und in ihrer *möglichen* (nicht zwangsläufigen) *Transparenzfunktion*.

Die Übernahme von Begriffen, die wie die Systemsprache einen hohen Allgemeinheitsgrad aufweisen und die auch in anderen Disziplinen (Ingenieurwissenschaften, Informationstheorie) verwendet werden, erleichtert den wechselseitigen Transfer von Erkenntnissen verschiedener Disziplinen untereinander wie die interdisziplinäre Zusammenarbeit überhaupt. Selbst wenn dabei in der Betriebswirtschaftslehre bereits Bekanntes nur eine Bestätigung erfährt (vgl. unser Beispiel des Management by Objectives), kann dadurch der wissenschaftliche Fortschritt – etwa in Gestalt der Formulierung allgemeinerer Gesetze – gefördert werden.

Die *Transparenzfunktion* der Systemsprache macht Churchman anhand des folgenden Beispiels deutlich (Churchman [Systemanalyse 20 f.]): Es sei die Angabe der wesentlichen Merkmale eines Autos verlangt. Im Regelfall wird als Antwort eine Reihe von Details genannt (Benzinmotor, 4 Räder usw.), die Bestandteil eines Autos *sein können, aber nicht sein müssen.* Der Systemansatz erleichtert demgegenüber die Herausarbeitung des Grundsätzlichen, das Abstrahieren von „Non-Essentials" (ein Auto muß z.B. nicht 4 Räder haben) und legt damit eher den Weg frei, neue Problemlösungen zu finden (z.B. Entwicklung eines Autos als Luftkissenfahrzeug). Auch an diesem Beispiel wird der mögliche Beitrag des Systemdenkens für den Bereich des Entdeckungszusammenhangs bzw. der wissenschaftlichen Kreativität deutlich.

Berühren wir hiermit bereits den Bereich der Systemforschung als Denkansatz, so tritt dieser in besonderer Weise in Gestalt der *Ganzheitsintention des Systemdenkens* in Erscheinung. Fraglos ist – wie mehrfach deutlich wurde – System ein relativer Begriff, und es ergibt sich nicht zwingend, was als System, als Subsystem und als Elemente festzulegen ist. Insofern handelt es sich beim Systemansatz um ein *formales* Instrument. Indessen wird die heuristische Kraft des Systemansatzes nicht voll wahrgenommen, wenn Systeme zu eng und partikular definiert werden. So wendet N a s c h o l d u. E. zu Recht gegen F o r r e s t e r s Ansatz des Industrial Dynamics ein, daß die Abgrenzung von System und Umwelt nicht ausreichend theoretisch begründet ist (N a s c h o l d [Analyse 12]). Damit ergibt sich also auch von der Systemforschung als Denkansatz her für die Betriebswirtschaftslehre die Konsequenz, Objekt- und Problemeingrenzungen ausreichend zu legitimieren. Der Systemansatz liefert damit einen weiteren Impuls, die Betriebswirtschaftslehre nicht lediglich als Lehre von der Unternehmung und in einseitiger Interessenausrichtung (z. B. auf das Unternehmungs-Management und die Unternehmungseigentümer) zu konzipieren (vgl. 1. Hauptteil, C. III. 3.).

Ausgehend von der dem Systemansatz immanenten Tendenz zur ganzheitlichen Betrachtung ergeben sich schließlich Implikationen, die bis zu philosophischen Fragestellungen reichen (vgl. z. B. K l a u s [Wörterbuch 638]) und denen in Zukunft sich wohl auch die Betriebswirtschaftslehre nicht wird entziehen können (oder zumindest entziehen *sollen*). Hier ist insbesondere an die neuen Impulse zu denken, die etwa L u h m a n n unter systemtheoretischer Perspektive der Diskussion von „Sinn"-Problemen gegeben hat (vgl. z. B. L u h m a n n [Sinn 25–100]). Erstmals zeichnet sich damit die Chance ab, Sinn als Grundbegriff der Sozialwissenschaften in einer Weise zu operationalisieren, die ihn der Zone des Nebulosen und Unwissenschaftlichen enthebt und ihn damit zugleich für betriebswirtschaftliche Überlegungen stärker zugänglich macht (vgl. hierzu auch P a n n e n b e r g [Wissenschaftstheorie 133 f. und passim]).

Die philosophische Dimension des Systemansatzes konnte hier nur knapp angerissen werden. Sie steht zudem noch viel zu stark in der Diskussion, um präzise Ergebnisse vorlegen zu können. Für die Betriebswirtschaftslehre sind die aufgeworfenen Probleme (vgl. vor allem H a b e r m a s / L u h m a n n [Theorie]) insofern äußerst relevant, als sich von ihnen aus möglicherweise neue Aspekte für die Entwicklung einer betriebswirtschaftlichen Entscheidungslehre ergeben.

Fassen wir die Ergebnisse dieses Abschnittes zusammen, so gibt es u.E. keinen Zweifel, daß der Systemansatz sowohl in seiner Form als quantitative Technologie, aber auch als Sprachspiel und Denkansatz für die Betriebswirtschaftslehre von erheblicher Bedeutung ist.

5. Die Anwendung des Systemkonzepts auf die Beschreibung betriebswirtschaftlicher Sachverhalte

Abschließend sollen einige grundlegende betriebswirtschaftliche Tatbestände mit Hilfe von Systemkategorien beschrieben werden.

Aufgrund der vorausgegangenen Überlegungen können wir Betriebe (= Betriebswirtschaften) als äußerst komplexe, offene, sozio-technische Systeme bezeichnen, in denen zielgerichtete Dispositionen über knappe Mittel erfolgen. Nach dem Kriterium der Eigenbedarfs- oder der Fremdbedarfsdeckung haben wir zwischen Produktionswirtschaften und privaten Haushalten unterschieden (vgl. 1. Hauptteil, C. III. 3. b). Die Produktionswirtschaften (Produktionswirtschaft im weiten Sinn verstanden, also jede Art der Leistungserstellung für Dritte umfassend) lassen sich in *Sachgüter-* und *Dienstleistungsbetriebe* untergliedern, je nachdem ob ihr Leistungsprogramm sich auf materielle oder immaterielle Güter erstreckt. Betrachten wir die Einzelwirtschaften als Systeme im Rahmen des Supersystems Gesamtwirtschaft, so können sie − jeweils zu Gruppen aggregiert − folgendermaßen dargestellt werden (vgl. auch Alewell/Bleicher/ Hahn [Systemkonzept 160]):

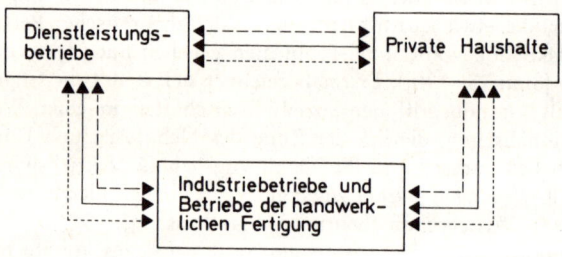

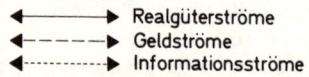

Abb. 11:   Die Betriebswirtschaften als Systeme des Supersystems Gesamtwirtschaft

Dabei setzt sich die Gruppe der Dienstleistungsbetriebe aus Betrieben verschiedenster Wirtschaftszweige zusammen: z.B. Banken, Versicherungen, private und öffentliche Versorgungsbetriebe. Eine Sonderstellung nehmen Warenhandelsbetriebe ein, da ihre Dienstleistungen auf materielle Güter, nämlich auf Waren, hin orientiert sind. Die Warenhandelsbetriebe seien hier vereinfacht als Sonderform der Dienstleistungsbetriebe aufgefaßt.

Es liegt im übrigen auf der Hand, daß in der Realität Betriebe oft als *gemischte Typen* auftreten, so etwa wenn ein Handelsbetrieb gleichzeitig im Touristikgeschäft tätig ist oder ein Industriebetrieb gleichzeitig Warenhandel betreibt. Die Zuordnung solcher Mischtypen geschieht in der Regel nach dem sog. *Schwerpunktprinzip:* der – etwa am Umsatz gemessene – Schwerpunkt der betrieblichen Tätigkeit gilt als Kriterium dafür, ob ein Betrieb als Handels-, Industrie-, Bankbetrieb o. ä. eingestuft wird.

Zwischen den Betrieben finden Austauschprozesse statt, die man in *Realgüter-* (Sach- und Dienstleistungs-), *Geld-* und *Informationsströme* gliedern kann (vgl. Abb. 11). Von den Industriebetrieben fließen z.B. Sachgüter und Dienstleistungen in die privaten Haushalte, denen bei entgeltlichen Leistungen ein Geldstrom von den Haushalten in die Industriebetriebe entspricht. Umgekehrt fließen Geldströme von den Produktionswirtschaften in die Haushalte, und zwar vor allem als Entgelte für die Arbeitsleistungen, die die Haushaltangehörigen in den Produktionswirtschaften als Arbeitskräfte erbringen. Die Arbeitsleistungen der Haushaltangehörigen *in* den Produktionswirtschaften lassen sich zwar als Dienstleistungsstrom interpretieren, der von den Haushalten ausgeht. Es liegt aber näher, den in Produktionswirtschaften arbeitenden Menschen als Angehörigen dieser Betriebe anzusehen, so daß ein Dienstleistungsfluß vom Haushalt zur Produktionswirtschaft nicht in Erscheinung tritt. Bei einer solchen Betrachtung reduziert sich der Dienstleistungsstrom der Haushalte an die Produktionswirtschaften auf mehr oder weniger periphere Arbeiten, die von Haushaltmitgliedern für Produktionswirtschaften erbracht werden (z.B. das Sammeln von Bestellungen für Handelsbetriebe, sonstige gelegentliche Dienstleitungen außerhalb eines festen Mitarbeiter-Verhältnisses).

Zwischen allen Betrieben fließen *Informationsströme* (Informationen hier verstanden als Nachrichten eines Senders, die bei Erreichen des Empfängers in seinem Bewußtsein und/oder Unterbewußtsein gespeichert werden). Als Informationen in diesem Sinne treten beispielsweise auf: der Austausch von Nachrichten im Geschäftsverkehr, Bestellinformationen, Reklamationen, Werbeinformationen. Vielfach haben die ausgetauschten Informationen den Charakter spezieller Dienstleistungen, so z.B. die entgeltlichen Beratungsleistungen, die ein Unternehmensberater liefert. Wegen der Wichtigkeit und der Besonderheiten von Informationen (vgl. auch Teil B. II. 4. g) ist jedoch ihre gesonderte Nennung – trotz des damit verbundenen systematischen „Schönheitsfehlers" – zweckmäßig.

Betrachten wir die einzelne Produktionswirtschaft (bzw. die Unternehmung als ihre erwerbswirtschaftlich orientierte Erscheinungsform), so läßt sich das System Unternehmung unter verschiedenen Aspekten in Subsysteme gliedern. Wir erwähnten bereits die Einteilung betrieblicher Strukturen und Prozesse nach dem Kriterium des *Sach*charakters der Tätigkeiten, so daß sich eine grobe Gliederung in ein *Beschaffungssystem,* ein *innerbetriebliches Produktionssystem* und ein *Absatzsystem* ergibt. Eine solche Einteilung nach betrieblichen Funktionen läßt sich mit einer *Gliederung nach den erwähnten Güterarten* kombinieren, und zwar in Gestalt eines *Realgütersystems* (materielle Güter und Dienste), eines *Finanzsystems* (Geldmittel) und eines *Informationssystems.* Schließlich kann man das in einem Betrieb vorhandene System der Arbeitskräfte und ihrer Verrichtungen in einer weiteren Dimension erfassen, und zwar je nach Ranghöhe der Tätigkeit als *politisches, administratives* und *operatives System* (vgl. z.B. Kirsch [Entscheidungsprozesse III, 121–159]). Das politische System umfaßt die Entscheidungen des Top-Management, das administrative System die daraus abgeleiteten Entscheidungen der mittleren Führungsebene, während das operative System vorwiegend die ausführenden Tätigkeiten enthält. Es ergibt sich also folgende Darstellung (vgl. hierzu auch – allerdings mit Abweichungen – Hahn [Unternehmung 167]).

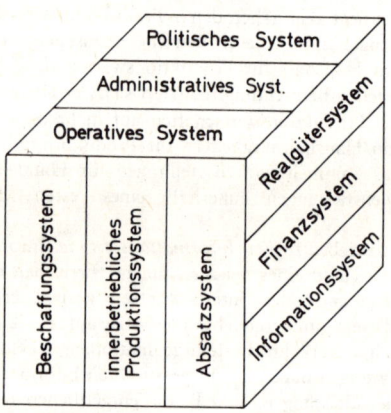

Abb. 12: Das Unternehmungssystem

Daß alternativ oder additiv weitere Einteilungen möglich sind, liegt auf der Hand, so z.B. die Unterscheidung zwischen *Zielsystem* und *Instrumentalsystem,* die uns im weiteren Verlauf noch ausführlich beschäftigen wird (vgl. B. I. und B. II.). Jede dieser Einteilungen ist zweckabhängig und hat sich den Besonderheiten des jeweiligen Systems anzupassen. So könnte man die in Abb. 12 wiedergegebene Subsystem-Einteilung grundsätzlich auch auf den privaten Haushalt anwenden. Aufgrund seiner Eigenarten sind jedoch gewisse Abwandlungen zweckmäßig, so daß sich folgende Systemgliederung des privaten Haushalts anbietet:

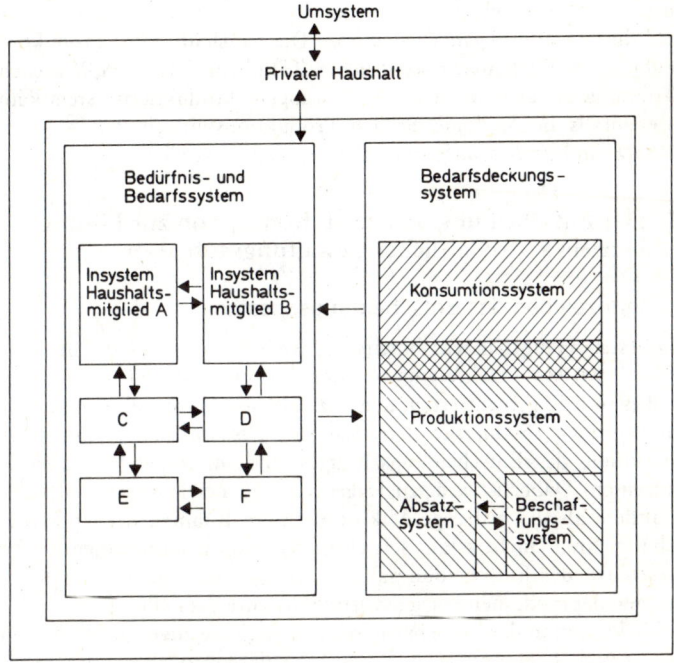

Abb. 13: System privater Haushalt

Der private Haushalt läßt sich zunächst in ein *Bedürfnis- und Bedarfssystem* einerseits, ein *Bedarfsdeckungssystem* andererseits zerlegen. Das Bedürfnis- und Bedarfssystem erstreckt sich einmal auf die im Insystem des Haushaltsmitglieds auftretenden Bedürfnisse und Bedarfe (einschließlich Motivationen und Einstellungen) sowie auf die Bedürfnis- und Bedarfsänderungen. In Mehrpersonenhaushalten wird dieser *intrapersonale* Bereich durch die *interpersonalen* Vorgänge der Bedürfnis- und Bedarfsbildung ergänzt (vgl. die Interaktionen zwischen A, B, C, D ... in Abb. 13).

Beim Bedarfsdeckungssystem ist zwischen einem *Produktions-(Leistungserstellungs-)System* und einem mit diesem teilweise deckungsgleichen *Konsumtions-(Güterverzehrs-)System* zu unterscheiden. Eine solche Deckungsgleichheit ergibt sich aufgrund jener Vorgänge, bei denen Konsumtion uno actu mit Produktion verbunden ist – z. B. beim Verzehr einer Mahlzeit. Das Produktionssystem des Haushalts zerfällt – ähnlich wie das der Produktionswirtschaften – in die *interne* und die *marktbezogene Produktion*. Die haushaltinterne Produktion umfaßt z. B. die hauswirtschaftlichen Tätigkeiten (Kochen, Waschen, Wohnungspflege usw.). Das marktbezogene Produktionssystem kann – ebenfalls in Analogie zu den Produktionswirtschaften – in ein *Absatz-* und ein *Beschaffungssystem* gegliedert werden.

II. Der Entscheidungsansatz als Konzeption zur Lösung betriebswirtschaftlicher Gestaltungsaufgaben

1. Kennzeichen des Entscheidungsansatzes

Im ersten Hauptteil war bereits die Rede davon, daß die moderne Betriebswirtschaftslehre entscheidungsorientiert ist (vgl. C. III. 3. c), und es ist u. E. gerechtfertigt, den *Entscheidungsansatz* als eine *Grundkonzeption der modernen Betriebswirtschaftslehre* zu bezeichnen. Die Merkmale des Entscheidungsansatzes sind im folgenden näher zu umreißen. Dabei ist u. a. zu fragen, ob die Betriebswirtschaftslehre – anders als die bisherige Mikrotheorie im Rahmen der Volkswirtschaftslehre – nicht schon seit eh und je entscheidungsorientiert gewesen ist, der Entscheidungsansatz also gar kein besonderes Kennzeichen der modernen Betriebswirtschaftslehre darstellt.

Erblickt man in der Betriebswirtschaftslehre eine angewandte Wissenschaft (vgl. 1. Hauptteil, A. I.), so folgt daraus zwangsläufig ein gewisses Maß an Entscheidungsorientierung. Denn der Anwendungsbezug der Betriebswirtschaftslehre liegt ja gerade darin, daß Lösungen bzw. Lösungshilfen für die Handlungen der Wirtschaftssubjekte entwickelt werden. Eine etwa lediglich im Deskriptiven verharrende Betriebswirtschaftslehre würde dieser Aufgabe niemals gerecht werden, sondern in „Stoffhuberei" (ver)enden. So zeugt es denn von der wissenschaftliche Potenz der ersten Betriebswirte-Generation, daß sie insbesondere auf dem Gebiet der Bilanzierung und Kostenrechnung Entscheidungshilfen für die Praxis entwickelt hat. Man denke etwa an Schmalenbachs *Dynamische Bilanz* (Schmalenbach [Bilanz]), deren Grundlagen bereits 1919 veröffentlicht wurden, an Fritz Schmidts *„Organische Tageswertbilanz"* (Schmidt [Tageswertbilanz]) sowie an die Arbeiten beider Autoren zu Problemen der *Kostenrechnung:* (Schmalenbach [Kostenrechnung und Preiskalkulation]; Schmidt [Kalkulation]; vgl. im einzelnen hierzu Menrad [Grundstudium: Rechnungswesen]).

Dennoch weist die Entscheidungsorientierung der modernen Betriebswirtschaftslehre Besonderheiten auf, die es – gerade auch in einer gewissen Polarität zur Mikrotheorie der Volkswirtschaftslehre – rechtfertigen, von einem besonderen Entscheidungsansatz zu sprechen. Diese Besonderheiten liegen vor allem in folgenden:

1. Das *reale Entscheidungssubjekt* steht im Zentrum des Entscheidungsansatzes – anstelle des reduzierten und präparierten „homo oeconomicus" der Mikrotheorie. Korrespondierend dazu ergibt sich die erwähnte Öffnung der Betriebswirtschaftslehre zu verhaltenswissenschaftlichen Disziplinen, da nur dadurch alle relevanten Problemdimensionen ins Blickfeld kommen (vgl. 1. Hauptteil, C. 3. 3 c).

2. Das *Informationsproblem* spielt im modernen Entscheidungsansatz eine zentrale Rolle, sei es, daß man versucht, den Unsicherheitsbereich vorhandener Alternativen durch *Dateninformationen* zu vermindern, sei es, daß man neue Handlungsalternativen *(Suchinformationen)* zu gewinnen trachtet (zur Unterscheidung zwischen Daten- und Suchinformationen vgl. Loitlsberger [Informationsbegriff 119 f.]). Suchinformationen decken das Vorhandensein von Alternativen auf; Dateninformationen geben Aufschluß über deren nähere Eigenschaften.

3. Der *Prozeßcharakter von Entscheidungen* findet im Entscheidungsansatz besondere Beachtung. Dabei geht es einmal um die Aufteilung des Entscheidungsprozesses in *sachlich verschiedene Phasen,* z. B. Suchphase, Bewertungsphase. Die Phasenbetrachtung stellt gewissermaßen die „Mikroskopie" des Problemlösungsprozesses dar, innerhalb dessen z. B. der Entschluß nur ein Element des Gesamtablaufs ist (vgl. II. 2. dieses Abschnitts). Zum anderen ergibt sich aus der Analyse von *Mehrpersonenentscheidungen* eine weitere – nämlich die *personale* – Dimension von Entscheidungsprozessen. Sind mehrere Personen an einem Entscheidungsprozeß beteiligt, so folgt daraus grundsätzlich die Notwendigkeit von Abstimmungsprozessen hinsichtlich der Zielbildung und der Mittelwahl bei einer bestimmten Problemlösung.

Indem die moderne Betriebswirtschaftslehre den genannten Problem-kreisen besondere Beachtung schenkt, durchbricht sie damit die engen Prämissen der volkswirtschaftlichen Mikrotheorie, deren Problem-lösungskraft demgegenüber vergleichsweise gering ist.

2. Begriff, Phasen und Arten von Entscheidungen

Wie ist nun der Begriff Entscheidung zweckmäßigerweise zu fassen? Übereinstimmung herrscht zunächst darin, daß eine Entscheidung eine *Wahlhandlung* darstellt. Vielfach wird noch eine Reihe weiterer Merk-male der Entscheidung genannt, z.B. Bewußtsein und Unsicherheit (vgl. Grün [Entscheidung 476]). Indessen sollten u.E. derartige Merkmale nicht als begriffskonstitutiv angesehen werden, da sie den Entscheidungsbegriff unzweckmäßig einengen. Warum soll man z.B. nicht auch — wie es sich mehr und mehr durchsetzt — die program-mierte Wahlhandlung einer Maschine als Entscheidung bezeichnen?

Indessen hat der genannte *„undifferenzierte"* Entscheidungsbegriff in der modernen Betriebswirtschaftslehre aufgrund der Phasen-betrachtung eine Spezifizierung und eine Erweiterung erfahren. Als Entscheidungsphasen kommen in Betracht:

1. Anregungsphase
2. Suchphase
3. Phase der Alternativen-Bewertung
4. Realisationsphase
5. Kontrollphase

(vgl. ähnlich z.B. Heinen [Industriebetriebslehre 49]).

In der *Anregungsphase* wird ein den Prozeß auslösender Impuls auf-genommen. So gibt z.B. der Ausfall einer Maschine den Anstoß, statt der Instandsetzung der Maschine eine Ersatzbeschaffung zu erwägen. Die *Suchphase* ist durch die Beschaffung weiterer Informationen ge-kennzeichnet (etwa durch die Einholung von Angeboten). In der *Bewertungsphase* werden die vorhandenen Informationen zu einer (oder mehreren) Problemlösung(en) verarbeitet. Die erarbeiteten Pro-blemlösungen gelangen in der *Realisationsphase* zur Durchführung (z.B. Kauf der Machine). Der Realisationsphase folgt die *Kontroll-phase*. Sie deckt sich vielfach mit der Verwertungsphase des jeweiligen Gutes (z.B. Nutzung der Maschine), während derer Kontrollinforma-tionen hinsichtlich der gewählten Alternative anfallen.

Es ist zu beachten, daß ein solches Phasenschema reale Entschei-dungsprozesse nur in einem groben Raster abbildet. Je nach Ent-scheidungstyp können einzelne Entscheidungsphasen entfallen (etwa die Suchphase bei Routine-Entscheidungen) oder in sehr unterschiedlicher Länge auftreten (etwa die extreme Raffung der Bewertungsphase bei Impulshandlungen). Witte (Witte [Phasen-Theorem 625 bis 647]) hat außerdem auf die Problematik einer derartigen Phasenbetrachtung aufmerksam gemacht: So können z.B. in jeder Phase Anregungsinformationen auftreten. In jeder Phase finden außerdem Informationsbewertungsprozesse statt. Es kommt also zu *Phasenüberschneidungen* und *-überlagerungen*. Berücksichtigt man allerdings die Mehrschichtigkeit der ablaufenden Entscheidungsprozesse (z.B. Entscheidungen in der Objektebene und in den Metaebenen) sowie ihre Interdependenzen und bestimmt man die einzelnen Phasen nach dem jeweiligen Aktivitätsschwerpunkt, so erweist sich ein solches Phasenschema u.E. als ein brauchbares heuristisches Instrument.

Da in allen Phasen Entscheidungen fallen, wird es verständlich, wenn die Tendenz besteht, sämtliche fünf Phasen *unter dem (erweiterten) Begriff der Entscheidung zusammenzufassen* (Enger, indem nur die Phasen 1–3 enthaltend, wird der Entscheidungsbegriff von Witte gefaßt. – Vgl. Witte [Entscheidungsprozesse 498]). In seiner weiten Version ist der Entscheidungsbegriff mit dem Begriff Problemlösung identisch. Entscheidung im engen Sinn bezeichnet demgegenüber lediglich die Alternativenwahl und im engsten Sinn lediglich den Entschluß.

In enger Beziehung zum Entscheidungsbegriff steht der Begriff der *Planung.* Planung läßt sich kennzeichnen als die gedankliche Vorwegnahme zukünftiger Aktivitäten. Planung kann daher mit den Entscheidungsphasen 1–3 gleichgesetzt werden.
Entscheidungsarten bzw. -typen lassen sich nach den verschiedensten Kriterien bilden. Aufgrund der *Planungsintensität,* die teilweise mit dem Innovationsgrad der Entscheidung zusammenhängt, kann zwischen *echten Entscheidungen, Routine- und Impulsentscheidungen* differenziert werden. *Echte Entscheidungen* sind – im Gegensatz zu Routine- und Impulshandlungen – durch *hohe Planungsintensität* gekennzeichnet. *Routinehandeln (habituelles Verhalten)* ist die Wiederholung bisherigen Entscheidungsverhaltens. Bei *Impulsentscheidungen* ist die Planungsphase stark reduziert, wenn auch – im Gegensatz zum reinen Affekthandeln – immer noch rudimentär vorhanden.

Es gibt wohl keinen Zweifel, daß die genannten Entscheidungstypen nur eine sehr grobe Einteilung darstellen. Sie enthalten – wie es bei Begriffstypen stets der Fall ist – *fließende Übergänge.* Eine Reihe von Mischtypen entsteht außerdem dadurch, daß die genannte Dreiteilung sowohl zur Charakterisierung der

Gesamtentscheidung (Makroentscheidung) als auch zur Kennzeichnung einzelner Entscheidungsphasen dienen kann. Die Informationssuche kann z.B. als Routinehandeln ablaufen oder echte Entscheidungen zum Inhalt haben. Ein Routine-Informationsprozeß kann durchaus im Rahmen einer schwerpunktmäßig echten Entscheidung ablaufen.

Wichtig ist außerdem die Unterscheidung zwischen *Ziel- und Mittelentscheidungen,* auch wenn sie je nach Betrachtungsebene relativen Charakter hat. Ziele (= angestrebte Zustände oder Prozesse) werden zu Mitteln unter dem Aspekt der nächsthöheren Zielebene. Das Ziel Kostenminimierung ist z.B. Mittel zur Erreichung des auf höherer hierarchischer Zielebene stehenden Gewinnziels. Wir werden im Abschnitt B. auf Ziel- und Mittelentscheidungen noch ausführlich zu sprechen kommen.

Nach der Zahl der am Entscheidungsprozeß beteiligten Personen ist zwischen *Individual-* und *Kollektiventscheidungen* zu unterscheiden. Je nachdem, ob die Entscheidungen den Gesamtbetrieb oder nur einzelne Funktionsbereiche bzw. Subsysteme betreffen, kann von *gesamtbetrieblichen Entscheidungen* oder von *Bereichsentscheidungen* gesprochen werden.

Schließlich ergibt sich aufgrund des Strukturierungsgrads von Entscheidungen die Differenzierung zwischen *wohl-definierten (bzw. wohl-strukturierten)* und *schlecht-definierten (schlecht-strukturierten)* Entscheidungen (vgl. z.B. Kirsch [Logistik 62]). Das Entscheidungsproblem ist bei wohl-definierten Entscheidungen klar umrissen, und es bestehen eindeutige Lösungen, die z.B. mit Hilfe von Algorithmen gefunden werden können. Ein solches Problem ist etwa die Ermittlung der kleinsten Wegstrecke bei der Beschickung einer Vielzahl von Außenlägern in einer bestimmten Region. Bei schlecht-definierten Entscheidungen ist oft schon die Problemstellung nur vage formuliert; in jedem Fall fehlt die Möglichkeit der Anwendung eindeutiger Lösungsprogramme. Ein schlecht definiertes Problem stellt z.B. die Entwicklung eines neuen Produktes dar. Für schlecht-definierte Probleme bietet sich die Anwendung von Entscheidungsheuristiken an (vgl. 1. Hauptteil, C. II. 5. sowie Heinen [Industriebetriebslehre 62–64]).

3. Das Problem der Rationalität von Entscheidungen

Im Zusammenhang mit Entscheidungen stellt sich die Frage nach deren *Rationalitätsgrad;* ihre Beantwortung hängt wiederum davon ab, was unter Rationalität verstanden wird. Üblich ist die Unterscheidung zwischen *materialer* und *formaler* Rationalität (G r u n a u [Rationalprinzip 260–269]). Das Kennzeichen *materialer* Rationalitätsurteile liegt darin, daß die Gesamtheit der Entscheidung, insbesondere die ihr zugrunde liegenden Ziele, unter dem Aspekt der „Vernünftigkeit" bewertet wird. Die *formale* Rationalität bezieht sich dagegen lediglich auf die Zweckmäßigkeit des Mitteleinsatzes im Hinblick auf die Realisierung vorgegebener Ziele. So läßt sich z. B. der gesundheitsgefährdende Alkoholkonsum eines Alkoholikers in der Perspektive materialer Rationalität als „unvernünftig" bewerten. Unter dem Aspekt formaler Rationalität wird seine Alkoholneigung dagegen als gegeben hingenommen; lediglich die Zielerreichungsaktivitäten (z. B. die Maßnahmen der Alkoholbeschaffung) werden auf ihre Eignung zur Zielerreichung hin beurteilt. Von der formalen Rationalität her ergibt sich damit eine unmittelbare Beziehung zum sog. *ökonomischen Prinzip,* das besagt, daß ein gegebenes Ziel mit einem möglichst geringen Mitteleinsatz oder mit gegebenem Mitteleinsatz ein möglichst hoher Zielerreichungsgrad realisiert werden soll.

Innerhalb der *formalen* Rationalität bietet sich außerdem die Unterscheidung zwischen *objektiv-formaler* und *subjektiv-formaler* Rationalität an. Objektiv-formale Rationalität liegt vor, wenn es gelingt, die objektiv beste Lösung zur Zielerreichung zu realisieren. Wird diese objektiv beste Lösung zwar angestrebt, aber – z. B. in Folge unvollkommener Information – verfehlt, handelt es sich lediglich um subjektiv-formale Rationalität (der Alkoholiker versucht zwar, den preiswertesten Kognak zu finden; die vorhandene günstigste Einkaufsquelle wird von ihm aber nicht entdeckt).

So einleuchtend und zweckmäßig die aufgrund einer eindeutigen Ziel-Mittel-Trennung beruhende Unterscheidung zwischen materialer und formaler Rationalität zunächst ist, so wirft sie dennoch Probleme auf. Zum einen ist eine exakte Trennung zwischen Zielen und Mitteln vielfach nicht möglich, da auch (zielkonforme) Mittelentscheidungen mit Nebenwirkungen verbunden sein können, die zielkonträr wirken (vgl. M y r d a l [Zweck-Mittel-Denken 213] sowie 1. Hauptteil, C. IV. 3.). Zum anderen verliert die Unterscheidung zwischen materialer und formaler Rationalität ihre Eindeutigkeit, wenn man Zieldiskussionen nicht willkürlich an einem bestimmten Punkt abbricht, sondern bestimmte Ziele von Entscheidungssubjekten (z. B. die Alkoholneigung in unserem Beispiel) auf ihre Vereinbarkeit mit möglichen *übergeordneten* Zielen hin überprüft. Führt man z. B. die Zielsetzung ein: „möglichst lange Erhaltung der physischen und psychischen Kräfte", wird Alkoholismus ein untaugliches *Mittel* zur Erreichung eines solchen Ziels und damit Ausdruck mangelnder *formaler* Rationalität. Je mehr die Betriebswirtschaftslehre sich den verhaltenswissenschaftlichen Nachbardisziplinen öffnet und sich damit nicht nur auf die Diskussion sog. ökonomischer Ziele beschränkt, um so eher verschwimmen die Grenzen zwischen materialer und formaler Rationalität. Die Diskussion um die sog. „Qualität des Lebens" bietet dafür ein anschauliches Beispiel (vgl. auch 1. Hauptteil, C. III. 2.).

Vor dem skizzierten begrifflichen Hintergrund ist es nicht erstaunlich, daß die Antwort auf die Frage: *„Inwieweit verhalten sich Entscheidungssubjekte rational?"* sehr unterschiedlich ausfallen kann. Übereinstimmend ist man heute der Auffassung, daß menschliches Handeln insofern nur *beschränkt rational* ist, als das Entscheidungssubjekt nicht alle (gegenwärtigen wie zukünftigen) Verhaltensalternativen kennt und daher die objektiv beste Alternative in der Regel verfehlen wird (vgl. Simon [Verwaltungshandeln 56–58]), und die Wiedergabe z. B. bei Kirsch [Entscheidungsprozesse I, 62–70]). Das Ausmaß der Beschränkung der Rationalität findet in der Differenz zwischen subjektiver (subjektiv-formaler) und objektiver (objektiv-formaler) Rationalität ihren Ausdruck.

Inwieweit kann man aber durchgängig von dem Streben nach Rationalität der Entscheidungssubjekte ausgehen, auch wenn darunter lediglich die beschränkte Rationalität im erwähnten Sinne verstanden wird? Man kann zunächst *den Begriff subjektiv-rationaler Entscheidungen weit fassen* und darunter jedes bewußte Handeln verstehen, das auf die subjektiv günstigste Art einer bestimmten Zielverwirklichung dienen soll (Raffée [Konsumenteninformation 47]). So gesehen sind auch Impulsaktionen, sofern sie nur einem, wenn auch kurzen, kontrollierenden Grobkalkül unterliegen, eine Variante rationaler Entscheidungen. Lediglich unkontrollierte Affekthandlungen scheiden dann aus dem Bereich rationaler Entscheidungen aus. Es kann angenommen werden, daß rationales Handeln in diesem Sinne sowohl in Produktionswirtschaften als auch in privaten Haushalten eine dominante Rolle spielt. Demgegenüber kann man ein *rationales Handeln im engeren Sinne* unterscheiden, das mit *Planungshandeln* identisch ist. Erst ab einem – nicht leicht zu operationalisierenden – Minimum an Informationsaktivitäten liegt dann rationales Handeln vor. Der Rationalitätsgrad von Handlungen steigt, je mehr Planungsaktivitäten unternommen werden und dabei auch die jeweiligen Ziele selbst einem Planungs- und Kontrollprozeß unterworfen werden. Ein derartiges Rationalverhalten im *engeren* Sinne ist insbesondere für Verhaltensweisen größerer Organisationen kennzeichnend. Es tritt aber ebenfalls – obwohl in schwächerer Ausprägung und wohl auch in geringerer Häufigkeit – in kleinen Produktionswirtschaften und in privaten Hauhalten auf. Allerdings dürfte insbesondere die Planung von Zielsystemen in der Absicht, zu einer konsistenten Zielhierarchie zu gelangen (und Planungshandeln nicht nur punktuell einzusetzen), gerade in privaten Haushalten wenig entwickelt sein. Vielfach wird allerdings der Fehler gemacht, das geringe Ausmaß von Planungs-aktivitäten privater Haushalte als eindeutigen Maßstab geringer Rationalität anzusehen. Dies ist insofern nicht haltbar, als z. B. ein geringer Planungs-Input bei der Güterbeschaffung bewußt und ziel-konsistent erfolgen kann, um einen größeren Spielraum für anders-artige Aktivitäten zu gewinnen.

4. Das Unsicherheitsproblem bei Entscheidungen

Reale Entscheidungen geschehen unter Unsicherheit; mit anderen Worten: sie sind *risikobehaftet,* d. h. *es besteht die Gefahr einer Fehl-entscheidung* (Risiko = „Möglichkeit [Gefahr] einer Fehlentschei-dung" – P h i l i p p [Risiko 13]).

Unsicherheit (als Ursache des Risikos) kann in mehrfacher Hinsicht auftreten:

1. Es kann (und wird in der Regel) unsicher sein, ob die Suche nach weiteren Verhaltensalternativen als den in der Planung berück-sichtigten nicht noch bessere Alternativen zutage gebracht hätte (z. B. hätte eine Fortsetzung der Suche nach neuen Produktideen zu einem besonders erfolgreichen Produkt führen können).
2. Es kann (und wird in der Regel) unsicher sein, mit welchen Konse-quenzen eine bestimmte Entscheidung verbunden ist. Diese Un-sicherheit hinsichtlich der Entscheidungskonsequenzen versucht man in der Entscheidungstheorie dadurch überschaubar zu machen, daß man *Handlungskonsequenzen für alternative Umweltkonstel-lationen* prognostiziert. Man spricht daher von *Entscheidungen bei mehrwertigen Erwartungen bezüglich der Umweltsituation.*

So kann eine Unternehmung den Absatzerfolg eines einzuführenden neuen PKW-Typs für vier unterschiedliche Umweltsituationen U_1, U_2, U_3, U_4 voraus-zuplanen suchen:

U_1: Die Konkurrenz kommt in den nächsten sechs Monaten mit keinem neuen Typ derselben Klasse auf den Markt, und es ergibt sich keine Benzin-verknappung.

U_2: Wie U_1, aber es ergibt sich eine Benzinverknappung.

U_3: Die Konkurrenz kommt in den nächsten sechs Monaten mit einem neuen Typ derselben Wagenklasse auf den Markt; es ergibt sich keine Benzin-verknappung.

U_4: Wie U_3, aber es ergibt sich eine Benzinverknappung.

Für diese vier Umweltkonstellationen versucht die Unternehmung nun, die Auswirkungen ihrer Handlungsalternativen (z.B. den PKW-Absatz) vorauszusagen. Es liegt auf der Hand, daß bereits der Prognosewert für jede einzelne Alternative risikobehaftet ist (z.B. kann bei U_1 der Absatz die Erwartungen unterschreiten, weil das Styling des neuen PKW bei den Kunden nicht „ankommt"). Sodann ist es natürlich unsicher, welche der Umweltkonstellationen (U_1–U_4) eintreten wird. Schließlich besteht das Risiko, daß nicht alle relevanten Umweltsituationen berücksichtigt wurden. (Man hat z.B. außer acht gelassen, daß der Staat Sicherheitsverordnungen erläßt, die zu höheren Preisen der PKW führen.)

Das Unsicherheitsproblem zeigt sich also in den Dimensionen

1. Vollständigkeit der Informationen,
2. Sicherheit der Informationen und
3. Genauigkeit der Informationen.

Die wirtschaftswissenschaftliche Entscheidungstheorie hat versucht, das Unsicherheitsproblem durch entscheidungslogische Kalküle einer Lösung näherzubringen (vgl. dazu z.B. Wittmann [Unvollkommene Information]). Allen diesen Arbeiten ist gemeinsam, daß sie die Komplexität des Unsicherheitsproblems stark reduzieren, um dadurch Möglichkeiten exakter Lösungen entwickeln zu können. Den vielfältigen Lösungsansätzen kann hier lediglich exemplarisch nachgegangen werden, um ihre Grundstruktur zu verdeutlichen.

a) *Entscheidungen in modellhaft vereinfachten Unsicherheitssituationen*

aa) Wiederholungsentscheidungen

Ein relativ einfacher Fall liegt vor, wenn bei quantifizierten Handlungskonsequenzen alternativer Aktivitäten (a_1–a_3) in unterschiedlichen Umweltkonstellationen (U_1–U_3) *objektive Wahrscheinlichkeiten* für deren Eintreten vorhanden sind. Objektive (frequentistische)

U_i / a_n	U_1 W = 0,2	U_2 W = 0,6	U_3 W = 0,2
a_1	8	6	4
a_2	1	15	0
a_3	3	8	5

Abbildung 14.

Wahrscheinlichkeiten sind nur bei einer Vielzahl sich wiederholender Tatbestände bzw. Entscheidungen erhebbar und verwendbar. Nur wenn Beobachtungen einer genügend großen Anzahl gleichartiger Ereignisse vorgenommen werden, kann man über relative Häufigkeiten zu objektiven Wahrscheinlichkeiten gelangen.

Es ergebe sich folgende Matrix der Gewinnzahlen und der objektiven Wahrscheinlichkeiten für U_1–U_3: (siehe Abb. 14).

Wird in einer solchen Entscheidungssituation der maximale Gewinn angestrebt, so kann man die günstigste Alternative aufgrund der *Maximierung des mathematischen Erwartungswerts* ermitteln. Die jeweiligen mathematischen Erwartungswerte errechnen sich durch Multiplikation der Gewinnzahlen mit den Wahrscheinlichkeiten der Umweltkonstellationen.

a_n \ U_i	U_1	U_2	U_3	$\lessgtr$
a_1	1,6	3,6	0,8	6
a_2	0,2	9	0	9,2
a_3	0,6	4,8	1	6,4

Abbildung 15.

Der maximale mathematische Erwartungswert der verschiedenen Alternativen (= maximale Zeilensumme) beträgt 9,2; a_2 ist also bei rationalem Verhalten die günstigste Alternative, *sofern* auch in Zukunft eine genügend große Anzahl von Entscheidungen zu erwarten ist. Denn objektive (frequentistische) Wahrscheinlichkeiten sagen ja nichts über das Eintreten des *einzelnen* Ereignisses aus, sondern vermitteln *Durchschnittswerte für eine Vielzahl von Entscheidungen*.

bb) Einmalige Entscheidungen

Bei Wiederholungsentscheidungen wird die Rationalität der Entscheidungsregel: „Maximierung des Erwartungswertes" nicht in Frage gestellt. Sie garantiert durchschnittlich die besten Entscheidungen. Jede Abweichung führt zu Verlusten. Bei einmaligen Entscheidungen lassen sich objektive Wahrscheinlichkeiten nicht ermitteln. In der Literatur wird daher vorgeschlagen, bei einmaligen Entscheidungen mit *subjektiven Wahrscheinlichkeiten* zu arbeiten. Subjektive Wahrscheinlichkeiten sind der quantitative Ausdruck der persönlichen Beurteilung von Entscheidungssituationen. Sie gestatten Aussagen über das Eintreten unsicherer Ereignisse auch bei einmaligen Entscheidungen.

Gehen wir davon aus, daß sich subjektive Wahrscheinlichkeiten für die einzelnen Umweltkonstellationen schätzen lassen. In diesem Fall stellt sich die Frage, ob man die Maximierung des Erwartungswerts noch als generelle Strategie rationalen Handelns empfehlen kann. Hier hat die Diskussion noch nicht zu einem eindeutigen Ergebnis geführt. Es wird argumentiert, daß die Erwartungswertmaximierung nicht *die unterschiedliche Streuung* der Konsequenzen berücksichtigt. Da subjektive Wahrscheinlichkeiten nicht auf einer ähnlich rationalen Basis beruhen wie objektive (frequentistische) Wahrscheinlichkeiten, kann man die Berücksichtigung der Ergebnisstreuung im Fall subjektiver Wahrscheinlichkeiten als besonders vordringlich ansehen. Die einfache Maximierung des Erwartungswerts wäre also durch die Einführung von Streuungsmaßen zu ergänzen.

Hinzu kommt die grundsätzliche Problematik eines Ansatzes subjektiver Wahrscheinlichkeiten. Denn man kann nicht ausschließen, daß das Entscheidungssubjekt in vielen Fällen überfordert ist, exakte subjektive Wahrscheinlichkeiten anzugeben (u. a. Gefahr der Rationalisation). In Fällen großer Schwierigkeiten bei der Schätzung subjektiver Wahrscheinlichkeiten bietet es sich daher an, es nicht bei der Ermittlung subjektiver Wahrscheinlichkeiten zu belassen, sondern objektive und subjektive Wahrscheinlichkeiten zu verknüpfen. Mit Hilfe der objektiven Wahrscheinlichkeiten werden die durchschnittlichen Vorgänge in der Vergangenheit in den Kalkül eingebracht, während subjektive Wahrscheinlichkeiten Ausdruck der Erfahrungen eines Managers sein können. Die Verknüpfung der Wahrscheinlichkeiten kann in diesem Fall über die *Bayes'sche Statistik* erfolgen. Neben der Verknüpfungsmöglichkeit, die auch auf immer neue Wahrscheinlichkeitsinformationen ausgedehnt werden kann, bietet der Bayes'sche Ansatz die Möglichkeit der Abschätzung des Wertes zukünftiger Informationen (vgl. hierzu z.B. Alderson/Green [Problem-Solving 104–141]).

Lassen sich überhaupt keine Wahrscheinlichkeiten hinsichtlich des Eintretens alternativer Umweltkonstellationen angeben, so kann man z.B. nach dem *Minimax-Kriterium* (Abraham Wald) verfahren (vgl. Philipp [Risiko 66]). Es führt zur Wahl jener Alternative, die bei Eintreten der ungünstigsten Umweltkonstellation das relativ beste Ergebnis erbringt. (Rechnerisch wird aus den Zeilenminima der Ergebnismatrix das Spaltenmaximum ermittelt. Im obigen Beispiel ergeben sich die Werte 4, 0, 3 als Zeilenminima; das Maximum dieser

Spalte der Zeilenminima beträgt 4.) Es bedarf keiner Frage, daß eine derart pessimistische Strategie für reale Entscheidungen ohne große Bedeutung ist.

b) Entscheidungen in realen Unsicherheitssituationen

Die Skizzierung der bisherigen entscheidungstheoretischen Grundmodelle zeigt deutlich, daß ihr Beitrag zur Bewältigung des Unsicherheitsproblems in realen Entscheidungssituationen sehr gering ist. Das gilt auch für die hier nicht dargestellten Ansätze (z.B. *Optimismus-Pessimismus-Kriterium* von Hurwicz, *Kriterium des geringsten Bedauerns* von Niehans und Savage – vgl. z.B. Philipp [Risikopolitik 66–68]). Am ehesten scheint die Diskussion um den Bayesschen Ansatz in Zukunft eine praktikable Entscheidungshilfe bei Unsicherheitssituationen zu eröffnen.

Fassen wir noch einmal die engen Prämissen der gezeigten Ansätze zusammen:

1. Die Suche nach unbekannten Handlungsalternativen (a_i) wird ebenso ausgeklammert wie diejenige nach bisher noch nicht berücksichtigten Umweltkonstellationen (U_i).

2. Es lassen sich für die bekannten Handlungsalternativen und Umweltkonstellationen eindeutige quantitative Ergebnisse angeben (Gewinnwerte in der Beispiel-Matrix). Eine solche Möglichkeit wird in der Regel erleichtert, je mehr zwischen verschiedenen Umweltkonstellationen differenziert wird.

3. Subjektive Risikopräferenzen werden in den Entscheidungsmodellen vielfach nicht ausreichend erfaßt. So mag z.B. der risikofreudige Unternehmer bei einer einmaligen Entscheidung die Alternative a_2 auch ungeachtet ihrer Ergebnisstreuung wählen.

Zwei weitere Aspekte sind bei realen Entscheidungen zudem zu berücksichtigen:

1. Insbesondere, sobald in Entscheidungssituationen Suchaktivitäten zur Aufdeckung weiterer Handlungsmöglichkeiten und/oder Umweltkonstellationen unternommen werden, kommen anstelle des in den Modellansätzen meist unterstellten Maximierungsstrebens Aspekte des *Sich-Begnügens mit zufriedenstellenden Lösungen* mit ins Spiel. Wir werden hierauf bei der Behandlung der Zielsysteme von Organisationen näher zu sprechen kommen (vgl. B. I. 3. c).

2. In der Realität versucht man, Unsicherheitssituationen mit einem *System risikopolitischer Maßnahmen* zu begegnen, durch das z.B.

die negativen Auswirkungen ungünstiger Ereignisse gemildert oder abgefangen werden sollen (zu derartigen risikopolitischen Maßnahmen vgl. z.B. Philipp [Risiko 69–76]; Kupsch [Risiko 37 bis 43]). Von daher wird es verständlich, wenn reale Entscheidungen in Unsicherheitssituationen sich an den Ergebnissen mit der *größten* subjektiven Wahrscheinlichkeit orientieren und die damit verbundenen Risiken durch eine *flexible Planung* gemildert werden (Planung von Mehrzweckmaschinen, finanzielle Reserven, Vorsorge für Diversifikationsstrategien im Absatzmarkt – vgl. hierzu Koch [Planung]). Auch die Aspekte flexibler Planung werden in den dargestellten entscheidungslogischen Kalkülen vernachlässigt.

III. Der Marketing-Ansatz als Orientierungsrichtung bei betriebswirtschaftlichen Gestaltungsaufgaben

Man muß einräumen, daß zumindest im deutschen Sprachgebrauch der Begriff Marketing in Gefahr ist, zum Schlagwort zu degenerieren. Dennoch läßt sich mit Marketing bzw. mit Marketing-Management eine Konzeption kennzeichnen, die ebenfalls zu den grundlegenden Ansätzen der modernen Betriebswirtschaftslehre gezählt werden kann.

1. Marketing als Denkhaltung erwerbswirtschaftlicher Betriebe (Business Marketing)

Marketing läßt sich zunächst schlicht mit Absatz im Sinne entgeltlicher Güterübertragung gleichsetzen. In diesem Sinne ist Marketing in jedem modernen Wirtschaftssystem zu finden; es ist – in der Terminologie Gutenbergs – ein *systemindifferenter* Tatbestand (zur Kennzeichnung systemindifferenter Tatbestände bei Gutenberg vgl. derselbe [Produktion 445–447]). Ist mit Marketing lediglich Absatz in einem derart neutralen Sinn gemeint, gibt es keinen guten Grund, im Deutschen von Marketing zu sprechen.

Nun zielt jedoch die Verwendung des Marketing-Begriffs im deutschsprachigen Raum weiter als lediglich auf entgeltliche Güterübertragungen. Zum begriffskonstitutiven Merkmal des Marketing wird die *aktive Gestaltung* der Marktbeziehungen, insbesondere im Absatzbereich. Bedürfnislücken werden systematisch aufgespürt und zum Teil überhaupt erst geschaffen. Die Bedürfnisbefriedigung geschieht unter der Perspektive unternehmerischen Gewinnstrebens durch den planvollen Einsatz eines abgestimmten absatzpolitischen Instrumentariums [z. B. Werbung, Preispolitik u. ä. – vgl. B. II. 4. d)]. Damit verliert Marketing seinen wirtschaftssystemindifferenten Charakter; es wird zu einem systembezogenen Sachverhalt, der nur dort auftritt, wo nach Gewinn strebende Unternehmungen vorhanden sind.

In der Regel meint man mit diesem Marketing-Begriff das Absatz-Marketing der Unternehmungen; Marketing und Absatz-Marketing werden meist synonym verwendet. Es ist aber darüber hinaus üblich geworden, den Marketing-Begriff auch auf andere betriebliche Funktionsbereiche als den des Absatzes anzuwenden und dann von *Beschaffungs-Marketing, Personal-Marketing* u. ä. zu sprechen. Allen diesen Marketing-Varianten ist gemeinsam, daß sie auf systematisch gewonnenen Marketing-Informationen aufbauen und ein spezielles Instrumentarium der Marktgestaltung entwickeln und kombiniert einsetzen, um auf diese Weise bestimmte Ziele auf Absatz- und/oder Beschaffungsmärkten zu erreichen. In diesem Sinne wird Marketing auch als *Marketing-Management* bezeichnet (K o t l e r [Marketing-Management 13]).

Je stärker sämtliche unternehmerischen Aktivitäten durch den Bezug auf effektive und/oder potentielle (Absatz-)Märkte geprägt sind, um so stärker wird Marketing zu einer *Denkhaltung* („Unternehmensphilosophie") und kann in diesem Sinne als Grundkonzeption einer Betriebswirtschaftslehre der Unternehmungen angesehen werden. Dabei ist folgendes zu beachten:
1. Marketing als absatzmarktbezogene Denkhaltung der Unternehmungen ist an den Gewinnzielen der Unternehmungen orientiert. Dies besagt, daß die Bedürfnisse der Abnehmer lediglich in dem Umfang und in den Formen befriedigt werden, wie es den Gewinnzielen der Anbieter dient. Müssen die Anbieter z. B. erwarten, daß die Befriedigung bestimmter Bedürfnisse keine ausreichenden Gewinne erbringt, so unterbleibt ein entsprechendes Angebot. Es ist daher eine unzutreffende Verbrämung der Realität, wenn z. B. D r u c k e r unternehmerisches Marketing folgendermaßen kennzeichnet: „It is the customer, who determines what a business is" (D r u c k e r [Management 35]). Wie stark gerade die *Anbieter* (und nicht die Kunden) bestimmen, „what a business is", zeigt sich insbesondere in den Fällen, in denen durch Produktpolitik, Werbung usw. die Bedürfnisse in einer ganz bestimmten Weise geformt werden. Derart einseitige Sichtweisen des unternehmerischen Marketing sind mit Recht unter dem Aspekt des Ideologieverdachts kritisiert worden (vgl. z. B. F i s c h e r - W i n k e l m a n n [Marketing 42–70] und 1. Hauptteil, C. IV. 3 b).
2. Marketing als Denkhaltung des Managements, das die Unternehmungen *einem Steuerungs- und Regelungsprozeß vom Absatzmarkt*

her und auf den Absatzmarkt hin unterwirft, ist nicht nur auf einen bestimmten Wirtschaftssystemtyp – nämlich den „kapitalistischen" – bezogen, sondern vollzieht sich auch in einer bestimmten geschichtlichen Phase kapitalistischer Systeme, nämlich in der *Überflußgesellschaft.* Weil in der Überflußgesellschaft das Problem eines gewinnbringenden Güterabsatzes der dominante Engpaß unternehmerischen Planens und Handelns ist, wird (absatzbezogenes) Marketing-Management zur bestimmenden Richtschnur sämtlicher unternehmerischer Aktivitäten. Sofern sich z. B. gravierende Güterverknappungen – etwa bei bestimmten natürlichen Ressourcen – zeigen, hat dies weitreichende Auswirkungen auf das Absatz-Marketing der Unternehmungen und u. U. auf die marktwirtschaftliche Organisation ganzer Wirtschaftszweige überhaupt. Zumindest würde in solchen Verknappungssituationen das *Beschaffungs-Marketing* als Denkhaltung mit dem absatzmarktorientierten Marketing in Konkurrenz treten und es u. U. verdrängen.   .

3. Man könnte einwenden, daß unabhängig von den unter 1. genannten ideologischen Momenten bei der Charakterisierung des Marketing durch manche Autoren Marketing als absatzmarktbezogenes Steuerungs- und Regelungskonzepts in *jedem* Fall eine *Ideologie* darstelle. Dies ist jedoch u. E. insofern nicht der Fall, als die wiedergegebene Grundkonzeption zunächst einen *empirischen Tatbestand* darstellt: insbesondere die Großunternehmen des Konsumgüterbereichs richten ihre Aktivitäten an den effektiven und/oder potentiellen Absatzmärkten aus, und damit ist Marketing als Steuerungs- und Regelungskonzept der gesamten Unternehmung bei ihnen zur Realität geworden. Aber auch dort, wo ein solches Marketing von der Betriebswirtschaftslehre zum Ausgangspunkt genommen wird, um ein System von Handlungsmöglichkeiten zu entwickeln, führt dies noch nicht zwangsläufig zu Ideologien. Es besteht vielmehr grundsätzlich die Möglichkeit, daß die Betriebswirtschaftslehre ohne Wertungen im Aussagenzusammenhang technologische Handlungsempfehlungen für die Unternehmungen auch vom Marketing-Konzept her entwickelt (vgl. auch 1. Hauptteil, C. IV. 3.).

Allerdings sind gegen eine Betriebswirtschaftslehre, die ausschließlich am Marketing als Denkhaltung *erwerbswirtschftlicher* Betriebe orientiert ist, dieselben Einwendungen zu erheben, wie sie gegen eine lediglich unternehmungsbezogene Betriebswirtschaftslehre vorzubringen sind (vgl. 1. Hauptteil, C. III. 3.). Inzwischen hat jedoch das Marketing-Konzept eine Ausweitung erfahren, indem das Marketing der

Unternehmungen (= Business Marketing) durch das Marketing nicht-erwerbswirtschaftlicher Organisationen (= Non Business Marketing) ergänzt wird.

2. Non Business Marketing

Das Non Business Marketing bzw. Marketing-Management der Non Business-Organisationen ist nichts anderes als die Übertragung der absatzmarktorientierten Denkhaltung *der Unternehmungen* auf die *Organisationen und Aktionen der nicht-unternehmerischen Betriebe* (vgl. das Organisations-Marketing bei K o t l e r [Marketing Management 863–866]). Das Non Business Marketing wird vielfach – miß-verständlich – auch als Social Marketing (Sozio-Marketing) bezeich-net. Man geht davon aus, daß nicht nur die „private goods" des Business Marketing Gegenstand von Transaktionen zwischen Organi-sationen und Personen sind, sondern auch Leistungen, wie sie von Behörden, karitativen Vereinigungen, Universitäten, Kirchen, Parteien usw. erbracht werden. Damit bezieht man zugleich auch alle die-jenigen Austauschprozesse in die Analyse ein, die nicht gegen ein der Leistungsmenge direkt zugemessenes Entgelt (clear payment) erfolgen, sondern unentgeltlich oder gegen indirektes Entgelt (z.B. Steuern) erbracht werden.

Die Frage, die sich angesichts einer solchen Ausweitung des Market-ing-Ansatzes stellt, ist insbesondere die einer unzweckmäßigen, die Realität verfehlenden, eventuell sogar gefährlichen Überdehnung des Marketing-Konzepts (vgl. insbesondere die Einwände von L u c k [Broadening 53–55]). Treibt z.B. ein Geistlicher Marketing, if he „is studying plans for his church's services to parishioners or the community"? (L u c k [Broadening 53]).

Indessen liegen die empirisch bereits feststellbaren und darüber hinaus entwickelbaren Analogien zum Business Marketing auf der Hand, so daß allein dadurch der Begriff eines Non Business Marketing zweckmäßig wird. Auch andere Organisationen als Unternehmungen verfolgen nämlich gegenüber ihren „Marktpartnern" bestimmte Ziele, und deren erfolgreiche Realisierung ist oft wesentlich davon abhängig, wie die Organisation „im Markt ankommt". Von daher liegt es nahe, in analoger Anwendung des unternehmerischen Marketing-Management Bedürfnisse der Zielgruppen zu analysieren, gegebenen-falls zu wecken und zu formen und sie durch planvollen, kombi-nierten Einsatz spezieller Instrumente den eigenen Zielen dienstbar zu machen (man denke z.B. an die von Marketing-Beratungsfirmen konzipierten Wahlfeldzüge für politische Parteien). Eine völlige Aufweichung des Marketing-Begriffs läßt sich dadurch verhindern, daß man lediglich ein geplantes, auf methodisch gesicherten Informationen aufbauendes, abgestimmtes System von Marketing-Instrumental-maßnahmen als Marketing-Management der nicht-erwerbswirtschaft-lichen Organisationen ansieht. Eine kirchliche oder karitative Aktivi-tät wird z. b. erst dann zum Marketing, wenn sie das Element eines umfassenden Gesamtsystems marketing-bezogener Maßnahmen dar-stellt, das die Erkenntnisse der Kommunikationswissenschaft im weiten Sinne verwendet.

Zweifellos wirft die Entwicklung eines Non Business Marketing besondere Probleme auf. So ist es u. E. außerordentlich problematisch, davon auszugehen, daß „Nächstenliebe sich genauso verkaufen läßt wie Zahnpasta" (vgl.eine ähnliche Formulierung bei K o t l e r / Z a l t m a n [Social Change 3–12]). Auch die Erfahrungen mit Wahlfeldzügen, die nach den Prinzipien des unterneh-merischen „Hard Selling" ablaufen, zeigen die Fragwürdigkeit einer lediglich imitierenden Anwendung von Business Marketing-Praktiken auf den Non Business-Bereich. Außerdem treten in dem Augenblick besondere Kontroll-probleme auf, wenn beim Marketing staatlicher Instanzen (z. B. für politische Programme) die Gefahr besteht, daß die Unabhängigkeit der Institutionen des Informationssektors (insbesondere der Massenmedien) vermindert wird. Andererseits eröffnen die Möglichkeiten des Non Business Marketing eine Reihe durchaus positiver Perspektiven. So ist es grundsätzlich zu begrüßen, wenn die Aktivitäten nicht-erwerbswirtschaftlicher Organisationen an den Bedürfnislagen ihrer Marktpartner orientiert sind bzw. diese überhaupt erst einmal aufgrund systematischer Marktuntersuchungen in Erfahrung bringen. Der öffentliche „Kulturbetrieb" könnte z. B. ungleich mehr Resonanz finden, wenn er auf materielle wie geistige „Barreers to entry" der Zielgruppen stärker Rücksicht nähme. Vor allem kann man durch das Non Business Marketing versuchen, nach dem Gegenmachtsprinzip (Prinzip der Counter-vailing Power - G a l b r a i t h) Gegengewichte zum Business Marketing zu schaf-fen (vgl. z. B. die Insertionskampagne der „Aktion Gemeinsinn" „Schenk mir Liebe statt Bonbons", die interessanterweise sofort Proteste seitens der Süß-warenhersteller zur Folge hatte). Der große Spielraum des Non Business Marketing zeigt sich nicht zuletzt im Bereich der Maßnahmen zugunsten der Konsumenten, wie sie teilweise in der *Konsumerismus-Bewegung* (Con-sumerism) bereits Gestalt gewonnen haben. Die Aktivitäten von Verbraucher-verbänden zählen hierzu ebenso wie z. B. die Erarbeitung und Publikation von vergleichenden Gütertest-Informationen durch die Stiftung Warentest in der BRD.

Gerade aufgrund eines Marketing-Management im Bereich der Non Business-Organisationen wird deutlich, daß der Marketing-Ansatz tatsätzlich ein umgreifendes Grundkonzept der modernen Betriebs-wirtschaftslehre darstellt. Von einem ursprünglich systembezogenen

Sachverhalt in Gestalt des unternehmerischen Marketing weitet er sich zu einem systemindifferenten Tatbestand aus, je mehr Marketing-Aktivitäten im Non Business Marketing relevant werden.

3. Das Generic Concept of Marketing

K o t l e r hat den beiden dargestellten Marketing-Varianten noch eine dritte hinzugefügt, das sog. Generic Concept of Marketing (vgl. K o t l e r [Generic Concept 46–54]). Das Genric Concept umfaßt sämtliche „Werttransaktionen" zwischen sozialen Einheiten, seien dies Organisationen, Personengruppen oder Einzelpersonen (K o t l e r [Generic Concept 48]). Damit wird Marketing auch auf *organisationsinterne* Austauschprozesse ausgedehnt (z.B. Belohnung eines Arbeitnehmers durch Beförderung). Der Bereich der Transaktionsobjekte ist ähnlich groß wie der des Non Business Marketing; die Zustimmung eines Mitarbeiters zu einer betrieblichen Maßnahme kann ebenso dazugehören wie monetäre Entgeltsgrößen (z.B. Prämienzahlungen an Arbeitnehmer).

Eine solche Erweiterung des Marketing-Ansatzes kann zweckmäßig sein, sofern sie auf *zweckgerichtete* Werttransaktionen beschränkt bleibt (was bei K o t l e r nicht immer deutlich wird). Sie hat den Vorteil, daß sie sämtliche sozialen Tauschprozesse umfaßt und damit auch eine Verbindung zu jenen modernen soziologischen Ansätzen herstellt, die ökonomische Kategorien auch auf soziale Beziehungen übertragen (vgl. z.B. H o m a n s [Elementarformen]).

Der Stellenwert der Ergänzungsfunktion des Generic Concept ist jedoch je nach Inhalt des Marketing Management unterschiedlich zu beurteilen. Besonders wichtig ist u.E. die Perspektive des Generic Concept beim *Personalmarketing*. Denn das Personalmarketing endet nicht mit der „Beschaffung" von Arbeitsleistungen im Arbeitsmarkt, sondern stellt in seiner vollentwickelten Form ein integriertes System organisationsexterner und organisationsinterner arbeitnehmerbezogener Maßnahmen dar (vgl. auch B. II. 4f.). In schwächerer Form wird demgegenüber das absatzmarktbezogene Marketing-Konzept durch das Generic Concept ergänzt. Zwar ragen auch in das Absatz-Marketing innerbetriebliche soziale Austauschprozesse hinein, etwa bei der innerbetrieblichen Absatzorganisation oder allgemein überall dort, wo es um die innerbetriebliche Realisation des Marketing-Konzepts geht. Aber das Gewicht dieser innerorganisatorischen sozialen Transaktionen ist gegenüber dem Personalmarketing geringer. Damit wird der Hilfscharakter des Generic Concept im Absatzmarketing besonders deutlich. Das Generic Concept ordnet sich diesem unter, ohne einen ihm gleichwertigen eigenständigen Ansatz darzustellen.

Das Generic Concept steht in einer gewissen Beziehung zum Human Concept, auf das als nächstes einzugehen ist.

IV. Das Human Concept als Unternehmungskonzeption

Das Human Concept als Unternehmungskonzeption (vgl. Dawson [Age of Aquarius 66–72]) setzt bei den Schwachstellen des Business Marketing an. Das Human Concept geht davon aus, daß sowohl die Ziele bzw. Bedürfnisse der Marktpartner der Unternehmung wie die der Unternehmungsangehörigen durch das Business Marketing keine zufriedenstellende Berücksichtigung finden. Das Human Concept will eine Änderung des Zielsystems der Unternehmungen und damit eine *Mutation des Business Marketing* erreichen, indem die Unternehmungen in stärkerem Maß humanitäre Ziele in ihr Zielsystem aufnehmen sollen. In einer Grobklassifikation unterscheidet Dawson zwischen einem Umsystem I und einem Umsystem II, von denen die Unternehmung umgeben ist (Dawson [Human Concept 32]).

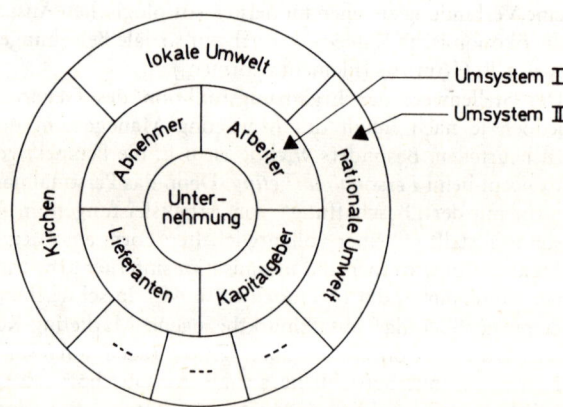

Abbildung 16.

Nach Dawson werden die Unternehmungen ihre Existenz nur dann langfristig sichern können, wenn sie sowohl den Zielen ihrer unmittelbaren Kontrahenten im Umsystem I als auch den Entwicklungen im Umsystem II (öffentliche Meinung, Gesetzgebungskörperschaften etc.) ausreichend Rechnung tragen. Das Human Concept geht von einem sich vollziehenden umfassenden *Wandel des gesellschaftlichen Wertsystems* („Value change") aus, dem das Unternehmens-Management nur durch ein humanitäres Zielkonzept adäquat begegnen kann. Konkret heißt das etwa: 1. *gegenüber den Arbeitnehmern:* Schaffung humanerer Arbeitsbedingungen für die Mitarbeiter; Bereitschaft, Mitbestimmung der Arbeitnehmer zu akzeptieren; Engagement bei der Resozialisierung Vorbestrafter; 2. *gegenüber den Abnehmern:* Verzicht auf problematische Marketing-Aktivitäten, sei es in Gestalt manipulativer Werbung oder fragwürdiger Praktiken der Produktpolitik u. ä. Nicht das *„Can it be sold"* sollte die Devise des Marketing sein, sondern das *„Should it be sold"*, das nicht zuletzt auch unter dem Gesichtspunkt gesellschaftlicher bzw. sozialer Verantwortung zu beurteilen sei (D a w s o n [Human Concept 35–37]).

Das Human Concept stellt u. E. insofern einen besonders interessanten Ansatz dar, als es nachdrücklich auf den *Zusammenhang* hinweist, der *zwischen der Berücksichtigung humanitärer Komponenten im Zielsystem der Unternehmung und ihrem langfristigen Überleben* besteht. Mit der Formulierung einer solchen Hypothese unterscheidet sich dieser Ansatz positiv von wirklichkeitsfremden moralischen Appellen („moral suasion"). Im Human Concept wird – mehr implizit als explizit – auf gesellschaftliche Machtfaktoren Bezug genommen und aufgezeigt, daß gesellschaftliche Macht in Gestalt gesetzgeberischer Eingriffe, in Gestalt der „öffentlichen Meinung" usw. im Rahmen eines Value change vom Unternehmens-Management weit ernster genommen werden sollte, als es gemeinhin üblich ist. Man kann wohl annehmen, daß die „Antworten" des Management von Unternehmungen auf bestimmte gesellschaftliche Herausforderungen oft qualifizierter ausfielen, wenn es ein stärkeres Sensorium für die „Zeichen der Zeit" entwickeln würde.

Andererseits sind u. E. gegen das Human Concept vor allem folgende *Einwände* zu erheben:

1. Es ist insofern zu optimistisch, als es unterstellt, daß durch die Berücksichtigung humanitärer Zielkomponenten den Oberzielen der Unternehmung (einschließlich des Gewinn-Ziels) am besten gedient ist. Im Human Concept schlägt sich damit ein Harmoniekonzept nieder, das der Realität nicht ausreichend Rechnung trägt. Es werden nämlich alle jene Entscheidungssituationen vernachlässigt, in denen zumindest mittelfristig die einzelne Unternehmung besser fährt, wenn

sie sich – etwa im Rahmen des Marketing – weniger gesellschafts-
bewußt verhält als es vom Human Concept gefordert wird. Ein
Unternehmungs-Management hat in solchen Fällen also keine Ver-
anlassung und eventuell auch aufgrund ökonomischer Zwänge auch
keine Möglichkeit, sich am Human Concept zu orientieren. Ein um-
weltfreundlicheres Produkt kann z.B. aufgrund höherer Herstellungs-
kosten weniger wettbewerbsfähig sein als das umweltschädliche.
Selbst wenn die Leitung eines *einzelnen* Unternehmens sich in ihrer
Produktpolitik umweltbewußt verhalten wollte, kann sich dies aufgrund der Spielregeln des Wettbewerbs als nicht realisierbar erweisen.

2. Der „Value Change" wird als Datum betrachtet, auf den die
Unternehmung gewissermaßen als adaptives System zu reagieren ge-
zwungen ist. Es bleibt außer Betracht, daß der Value Change sich
keinesfalls immer in ausreichender Stärke und in einer unter humanitären Aspekten wünschbaren Richtung entwickeln muß. Dies wird
dann um so weniger der Fall sein, wenn die Unternehmungen selber
sich einer solchen Entwicklung effizient entgegenstellen. Speziell bei
Dawson hat das „Zeitalter des Aquarius" schon begonnen, und den
Unternehmungen bleibt keine andere Wahl, als sich ihm zu unter-
werfen. Beiträge seitens der Wissenschaft, die geeignet und notwendig
sein könnten, den Value Change auf humanitäre Ziele hin zu fördern
(z.B. konkrete Vorschläge für gesetzliche Umweltschutzmaßnahmen),
bleiben im Human Concept ebenso außer Betracht wie die Gegen-
kräfte eines Non Business Marketing (vgl. oben III. 2.).

Trotz seiner u.E. zu optimistischen Grundhaltung stellt das Human
Concept ein wichtiges Partialkonzept dar, von dem vieles unter einer
anderen Perspektive in einem weiteren grundlegenden Ansatz aufgegriffen wird, nämlich in der nun zu behandelnden *Arbeitsorientierten Einzelwirtschaftslehre (AOEWL)*.

V. Das Konzept der Arbeitsorientierten Einzelwirtschafts-
lehre (AOEWL)

1. Grundgedanken der AOEWL

Das Konzept der Arbeitsorientierten Einzelwirtschaftslehre (AOEWL),
das von einer Projektgruppe des Wirtschafts- und Sozialwissenschaftlichen Instituts des Deutschen Gewerkschaftsbundes (WSI) erarbeitet wurde, will den *„Interessen der
abhängig Beschäftigten in den verschiedenen Bereichen der Gesell-*

schaft" zur Durchsetzung verhelfen (Projektgruppe WSI [Grund-elemente 11] im folgenden nur mit Seitenangabe zitiert).

Schon die Bezeichnung „Arbeitsorientierte Einzelwirtschaftslehre" soll die Distanz zur Betriebswirtschaftslehre zum Ausdruck bringen, die nach Ansicht der Autoren kapitalorientiert ist und den Belangen der Arbeitnehmer nicht ausreichend gerecht wird. Orientierungsgröße für die zu entwickelnden Technologien und Heuristiken ist die sog. *emanzipatorische Rationalität,* die als Gegenpol zur kapitalorien-tierten Rationalität der Betriebswirtschaftslehre entwickelt wird (S. 98 bis 100). Die kapitalorientierte Rationalität der Betriebswirtschafts-lehre ist eindimensional definiert, und zwar durch „in monetären Größen ausgedrückte Rentabilität und Gewinnoptimierung" (S. 99). Nicht zuletzt darin ist es begründet, daß die Interessen und Bedürfnisse der abhängig Beschäftigten hierbei lediglich als Randbedingungen der Gewinnerzielung bzw. der Kapitalinteressen betrachtet werden (S. 152). Im Gegensatz dazu umfaßt die emanzipatorische Rationalität das vielfältige Spektrum der – auch über das Ökonomische hinaus-gehende – Interessen der abhängig Beschäftigten (S. 93). Die emanzi-patorische Rationalität steht damit in enger Beziehung zur Verbesse-rung der *„Qualität des Lebens",* die ebenfalls nicht nur mit quantita-tiven Größen, sondern auch mit qualitativen Faktoren zu präzisieren ist (S. 156, S. 98 f.). Eine derartige emanzipatorische Rationalität schafft die Möglichkeit zur *Selbstverwirklichung,* die nicht nur auf den individualistischen Bereich reduziert werden soll, sondern kollek-tiv-solidarisch zu interpretieren ist (S. 153). Grundsätzlich sollen alle betrieblichen Funktionsbereiche unter dem Gesichtspunkt des Arbeit-nehmerinteresses gestaltet werden (z. B. Verzicht auf Herstellung von „bads", d. h. gesellschaftlich schädlichen Erzeugnissen – vgl. S. 156). Ein derart veränderter Produktionsvollzug soll – ergänzt durch Aktivi-täten staatlicher Instanzen – auch den Belangen der abhängig Beschäf-tigten in ihrer Rolle als *Konsumenten* Rechnung tragen (S. 147 f.). Dabei würden – nach Auffassung der Vertreter der AOEWL – Kon-flikte zwischen der Arbeitnehmerrolle einerseits, der Verbraucherrolle andererseits zumindest langfristig nicht ins Gewicht fallen (S. 148). Zentrale Bedeutung kommt in der AOEWL der Arbeitssituation der Beschäftigten zu. Neben der Sicherung der Arbeitsplätze und eines gerechten Einkommens, der Schaffung humanerer Arbeitsbedingungen spielt ein mehrstufiges Mitbestimmungssystem in der AOEWL eine entscheidende Rolle (S. 103–130, S. 266–283). Hinsichtlich des methodischen Instrumentariums nimmt auch die AOEWL Bezug auf Begriffe der Systemtheorie und auf den Entscheidungsansatz (S. 41).

2. Grundsätzliche Beurteilung des Ansatzes der AOEWL

Es ist hier nicht der Raum, sich mit der AOEWL im einzelnen zu befassen, zumal deren Entwicklung noch in den Anfängen steht. Als grundsätzliche Beurteilung dieses Ansatzes ist u.E. folgendes festzuhalten:

1. Es steht u.E. außer Zweifel – und wir haben oben schon darauf kurz hingewiesen [vgl. 1. Hauptteil, C. III. 3. c)], daß die Behandlung der Probleme des arbeitenden Menschen in der traditionellen Betriebswirtschaftslehre nur unzureichend erfolgt ist. Die Betriebswirtschaftslehre hat sich zwar in beträchtlichem Umfang mit Problemen der Arbeitswissenschaft beschäftigt und dabei zunehmend auch verhaltenswissenschaftlichen Erkenntnissen Rechnung getragen (vgl. z.B. Reber [Personales Verhalten]). Aufs Ganze gesehen fand dabei jedoch das Interesse der abhängig Beschäftigten zu wenig Berücksichtigung. Die „Bestandsaufnahme" der Autoren der AOEWL trifft also u.E. ebenso ins Schwarze wie ihr Grundansatz, hierin von wissenschaftlicher Seite her eine Änderung herbeizuführen, berechtigt ist. Beachtung verdient, daß das Arbeitnehmerinteresse nicht nur in enger Eingrenzung auf die Arbeitssituation verfolgt wird, sondern *in den gesamten Versorgungszusammenhang des Menschen* gestellt ist. Damit findet auch der private Haushalt als wirtschaftende Einheit eine gewisse Berücksichtigung.

2. Die AOEWL trägt ausdrücklich dem Umstand Rechnung, *daß die Menschen „nicht nur ökonomische Bedürfnisse (haben)"* (S. 27). Sie durchbricht damit eine Verengung der Perspektive, die für die traditionelle Betriebswirtschaftslehre immer noch kennzeichnend ist. Die Forderungen, die im Rahmen der AOEWL hinsichtlich einer wissenschaftlichen Berücksichtigung der Interessen und Ziele der Entscheidungssubjekte aufgestellt werden (z.B. der Bezug auf die Lebensqualität), lassen sich damit in engen Zusammenhang mit jenen Postulaten bringen, die sich aus der Diskussion wissenschaftstheoretischer Aspekte ergeben und die wir im 1. Hauptteil behandelt haben. In vieler Hinsicht stellt u.E. die AOEWL – trotz ihres bisher weitgehend programmatischen Charakters und zahlreicher Schwächen im einzelnen – einen konkreten Ansatz für die Entwicklung einer kritischen Betriebswirtschaftslehre dar. Viele Einwände gegen problematische unternehmungspolitische Praktiken z.B. im Rahmen des Marketing haben in der AOEWL ihren Niederschlag gefunden. Auch die starke Einbeziehung einer rationalen Diskussion von Werturteilen (vgl. oben 1. Hauptteil, C. IV. 4.) wird durch die AOEWL nahegelegt. Daß der

Operationalitätsgrad des Konzepts hinsichtlich der Begriffe „Lebensqualität" und „emanzipatorische Rationalität" relativ gering ist, sollte man den Autoren u. E. nicht anlasten. Um hier zu befriedigenden Lösungen zu kommen, bedarf es eines weit größeren wissenschaftlichen Inputs, als ihn ein kleines Arbeitsteam leisten konnte. Immerhin haben die Autoren in dieser Hinsicht wichtige Anstöße gegeben.

3. Diesen außerordentlich positiven, u. E. wichtige Impulse setzenden Merkmalen der AOEWL steht als wesentlicher Nachteil vor allem gegenüber, daß *wichtige Fragen der Steuerung des gesamtwirtschaftlichen und gesellschaftlichen Prozesses offenbleiben*. Einerseits ist man gegen eine totale Planung (S. 315), und auch die orthodoxmarxistische Systemkritik wird als unzulänglich abgelehnt (S. 43–45). Andererseits spricht man davon, daß eine bedarfsgerechte Versorgung der Bevölkerung einer Planvorgabe seitens übergeordneter Instanzen bedürfe (S. 185). Damit wird zugleich die *Einseitigkeit der Perspektive* sichtbar, unter der man die gewinn- und kapitalorientierte Unternehmungssteuerung beurteilt: Sie diene der Sicherung der ökonomischen und politischen Machtpositionen bestimmter privilegierter sozialer Gruppen (S. 99). Es bleibt außerhalb der Diskussion, ob nicht die Gewinn- und Kapitalorientierung der Unternehmungen in manchen Sektoren zu einer besseren Versorgung führt (und zwar auch unter dem Kriterium einer Verbesserung der Lebensqualität und der Ressourcenschonung) als behördliche Planung. Der Teufel steckt zudem auch bei der gesamtwirtschaftlichen Steuerung im Detail. So kann man z. B. die „Kosten für Werbemaßnahmen, die lediglich einer Erweiterung des Marktanteils dienen", als fragwürdig ansehen (S. 160). Zu prüfen ist aber, *1.* ob eine solche Marktanteilserweiterung nicht auch der Annäherung an eine optimale Wettbewerbsintensität dienen kann (anstatt sie zu vermindern); *2.* ob es praktikable Instrumente gibt, Marktanteilserweiterungen, die auf größeren Bedarfsdeckungsleistungen der Anbieter beruhen, von solchen Marktexpansionen abzugrenzen, bei denen das nicht der Fall ist. Eine solche Unterscheidung wäre eine der Mindestvoraussetzungen, um gegen derartige fragwürdige Werbekosten vorzugehen.

4. Fraglich ist u. E. außerdem, ob Arbeitnehmer- und Verbraucherinteressen tatsächlich derart konfliktfrei befriedigt werden können, wie es die Autoren unterstellen (S. 148). Zu wenig Beachtung finden u. E. jene Fälle, in denen erhöhte Kosten verbesserter Arbeitsbedingungen die Konsummöglichkeiten (z. B. aufgrund höherer Preise) vermindern und Arbeitnehmer und Konsument verschiedene Personen sind.

Nicht minder fragwürdig ist u. E. die These, daß die Maßnahmen der kapitalorientierten Sozialpolitik die tatsächliche Lage der abhängig Beschäftigten verschleiern solle (S. 90). Doch hiermit kommen wir zu Einzeleinwänden und Einzelproblemen, die der weiteren Diskussion bedürfen und hier nicht mehr verfolgt werden können. Auf's Ganze gesehen stellt die AOEWL ein Programm dar, an dem die Betriebswirtschaftslehre künftig u. E. nicht wird vorbeigehen können. Ob es allerdings zweckmäßig ist, eine AOEWL *neben* der Betriebswirtschaftslehre zu konstituieren, ist u. E. äußerst fraglich. Hierauf wird im folgenden Kapitel noch zurückzukommen sein.

VI. Das Verhältnis der verschiedenen Konzeptionen zueinander

Untersucht man das Verhältnis der ausgewählten fünf, für die moderne Betriebswirtschaftslehre u. E. besonders wichtigen Konzeptionen, so haben *System- und Entscheidungsansatz primär formalen Charakter,* während die übrigen Konzeptionen stärker inhaltlich geprägt sind. Der primär formale Charakter des System- und des Entscheidungsansatzes zeigt sich darin, daß sie auf die verschiedensten Sachbereiche angewendet werden können. Ihr allgemeiner betriebswirtschaftlicher Anwendungsbezug ergibt sich durch die Übertragung auf Dispositionen über knappe Mittel. Mit Recht ist immer wieder darauf hingewiesen worden, daß System- und Entscheidungsansatz in der Betriebswirtschaftslehre keine sich ausschließenden Alternativen sind, sondern sich gegenseitig ergänzen (Ulrich [Ansatz]). Wie zu zeigen versucht wurde (A. I. und II.), spricht einiges dafür, daß der Entscheidungsansatz wissenschaftlich besonders ergiebig angewandt werden kann, wenn er sich des Systemansatzes als eines technologischen Instruments wie als Sprache und Denkansatz bedient.

Das *Marketing-Konzept* ist insofern inhaltlich geprägt, als es dabei um die Gewinnung und Gestaltung von Märkten geht und alle Entscheidungen dieser Perspektive unterzuordnen sind *(Marketing-Management als Führungskonzeption von Organisationen).* Ursprünglich lediglich auf gewinn- und kapitalorientierte Unternehmungen beschränkt (Business Marketing), wurden in das Marketing-Konzept inzwischen auch die nichterwerbswirtschaftlich orientierten Organisationen einbezogen (Non Business Marketing), was gleichzeitig mit einer Ausweitung des Marktbegriffs verbunden war (Markt als System sozialer Beziehungen zu organisationsexternen Partnern). Inhalt des

Marketing-Konzepts ist nicht nur die *Steuerung und Regelung der Unternehmung vom Markt her und auf den Markt hin;* vielmehr wurden im Zusammenhang damit *Instrumente und Technologien* entwickelt, die der Realisierung des Marketing-Management dienen sollen. Der Marketing-Ansatz stellt eine spezielle Ausprägung des Entscheidungsansatzes dar und läßt sich ebenfalls mit dem System-ansatz verbinden.

Steht bereits das Non Business Marketing im Zeichen einer Korrektur-funktion zum Business Marketing, so gilt dies in noch höherem Maß für das *Human Concept.* Es versucht – wenn auch u.E. unvollkom-men –, gewinn- und kapitalorientiertes Business Marketing stärker in den Bezugsrahmen humanitärer bzw. gesellschaftlicher Ziele zu stellen, da nur auf diese Weise ein langfristiges Überleben der Unter-nehmungen gesichert werden könne. In dieser Hinsicht ergibt sich ein *Deckungsbereich mit der A O E W L,* in deren Zentrum *das Interesse der abhängig Beschäftigten* steht, und zwar in erster Linie in ihrer Rolle als Glieder von Produktionswirtschaften, am Rande auch als Entscheidungssubjekte in privaten Haushalten. Auch die A O E W L nimmt ausdrücklich auf den System- und Entscheidungsansatz Bezug. Sie läßt sich in gewisser Hinsicht als Fortführung des Human Concept ansehen: in der A O E W L sollen *alle* wirtschaftlichen Organisationen und Aktivitäten der Entscheidungssubjekte von einem (allerdings noch wenig präzisierten) Humanitätskonzept her gestaltet werden („emanzipatorische Rationalität"); das *Human Concept* in der von D a w s o n vorgelegten Form stellt demgegenüber *lediglich auf eine Mutation unternehmerischer Zielsysteme* ab. Es ergibt sich außerdem insofern *eine wichtige Besonderheit der A O E W L, als diese in weit stärkerem Maß systemkritisch ist* als alle übrigen inhaltlich be-stimmten Konzepte und das Kapitalgeberinteresse in der A O E W L dem Arbeitnehmerinteresse untergeordnet wird. Damit hängt zu-sammen, daß in der A O E W L das Steuerungsproblem wirtschaft-licher Prozesse u.E. in nicht befriedigendem Maße gelöst ist. Es wird lediglich deutlich, daß man der gewinn- und kapitalorientierten Steuerung weit kritischer gegenübersteht, als es im Marketing-Ansatz und im Human Concept der Fall ist.

So sehr die Entwicklung einer A O E W L noch in den Anfängen steckt, so dürfte allerdings dennoch sicher sein, daß auch sie auf den Marketing-Ansatz und die darin entwickelten Technologien nicht wird verzichten können, und sei es lediglich in der Spielart des (wirt-schafts)systemindifferenten Non Business Marketing.

Auf's Ganze gesehen wird damit die *Integrationsfähigkeit* sichtbar, die nicht nur bei den primär formalen, sondern auch bei den stärker inhaltlich gebundenen Grundkonzepten der modernen Betriebswirtschaftslehre gegeben ist. Es bietet sich an, noch einmal auf das Systemkonzept als Denkansatz Bezug zu nehmen und Marketing-Ansatz, Human Concept und A O E W L als Beiträge zu verstehen, die in ein *ausgewogenes System individueller wie gesellschaftlicher Bedürfnisbefriedigung unter Bezug auf eine noch zu präzisierende „Qualität des Lebens"* gebracht werden sollen. Daß dabei Konfliktregelungen zwischen verschiedenen Personengruppen und Rollen eine stärkere Beachtung zu finden haben, wie es etwa in der A O E W L geschieht, ist eine naheliegende Vermutung.

VII. Weiterführende Literatur

Zu I.: Systemansatz:

Forrester [Systemtheorie] – Habermas / Luhmann [Theorie] – Klaus [Wörterbuch] – Schenk [Systemanalyse] – Ulrich [Unternehmung 100–138] – Ulrich [Ansatz 43–60].

Zu II.: Entscheidungsorientierter Ansatz:

Chmielewicz [Formalstruktur 239–268] – Heinen [Entscheidungsorientierter Ansatz 429–444] – Heinen [Industriebetriebslehre 25–65] – Kirsch [Entscheidungsprozesse I–III].

Zu III.: Marketing-Ansatz:

Kotler [Marketing Management 1–27, 858–874] – Kotler [Social Action 172–186] – Kotler / Levy [Marketingbegriff 97–102] – Lazer [Social Context 33–36] – Mindak [Fund Raising] – Specht [Lebensqualität].

Zu IV.: Human Concept:

Feldman [Societal Adaptation 54–60] – Kassarjian [Ecology 61–65] – Schwartz [Societal Concept 31–38].

Zu V.: A O E W L :

Glaeser [Philosophie 665–676] – Kappler [AOEWL 38–40] – Projektgruppe im WSI [AOEWL 64–121] – Swoboda [Qualität].

B. Gestaltungsprobleme in betriebswirtschaftlichen Systemen

I. Die Gestaltung des Zielsystems von Betriebswirtschaften

1. Die Unterscheidung zwischen Ziel- und Instrumentalsystemen

Bei der Behandlung von Gestaltungsproblemen in betriebswirtschaftlichen Organisationen bzw. Systemen ist es zweckmäßig, trotz der Relativität der Begriffe zwischen *Ziel-* und *Mittelentscheidungen* zu differenzieren. Dabei gewinnt die Ziel-Mittelabgrenzung an Präzision, wenn der Zielbegriff auf die *Oberziele* von Organisation beschränkt bleibt, während Unterziele dem Mittelbereich zugeordnet werden. Ziele sind – wie erwähnt – angestrebte Zustände und/oder Prozesse, Zielsysteme eine Menge von Zielen, die durch Beziehungen miteinander verbunden sind.

Nach dem Prinzip der Ziel-/Mitteldifferenzierung ist der Teil B. dieses Hauptteils gegliedert. In B. I. wird die Gestaltung des betrieblichen Zielsystems behandelt, B. II. hat die Mittelentscheidungen und damit das Instrumentalsystem von Betrieben zum Gegenstand.

Die moderne Betriebswirtschaftslehre ist durch eine intensive Diskussion von Zielen und Zielsystemen gekennzeichnet (vgl. z.B. Heinen [Zielsystem]; Kirsch [Entscheidungsprozesse]). Die Einbeziehung verhaltenswissenschaftlicher Erkenntnisse in die Betriebswirtschaftslehre hat dabei auch eine stärkere Berücksichtigung psychologischer und soziologischer Zielkomponenten und -determinanten ergeben. Dennoch ist auch die gegenwärtige Zieldiskussion vor allem an den monetären Unternehmungszielen orientiert. Es erfolgt weder eine ausreichende Berücksichtigung der Eigenständigkeit von Arbeitnehmerzielen (vgl. hierzu die Kritik seitens der Projektgruppe WSI [Grundelemente 59f.]), noch eine solche von Zielen privater Haushalte.

2. Begrifflicher Bezugsrahmen

a) Zieldimensionen

Wichtig ist die Unterscheidung zwischen verschiedenen *Dimensionen* von Zielen, wobei zwischen *Zielinhalt, Zielausmaß* und *zeitlichem Bezug* von Zielen differenziert werden kann (vgl. Heinen [Zielsystem 59–89]).

Zielinhalt meint die *sachliche Festlegung dessen, was angestrebt wird* (z. B. Gewinn als Differenz von Aufwand und Ertrag, Absatz als Wert der abgesetzten Güter, Kostenwirtschaftlichkeit als Minimum der Kosten pro Leistungseinheit o. ä.). Das *Zielausmaß* legt den *absoluten und / oder relativen Zielerreichungsgrad* fest (z. B. Gewinn von DM 1 Mio.; Gewinnsteigerung von 10 %). Schließlich kann es erforderlich oder zumindest zweckmäßig sein, den *Zeitraum* zu bestimmen, innerhalb dessen ein Ziel erreicht werden soll (z. B. Absatzsteigerung von 10 % innerhalb eines Jahres).

Durch die Art und Weise der Festlegung der Zieldimensionen ist gleichzeitig der Grad der Meßbarkeit von Zielen (die sog. Ziel-Operationalität) determiniert. Dabei können verschiedene Formen der Messung unterschieden werden: die *kardinale* Messung erfolgt in absoluten Zahlen; demgegenüber wird durch die *ordinale* Messung nur eine Rangreihe der Alternativen festgelegt („an erster Stelle", „an zweiter Stelle" usw.); bei der *nominalen* Messung als der schwächsten Meßform läßt sich lediglich – z. B. in Ja-Nein-Kategorien – angeben, ob das jeweilige Ziel erreicht wurde. Eine möglichst hohe Zieloperationalität erleichtert die konkrete Mittelwahl und bildet die Voraussetzung für eine Kontrolle der Zielerreichung. Ein Unternehmensziel, das lediglich in seiner inhaltlichen Dimension als „Gewinnerzielung" festgelegt wird, ist nur wenig operational. Demgegenüber hat das Ziel einer Unternehmung, ihren Absatz im Jahr 1976 um DM 1 Mio. = 10 % über den Vorjahresabsatz hinaus zu steigern, einen hohen Operationalitätsgrad. Im Gegensatz dazu ist das Ziel eines privaten Haushalts, seine Lebensqualität zu steigern, nicht operational, sofern nicht wenigstens inhaltlich näher bestimmt wird, was unter Lebensqualität verstanden werden soll.

b) Zielkategorien

Aufgrund des jeweiligen Bezugs zu den verschiedenen hierarchischen Ebenen von Organisationen lassen sich – wie bereits angedeutet – *Ober-, Zwischen-* und *Unterziele* unterscheiden. So kann z. B. die Erzielung eines bestimmten Einsparungssatzes der Gesamtkosten Oberziel eines nicht-erwerbswirtschaftlichen Versorgungsbetriebes sein. Desgleichen kann einzelnen untergeordneten Abteilungen eines solchen Betriebes die Einhaltung bestimmter Abteilungskostenlimits als Unterziele vorgegeben werden. Auf jeder Zielebene lassen sich wiederum – je nach dem relativen Gewicht der Ziele – *Haupt-* und *Nebenziele* unterscheiden. So kann das Hauptziel einer Unternehmung z. B. die Erzielung eines möglichst hohen Gewinns sein, während die Einhaltung eines bestimmten Mindestumsatzes als Nebenziel fungiert (in mathematischen Modellen als Nebenbedingung der Gewinnmaximierung formulierbar).

Von besonderer Bedeutung ist außerdem die Einteilung in *Sachziele* und *Formalziele,* wenn auch die Übergänge zwischen ihnen zum Teil fließend sind. *Formalziele* sind insofern *abstrakt,* als sie Raum lassen für unterschiedliche Konkretisierungen der Zielerreichung. *Sachziele hingegen beziehen sich auf konkrete Handlungen.* Unter dem Aspekt übergeordneter Formalziele werden durch Sachziele die konkreten Mitteldispositionen gesteuert, mit deren Hilfe die Formalziele erreicht werden sollen. Ein Formalziel der Unternehmung ist z.B. die Steigerung des Vorjahresabsatzes um 10%. Ein solches – durchaus operationales – Formalziel kann auf die unterschiedlichste Weise erreicht werden. Es ist z.B. denkbar, daß man die Umsatzsteigerung mit dem vorhandenen Absatzprogramm (also ohne Einführung neuer Produkte) zu erzielen versucht. Weiterhin kann entschieden werden, daß der Absatz einer speziellen Produktgruppe besonders forciert wird; dabei sollen gewisse Produktverbesserungen durchgeführt und neben der Absatzwerbung auch das absatzpolitische Instrument der Preissenkung eingesetzt werden [zu den absatzpolitischen Instrumenten vgl. unten II. 4. d)]. Alle diese Maßnahmen lassen sich als Ziele formulieren. Sie stellen *Sachziele* in bezug auf das *Formalziel* Umsatzsteigerung dar.

In der Literatur wird Sachziel nicht immer befriedigend definiert. So nennt K o s i o l als Sachziel der Unternehmung „Art, Menge und Zeitpunkt der im Markt abzusetzenden Produkte" (K o s i o l [Unternehmung 261]). Diese Definition ist u. E. zu eng, da sie einseitig nur auf bestimmte Sachziele in unternehmerischen Absatzmärkten abstellt. Es bleibt unberücksichtigt, daß auch in allen anderen Funktionsbereichen der Unternehmung Sachziele formuliert werden können (z.B. im Fertigungsbereich: Sachziel des Übergangs von der Fließband- zur Werkstattfertigung). – Wichtig und die Bedeutung der Sachziel-/Formalziel-Unterscheidung wesentlich begründend ist hingegen der von K o s i o l hergestellte Bezug der Sachziele zur gesamtwirtschaftlichen Bedarfsdeckung: „Die Bedarfsdeckung ... stellt das inhaltliche Ziel, das Sachziel (Materialziel) der Wirtschaft dar" (K o s i o l [Unternehmung 45]). In dieser unverkennbar normativen (aber u. E. sehr plausiblen) Perspektive, die H e i n e n dann dazu veranlaßt, die Unterscheidung zwischen Sach- und Formalzielen als Ordnungskriterium der Unternehmensziele schlechthin für ungeeignet zu halten (H e i n e n [Zielsystem 90]), kommt der Instrumentalcharakter unternehmerischer Formalziele klar zum Ausdruck: Das Realisieren von Formalzielen wie Gewinn und Umsatz muß auch innerhalb der Betriebswirtschaftslehre kritisch daraufhin untersucht werden, welche Beiträge es zur Bedarfsdeckung der Wirtschaftssubjekte insgesamt leistet. Von hier aus ergibt sich eine Verbindung zur konkreten Anwendung des Systemdenkens in der Betriebswirtschaftslehre, wie es am Ende des vorigen Abschnitts behandelt wurde.

Von der zeitlichen Basis der Zielplanung her bietet sich die Unterscheidung zwischen *kurz-, mittel-* und *langfristigen Zielen* an (z.B. kurzfristiges Anstreben einer starken Umsatzexpansion unter Inkaufnahme von Gewinneinbußen, um langfristig aufgrund der erlangten Marktmacht um so höhere Gewinne erzielen zu können).

Hinsichtlich der weiteren Zielkategorien ist insbesondere auf Heinen [Zielsystem 89–125] hinzuweisen.

c) Zielbeziehungen

Nach dem Kriterium der Beziehungen von Zielen zueinander lassen sich drei Fälle unterscheiden:

1. *komplementäre Ziele;*
2. *konkurrierende Ziele;*
3. *indifferente Ziele.*

Bei *Komplementarität* zwischen zwei Zielen A und B dient die Realisierung des Ziels A zugleich der Zielrealisierung von B. So kann z.B. das Gewinnstreben einer Unternehmung gleichzeitig die Versorgungsziele der Konsumenten fördern (man denke etwa an die Preisbrecher-Funktion bestimmter Versandhäuser in der BRD vor allem während der 50er und 60er Jahre). *Zielkonkurrenz* liegt vor, sofern die Erfüllung des Ziels A auf Kosten von Ziel B erfolgt. Das Ziel eines starken Umsatzwachstums kann sich z.B. zu Lasten des Gewinnziels auswirken (etwa bei Umsatzsteigerungen aufgrund erheblicher Preissenkungen). Im Fall der *Zielindifferenz* bleibt die Realisation von Ziel A auf Ziel B ohne Einfluß. Es ist z.B. denkbar, daß die kostensparende Substitution eines Fertigteils a durch ein Teil b die kaufrelevanten Produkteigenschaften eines Gutes nicht beeinflußt und daher auch keine Auswirkungen auf die entsprechenden Absatzziele ergibt.

Vielfach gilt die jeweilige Zielbeziehung nur für einen bestimmten zeitlich und/oder sachlich determinierten Bereich: so kann eine *partielle* Zielkomplementarität zwischen Umsatz- und Gewinnziel in der Phase der betrieblichen Unterbeschäftigung zu einer Zielkonkurrenz führen, wenn die Zone der betrieblichen Überbeschäftigung, verbunden mit überproportionalen Kostensteigerungen, erreicht ist.

Die *Kontrolle der Zielbeziehungen* ist sowohl für das Supersystem Wirtschaft und Gesellschaft als auch für die Systeme Produktionswirtschaft und privater Haushalt von zentraler Bedeutung. Beispielsweise richtet sich die Beurteilung des *Systems „soziale Marktwirtschaft"* danach, in welchem Umfang eine Zielkomplementarität zwischen den Unternehmungszielen (Gewinn, Absatz usw.) einerseits,

Bedürfnis- und Bedarfszielen sämtlicher Wirtschaftssubjekte andererseits gesichert ist. Innerhalb *einzelwirtschaftlicher* Organisationen werden Zielbeziehungen dann besonders relevant, wenn mangels Operationalität bestimmter Oberziele ersatzweise eine Orientierung der Entscheidungen an *Subzielen* der Organisation erfolgt. Das Oberziel Gewinnsteigerung kann z.B. durch Rückgriff auf das Subziel Absatzsteigerung quantifiziert werden. Nur bei Zielkomplementarität zwischen Absatz und Gewinn wird eine solche Unternehmungssteuerung den beabsichtigten Erfolg zeigen. In ähnlicher Weise muß die Komplementarität von Zielen dann beachtet werden, wenn eine Steuerung bzw. Regelung der Organisation durch ein hierarchisches System von Formal- und Sachzielen erfolgen soll. Der Erfolg eines solchen *„Management by Objectives"* hängt wesentlich davon ab, daß die vorgegebenen Zwischen- und Unterziele tatsächlich zur Realisation der Oberziele beitragen.

3. Ziele als Entscheidungsobjekte in betriebswirtschaftlichen Systemen

Bei aller Breite der Zieldiskussion in der modernen Betriebswirtschaftslehre (vgl. z.B. außer Heinen [Zielsystem]: Bidlingmaier [Zielkonflikte]; Schmidt-Sudhoff [Unternehmerziele]) liegen die Schwerpunkte der Arbeiten bei den *Zielsystemen der Unternehmungen* und/oder bei einer formallogischen Behandlung von Zielproblemen (vgl. z.B. Gäfgen [Theorie]). Vergleichsweise wenig fortgeschritten ist hingegen die Klärung der Individualziele aller am Wirtschaftsprozeß Beteiligten, die Rückgriffe auf Psychologie und Soziologie erforderlich macht. Eine solche Analyse von Individualzielen der Wirtschaftssubjekte ist am ehesten in den Arbeiten zum Konsumentenverhalten und zu Problemen des privaten Haushalts zu finden, auf die daher im folgenden Bezug genommen werden soll.

a) Zielprobleme im Individualbereich

aa) Das Insystem von Entscheidungssubjekten

Zunächst hat die Wirtschaftswissenschaft versucht, Zielprobleme im Individual- wie im Kollektivbereich vom *Nutzenkonzept* her anzugehen. Demnach liegt das allgemeine Ziel des Individuums in dem Streben nach Nutzen, eventuell nach Nutzenmaximierung, wobei Nutzen als „ein gewisses Lustgefühl", eine „persönliche Zufriedenheit" oder als „Ausdruck individueller Wohlfahrt" interpretiert

werden kann (Heinen [Zielsystem 149]). Will man die Nutzen-
hypothese vor einer sofortigen Falsifikation bewahren, muß man den
Begriff Nutzen weit fassen und z.B. auch Selbstverwirklichungserleb-
nisse aufgrund altruistischer Handlungen u.ä. darunter fassen. Wie
schon im 1. Hauptteil erwähnt (vgl. C. II. 4.), wird die Nutzenhypo-
these damit zur empirisch gehaltlosen *Leerformel,* da sich alle Verhaltensweisen mit dem Nutzenstreben vereinbaren lassen.

Gleichzeitig wird anhand der Nutzenkonzeption deutlich, wie wenig
der Wirtschaftswissenschaft mit einem „punktuellen, eklektischen
Psychologismus" (Schmölders [Verhaltensforschung 217]) gedient
ist und wie dringlich statt dessen umfassendere Rückgriffe auf verhaltenswissenschaftliche Erkenntnisse sind (so z.B. Schmölders in
der genannten Arbeit bereits 1953).

Eine fruchtbare Analyse von Zielen und Zielbildungsprozessen kann
dabei davon ausgehen, daß jedes menschliche Verhalten und damit
auch Entscheidungen über Ziele von der *Person* und von ihrer *Umwelt*
abhängen. In der Terminologie Lewins (Lewin [Feldtheorie 272]):
Verhalten (V) ist eine Funktion der Person (P) und ihrer Umwelt (U):

$$V = f(P; U)$$

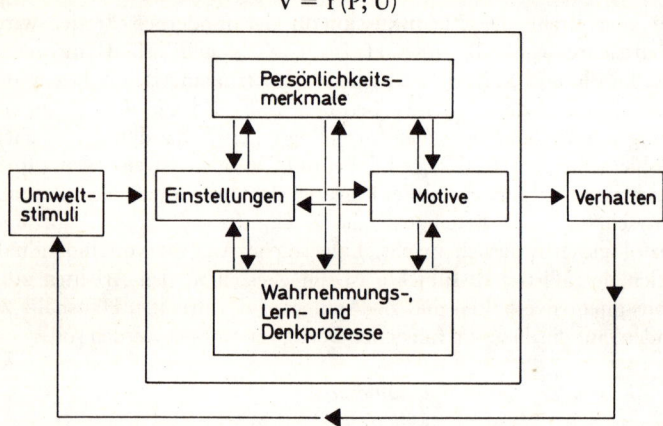

Abb. 17: Insystem Entscheidungssubjekt

Damit geht es auch bei Zielentscheidungen nicht mehr nur um die
isolierte Betrachtung von Trieben, Bedürfnissen und Motiven, wie
sie als Bedürfnisforschung auch in der Wirtschaftswissenschaft eine
gewisse Tradition hat (z.B. v. Brentano, Nicklisch). Vielmehr
tritt die *Interaktion zwischen motivierender Situation und moti-*

viertem Subjekt in den Mittelpunkt der Analyse (G r a u m a n n [Einführung 125]; zu den einzelnen Problembereichen vgl. z.B. K i r s c h [Entscheidungsprozesse I und II]). Dem Individuum wird die Umweltsituation durch Wahrnehmungs-, Lern- und Denkprozesse vermittelt, so daß man das Insystem des Entscheidungssubjekts folgendermaßen darstellen kann: (siehe Abb. 17.).

Zu den *Persönlichkeitsmerkmalen* gehören die natürlichen Anlagen des Entscheidungssubjekts, dessen demographischen Merkmale (z.B. Geschlecht, Alter) sowie deren Abbildung im menschlichen Bewußtsein (im „kognitiven System"). Die Abbildung der eigenen Person im kognitiven System stellt deren *reales Selbstimage (Selbstbild* oder *Selbstkonzept)* dar. Insbesondere das Selbstimage steht in Abhängigkeit von Wahrnehmungs-, Lern- und Denkprozessen wie überhaupt die einzelnen genannten Subsysteme des Insystems interdependent sind und sich zum Teil Überdeckungen zwischen ihnen ergeben. Ein solcher Überdeckungsbereich tritt z.B. zwischen *Motiven* und Persönlichkeitsmerkmalen auf, soweit es sich um angeborene Motive handelt. Dabei wird Motiv als aktivierende Antriebskraft verstanden, die in verschiedenen Formen auftreten kann (vgl. T h o m a e [Motivationsbegriff 19–44]), z.B. als Hungermotiv, Leistungsmotiv u.ä. Ein solcher Motivbegriff hängt mit dem Bedürfnisbegriff eng zusammen.

Einstellungen bezeichnen eine bestimmte Sichtweise realer Phänomene (vgl. z.B. I r l e [Einstellungen 194–221]). Einstellungen sind durch angeborene Eigenschaften und durch Wahrnehmungs-, Lern- und Denkprozesse geprägt, wie aber auch umgekehrt Einstellungen Wahrnehmungs-, Lern- und Denkprozesse steuern. Eben den *Wahrnehmungs-, Lern-* und *Denkprozessen* kommt eine Schlüsselstellung unter den genannten Faktoren des Insystems zu. Die Wahrnehmungs-, Lern- und Denkprozesse beeinflussen im Wege der Sozialisation Persönlichkeitsmerkmale, Motive und Einstellungen, wie sie umgekehrt von diesen Größen mit determiniert sind.

So kann etwa die negative Einstellung eines Intellektuellen gegenüber der Konsumgesellschaft in bestimmten Lernprozessen begründet sein (er hat z.B. die Faszination geistiger Tätigkeiten zu erfahren gelernt); andererseits steuert eine solche Einstellung künftige Lernprozesse u.U. dergestalt, daß dieser Intellektuelle gegenüber der Konsumgesellschaft nur noch zu einer *einseitig selektiven Wahrnehmung* in der Lage ist; er vermag lediglich die negativen Auswirkungen der Konsumgesellschaft aufzunehmen. Damit ist die negative Einstellung zum *Stereotyp* geworden, das in seiner Verfassung nicht mehr oder nur noch schwer korrigierbar ist (Stereotypen als extrem verfestigte Einstellungen).

Mittels Wahrnehmungs-, Lern- und Denkprozessen werden schließlich die vielfältigen *Stimuli bzw. Informationen* aufgenommen, die aus der Umwelt in das Insystem des Entscheidungssubjekts eindringen und sein Zielsystem beeinflussen. Derartige Stimuli bzw. Informationen erhält das Individuum aufgrund der Kommunikation mit Personen seiner Privatsphäre, seiner Arbeitswelt, mit Repräsentanten kommerzieller und nicht-kommerzieller Organisationen sowie mit der nicht-personalen Umwelt, wie sie ihm etwa in Gestalt der Warenwelt und ihrer Botschaften gegenübertritt. *Bezugsgruppen* und *Bezugspersonen* mit *Leitbild-* oder *Meinungsführerfunktion* können als Verstärker der jeweiligen Informationen auftreten und im Rahmen *mehrstufiger Kommunikationsprozesse* wirksam werden. Daß innerhalb der Wahrnehmungs- und Lernprozesse die von Unternehmungen gesendeten Güterinformationen eine erhebliche Rolle spielen, an Motive anknüpfen, bestimmte Einstellungen hervorrufen u. ä., liegt in der Konsumgesellschaft auf der Hand.

bb) Die Bedürfnishierarchie von Maslow

Mit der Darstellung des Insystems des Entscheidungssubjekts ist lediglich ein Katalog allgemeiner Zieldeterminanten aufgezeigt, der das Problem individueller Ziele und Zielbildungsprozesse nur bedingt erfaßt. Einige weitere relevante Aspekte lassen sich durch das Anknüpfen an bestimmte Bedürfniskataloge und Bedürfnishypothesen gewinnen, obwohl auch die Grenzen eines solchen Vorgehens rasch erreicht sind. *Es fehlt nach dem jetzigen Stand der Forschung an einer Theorie der Bedürfnisse, mit der die Diskussion individueller Ziele sich verbinden ließe.*

Aus der Vielzahl der – zum Teil nicht mehr überschaubaren – Bedürfniskataloge verdient die *Bedürfnishierarchie von Maslow* besondere Beachtung. Maslow [Motivation 80–92] unterscheidet:

1. Physiological needs (Physiologische Bedürfnisse);
2. Safety needs (Sicherheitsbedürfnisse);
3. Belongingness and Love needs (Bedürfnis nach Zugehörigkeit und Liebe);
4. Esteem needs (Wertschätzungsbedürfnisse);
5. Need for self-actualisation (Bedürfnis nach Selbstverwirklichung).

Maslow vertritt außerdem die Auffassung, daß die Befriedigung der nächsthöheren Bedürfnisgruppe erst dann einsetzt, wenn die darunterliegenden Bedürfnisse wenigstens teilweise gedeckt sind (Maslow [Motivation 101]). Erst wenn z.B. ein bestimmtes Maß an Sicherheitsbedürfnissen erfüllt ist, wird nach Zugehörigkeit und Erfüllung der Liebesbedürfnisse (Belongingness and Love needs) gestrebt.

Gegen eine solche hierarchische Interpretation der Bedürfnisbefriedigung sind zumindest in der von Maslow vorgelegten Fassung Einwände zu erheben, die gleichzeitig auch die Überschneidungen zwischen den einzelnen Bedürfnisgruppen betreffen. So ist z.B. nicht auszuschließen, daß mit der Stufe 3 (Belongingness and Love needs) gleichzeitig auch das angestrebte Maß subjektiver Selbstverwirklichung als erreicht erlebt wird. Nicht minder problematisch sind sowohl Reihenfolge wie die Trennung der Stufen 3 und 4 (Belongingness and Love needs einerseits, Esteem needs andererseits).

Dennoch ist das Maslowsche Schema u.E. insofern ein interessanter Ansatzpunkt für allgemeine Bedürfnis- und Zielüberlegungen, als zentrale menschliche Bedürfnisse übersichtlich darin erfaßt sind und diese *in eine hierarchische Beziehung zur Selbstverwirklichung* gebracht werden. *Einzelne Bedürfnisarten bzw. Zielvorstellungen werden als Teilziele des Selbstverwirklichungsziels* angesehen, die zwar Beiträge zur Selbstverwirklichung leisten, ohne diese aber voll abzudecken. Man mag darüber streiten, wie diese Teilziele im einzelnen definiert werden, und in dieser Hinsicht hat der Maslow-Katalog sicherlich seine Mängel. Daß aber die bloße Befriedigung der physiologischen Bedürfnisse und wohl auch der Sicherheitsbedürfnisse von der Mehrzahl der Individuen zumindest abendländischer Prägung noch nicht als volle Selbstverwirklichung empfunden wird, ist u.E. eine sehr plausible Hypothese. Das seit einiger Zeit zutage tretende Unbehagen an der Wohlstandsgesellschaft, bestimmte in ihr auftretende psychische Krankheitssymptome, sind u.E. bemerkenswerte Indikatoren, die zur Stützung dieser Hypothese verwendet werden können.

Unabhängig von diesem empirischen Aspekt liegt eine Interpretation der Selbstverwirklichung als Zielsystem auf hohem Anspruchsniveau um so näher, je stärker dabei *normative* Gesichtspunkte ins Spiel gebracht werden (→ *umfassende* Selbstverwirklichung als obligatorische oder zumindest wünschbare Zielgröße der Gestaltung ökonomischer und gesellschaftlicher Prozesse). In jedem Fall bedarf u.E. gerade die Selbstverwirklichung als Formalziel der Individuen weiterer Diskussion, und auch wir wollen im folgenden daran anknüpfen.

cc) Selbstverwirklichung als empirisches und als normatives Formalziel individuellen Handelns

Sieht man in der Selbstverwirklichung das generelle Formalziel der
Individuen, so gewinnt man zwar einerseits ein Konzept, das für
sämtliche Wirtschaftssubjekte anwendbar ist und die Einengung der
Zielperspektive auf Unterehmungsziele vermeidet; *andererseits bedarf
der Begriff Selbstverwirklichung der Operationalisierung,* um mehr
als nur eine untaugliche Leerformel darzustellen und nicht demselben
Verdikt zu verfallen wie das Nutzenkonzept. In dieser Hinsicht steht
insbesondere die Diskussion in der Betriebswirtschaftslehre noch in
den Anfängen, und auch hier können nur einige allgemeine Gesichtspunkte skizziert werden.

Teilt man die wirtschaftlichen Aktivitäten nach ihrem Schwerpunkt
in *produzierende* und in *konsumtive* Tätigkeiten auf, so läßt sich für
die Produktionsaktivitäten der Individuen an die Problembereiche der
Entfremdung und dem damit in gewisser Weise zusammenhängenden
Problem der *intrinsischen (= primären) Leistungsmotivation* anknüpfen. Selbstverwirklichung bei der Arbeit – gleichgültig ob diese
sich im privaten Haushalt oder in Produktionswirtschaften vollzieht –
bedeutet dann also eine Tätigkeit, die aus sich selbst heraus Antriebs-
kräfte freisetzt bzw. die nicht als „fremd" empfunden wird; mit
anderen Worten: eine Arbeit, die nicht nur unter dem Druck *extrin-
sischer (= sekundärer)* Motivationsmittel wie etwa Zwang zum
Gelderwerb getan wird (zu intrinsischer-extrinsischer Motivation vgl.
Mitscherlich/Vogel [Motivationstheorie 774–790]). Daß ein
Streben nach intrinsischer Arbeitsmotivation ein empirisches Ziel
von Wirtschaftssubjekten darstellt, ist eine naheliegende Hypothese
(vgl. hierzu auch die Erfahrungen mit den „Arbeitsinseln" bei Volvo,
Schweden).

Als weitere Mindestbedingungen und zugleich zusätzliche Operationalisierung der Selbstverwirklichungsziele innerhalb der Arbeit lassen
sich *humane Arbeitsbedingungen* und – sofern Arbeit zwecks Ein-
kommenserwerb erfolgt – *angemessene monetäre Arbeitserträge und
deren Absicherung* ansehen (ähnlich und in speziellerem Bezug zur
abhängigen Arbeit vgl. Projektgruppe WSI [Grundelemente 103–
118] sowie Abschnitt II. 4. f) dieses Hauptteils). Daß angesichts einer
solchen Grobskizzierung noch viele Fragen offenbleiben (z.B. Konkretisierung der „humanen Arbeitsbedingungen", der „angemessenen
Arbeitserträge" usw.), ist offensichtlich. Dies spricht aber nicht gegen
die grundsätzliche Möglichkeit, wenigstend *Mindestanforderungen
nicht entfremdeter Arbeit* zu formulieren.

Für den *konsumtiven* Bereich läßt sich aus dem Selbstverwirklichungskonzept als Formalziel zunächst das Streben nach *Transparenz* und *Konsistenz konsumtiver Bedürfnisse und Bedarfe* ableiten. Dabei wird unter Bedürfnis ein physischer oder psychischer Zustand mit Antriebscharakter (Scherhorn) verstanden; demgegenüber ist Bedarf auf konkrete Güter oder zumindest Gütergruppen gerichtet.

Streben nach Transparenz und Konsistenz der Bedürfnis- und Bedarfssituation meint *Klarheit und Widerspruchslosigkeit konsumtiver Bedürfnisse und Bedarfe*. Auch wenn der tatsächliche Transparenz- und Konsistenzgrad bei konsumtiven Bedürfnissen und Bedarfen begrenzt sein wird, so scheint ein Streben danach als empirisches individuelles Ziel im Konsumbereich plausibel.

Als weiteres Formalziel im konsumtiven Bereich läßt sich außerdem ein *Maximum an Identität zwischen Bedürfnissen und Bedarfen einerseits, den Eigenschaften der Güter andererseits* festhalten. Man kann davon ausgehen, daß der Grad an Selbstverwirklichung im Konsumbereich vermindert wird, wenn die angebotenen Güter sich in ihrer *Eigenschaftsmatrix* nicht mit der *Bedürfnis- und Bedarfspatrix* decken.

Die genannten Formalziele lassen sich als *empirische* Aussagen formulieren, indem etwa auf das faktische Streben der Individuen nach Überwindung einer subjektiv erlebten Entfremdung oder einer subjektiv erlebten Bedürfnis- und Bedarfsinkonsistenz abgestellt wird. Man kann versuchen, das faktische Vorhandensein solcher Ziele durch empirische Untersuchungen festzustellen und die damit gewonnenen deskriptiven Aussagen in ein System explikativer Aussagen zu bringen (vgl. auch 1. Hauptteil: C. II. 2.).

Andererseits sind gerade das Konzept der Selbstverwirklichung und das Entfremdungskonzept Ansatzpunkte, bei denen das Einfließen *normativer* Elemente seitens der Wissenschaft zur Diskussion steht und zum Teil in der Tat vollzogen wird. So zielt z. B. Marcuses Unterscheidung zwischen *„falschen"* und *„wahren" Bedürfnissen* in diese Richtung. „Falsch" sind nach Marcuse diejenigen Bedürfnisse, „die dem Individuum durch partikulare gesellschaftliche Mächte, die an seiner Unterdrückung interessiert sind, auferlegt werden: diejenigen Bedürfnisse, die harte Arbeit, Aggressivität, Elend und Ungerechtigkeit verewigen" (Marcuse [Mensch 25]). So schwer es in vielen Fällen sein dürfte, intersubjektive Kriterien für „wahre" und „falsche" Bedürfnisse zu entwickeln, so interessant ist u. E. andererseits der Versuch, ein wissenschaftlich begründetes *Minimalprogramm* zur

Unterscheidung zwischen „wahren" und „falschen" Bedürfnissen zu entwickeln.

Ebenfalls normative Gesichtspunkte werden von Autoren in die Diskussion gebracht, die sich mit Fragen des privaten Hauhalts näher befaßt haben. Egner plädiert z.B. für *„haushälterische Vernunft"* und unterwirft damit die Haushaltsentscheidungen einer bestimmten *materialen Rationalität* (Egner [Haushalt 152—157]). Die haushälterische Vernunft wurde durch v. Schweitzer in die drei Komponenten der *existenznotwendigen haushälterischen Vernunft* (→ Lebenserhaltung), der *personalen haushälterischen Vernunft* (→ Persönlichkeitsbildung und -entfaltung) und der *sozialen Komponente der haushälterischen Vernunft* (→Berücksichtigung altruistischer Zielelemente) zerlegt (v. Schweitzer [Haushälterische Verantwortung 246]). Von der sozialen Komponente der haushälterischen Vernunft aus läßt sich eine gewisse Verbindung zu jener Ausprägung von Selbstverwirklichung herstellen, die sich auf der Basis solidarischen Handelns vollzieht – im Gegensatz zu einer Selbstverwirklichungskonzeption, die lediglich egoistisch-individualistisch interpretiert wird (vgl. auch das kollektiv-solidarische Konzept der emanzipatorischen Rationalität im Gegensatz zum individualistischen Konzept der Emanzipation in der AOEWL – Projektgruppe WSI [Grundelemente 94—98]).

Der Bereich der individuellen Bedürfnisse und Ziele läßt für die Betriebswirtschaftslehre das im 1. Hauptteil diskutierte Problem der Werturteile im Aussagenzusammenhang besonders aktuell werden (vgl. 1. Hauptteil; C. IV. 4.). Die Tendenz, auch in der Institution Wissenschaft für den Bereich der Zielsetzungen (offene) Wertungen anzusetzen, liegt um so näher, je mehr man die Veränderlichkeit und Beeinflußbarkeit menschlicher Bedürfnisse bzw. Ziele in Rechnung stellt. Hierauf wird im nächsten Abschnitt einzugehen sein.

dd) Die Plastizität individueller Ziele und die Theorie der Anspruchsanpassung

Wenn auch umstritten ist, bis zu welchem Ausmaß sich menschliches Verhalten durch Umweltfaktoren formen läßt, so hat sich doch – nicht zuletzt als Ergebnis der Sozialisationforschung und der Lernpsychologie – herausgestellt, daß der Spielraum für „gelerntes" Verhalten im weitesten Sinne außerordentlich groß ist. Insofern ergibt sich also eine erhebliche *Plastizität menschlicher Bedürfnisse und Bedarfe* sowie der eng mit ihnen verbundenen individuellen Ziele. Es sind nicht zuletzt *Lernprozesse,* die darüber bestimmen, inwieweit Selbstverwirklichung individualistisch zu Lasten anderer gesucht wird oder mit Schwerpunkt in sozialem Engagement. Ähnlich kann ein bestimmtes Leistungs- und Konsumklima dazu führen, daß man Zugehörigkeits- und Wertschätzungsbedürfnisse (Belongingness und Esteem Needs – vgl. Maslow [Motivation] und oben a) bb)) durch Schritthalten mit dem Statuskonsum bestimmter Bezugsgruppen zu befriedigen versucht, anstatt z.B. durch aktive Mitarbeit in konstruktiven gesellschaftlichen Gruppen (Parteien, Kirchen u.ä.). Nicht zuletzt knüpfen die Marketing-Aktivitäten der Unternehmungen an die Bedürfnis- und Bedarfsplastizität der Individuen an, indem sie diese auf bestimmte Konsumgüter hinzulenken versuchen.

Eine spezielle Ausprägung hat die Hypothese der Bedürfnis- und Bedarfsplastizität in Gestalt der *Theorie der Anspruchsanpassung* (Lewin / Dembo / Festinger / Sears [Aspiration 333–378] erfahren. Ausgangspunkt der Theorie ist ein bestimmtes *Anspruchsniveau,* das ein Individuum in bezug auf Ziele, Aktivitäten u.ä. hat und das es zu verwirklichen trachtet (vgl. z.B. auch Simon [Models 204 f.] und die ausführlichere Darstellung z.B. bei Reber [Verhalten 104–130]). Ein solches Anspruchsniveau hat zunächst die Funktion eines *Selektionsinstruments,* indem mit seiner Hilfe zufriedenstellende Lösungen von unbefriedigenden Lösungen getrennt werden. So kann z.B. die Suche nach einer neuen Produktidee solange fortgesetzt werden, bis diese bestimmten Ansprüchen in produktionstechnischer Hinsicht, in bezug auf Ertragsaussichten, Finanzbedarf u.ä. erfüllt. Gerade für *Suchaktivitäten* spielt *ein Streben nach befriedigenden Lösungen (= Satisfizierungsprinzip),* wie sie sich aufgrund eines definierten Anspruchsniveaus ergeben, eine erhebliche Rolle.

Im Rahmen der Theorie der Anspruchsanpassung wird darüber hinaus die Hypothese aufgestellt, daß das Individuum *sein Anspruchsniveau senkt,* sobald sich seiner Realisation Schwierigkeiten in den Weg stellen. Umgekehrt wird *das Anspruchsniveau angehoben,* wenn sich bisher Lösungen leicht haben finden lassen (Simon [Models 253]). Sicherlich werden sich immer wieder Fälle ergeben, in denen z.B. das einmal fixierte Anspruchsniveau trotz erheblicher Lösungswiderstände nicht angepaßt wird, sondern man es aus einer „Nun-erst-recht"-Attitüde heraus mit allen Mitteln zu realisieren versucht. Für eine Vielzahl von Entscheidungssituationen ist die Anspruchsanpassungshypothese indessen nicht nur äußerst plausibel, sondern auch empirisch relativ gut bestätigt (vgl. Simon [Models 253]). Die Anspruchsanpassungstheorie, die zugleich implizit auch die *Wichtigkeit von Erfolgserlebnissen* verdeutlicht, erklärt beispielsweise, warum im Haushaltsbereich anstrengendere kulturelle und/oder kreative Freizeittätigkeiten zugunsten eines anspruchslosen rezeptiven Aufgehens in der „Warenwelt" vermindert werden. Andererseits werden bestimmte Ansprüche hinsichtlich des individuellen Privatkonsums, hinsichtlich eines Umsatz- und Gewinnwachstums von Unternehmungen aufs Ganze gesehen um so eher steigen, je leichter sie sich bisher verwirklichen ließen.

ee) Die Gleichgewichtstendenz in individuellen Zielsystemen als Hypothese der Theorie der kognitiven Dissonanz

Aus der von Festinger entwickelten *Theorie der kognitiven Dissonanz* (Festinger [Cognitive Dissonance]) ergibt sich eine weitere generelle Hypothese für das Verhalten von Individuen und damit auch für ihre Zielentscheidungen, nämlich eine *allgemeine Gleichgewichtstendenz* im Insystem des Entscheidungssubjekts.

Als *kognitive Dissonanz* bezeichnet man eine *psychische Spannung,* die sich aufgrund eines „psycho-logischen" Widerspruchs zwischen Kognitionen im Insystem des Individuums ergibt (Raffée / Sauter / Silberer [Kognitive Dissonanz 41]). Ein Konsument hat z.B. eine bestimmte positive Erwartung hinsichtlich des Klangeffekts seiner soeben gekauften quadrophonischen Anlage (= Kognition 1); das tatsächliche Klangerlebnis (= Kognition 2) liegt indessen weit unterhalb seiner Erwartungen. Der Widerspruch zwischen den beiden Kognitionen wird als unangenehm empfunden, und das Individuum hat laut Festinger das Bestreben, durch bestimmte Mechanismen des Dissonanzabbaus wieder zum Gleichgewicht seiner Kognitionen zu gelangen (z.B. versucht sich der Konsument einzureden, daß die Klangverbesserung der neuen Anlage gegenüber seiner bisherigen doch beträchtlich sei und er einen guten Kauf getätigt habe).

Die Gleichgewichtshypothese der Theorie der kognitiven Dissonanz ist nicht unbestritten geblieben (vgl. Raffée / Sauter / Silberer [Kognitive Dissonanz 42–47]). Immerhin kann für viele Entscheidungssituationen von einem Gleichgewichtsstreben des Individuums ausgegangen werden. Widersprüche und innere Spannungen auszuhalten, ist – schlicht gesagt – nicht jedermanns Sache. Verbindet man außerdem den Gedanken der Anspruchsanpassung mit der Gleichgewichtshypothese, so kann die Hypothese aufgestellt werden, daß von den verschiedenen Alternativen der Dissonanz-Reduktion diejenige gewählt wird, die mit dem geringsten Widerstand verbunden ist. Wenn im genannten Beispiel der Käufer die Erfahrung gemacht hat, mit welchem Aufwand z.B. ein eventueller Waren-Umtausch oder eine Reklamation verbunden sind, vermindert er vielfach sein Anspruchsniveau und reduziert seine Dissonanz auf dem müheloseren Weg der Selbstmanipulation.

Ein Gleichgewichtsstreben, wie es im Zentrum der Theorie der kognitiven Dissonanz steht, hat zur Konsequenz, daß *Anpassungsstrategien an gegebene Situationen* (einschließlich vorhandener gesellschaftlicher Mißstände) besonders bevorzugt werden. Sofern nach Selbstverwirklichung gestrebt wird, realisiert sie sich auf niedrigem Niveau, da dadurch Konflikte als Folge eines anspruchsvollen Selbstverwirklichungskonzepts vermieden werden. In ähnlicher Weise läßt sich von der Gleichgewichtshypothese der kognitiven Dissonanz her eine Verbindung zur *Grundhaltung der Apathie* gegenüber Problemen Dritter ableiten. Da derartige Probleme das innere Gleichgewicht stören könnten, werden sie entweder gar nicht wahrgenommen (selektive Wahrnehmung) oder verdrängt bzw. mit Hilfe bestimmter Reduktionsmechanismen „neutralisiert" (z.B. „Geld macht nicht glücklich" als Immunisierungsformel gegenüber notwendigen Maßnahmen der Einkommensumverteilung zugunsten sozial Schwacher). Auch eine solche Apathie-Position steht in enger Wechselbeziehung zur Konsumgesellschaft: „Die Apathie wächst am Bewußtsein der Sättigung" (Sölle [Leiden 54]), wie es durch den privaten Wohlstand breiter Schichten in den Industrienationen geschaffen wird. Zum anderen fördert die Apathie-Position das Sichzufriedengeben mit einem eigenen hohen Konsumniveau im Bereich privater Güter, da Defizite an sonstigen Gütern (z.B. Ausbildungsstätten, Altersheime, Rehabilitations-Institutionen) nicht mehr als Aktionsimpulse erlebt werden.

b) Die Transformation individueller Ziele in Ziele von Organisationen

Die Individualziele können unterschiedliche konkrete Ausprägungen erfahren. Das Bedürfnis nach Erholung – u.U. bewußt als Ziel formuliert: „Ich will etwas für meine Erholung tun" – kann in das konkrete Ziel: „Eine Woche Davos" transformiert werden. Hier wird zugleich sichtbar, wie konkrete Ziele in den Instrumentalbereich der Entscheidungen übergehen (vgl. B. II. dieses Abschnitts).
Ähnlich kann das allgemeine Versorgungsmotiv des Haushalts die konkrete Gestalt: „Erzielung eines monatlichen Netto-Mindesteinkommens von DM 1500,–" annehmen. Ist das Entscheidungssubjekt, das ein solches Einkommensziel verfolgt, zugleich der einzige Träger einer Organisation (z.B. Inhaber einer Ein-Mann-Unternehmung), so ist sein individuelles Einkommensziel zugleich Ziel *der* Organisation.

Individuelles Ziel und organisationales Ziel sind in diesem Fall identisch.

Eine andere Situation ergibt sich in Mehrpersonen-Organisationen. Aus den Individualzielen sind hier Ziele *für* die Organisation zu entwickeln, die nach Möglichkeit – etwa im Wege von Verhandlungsprozessen – zu autorisierten Zielen *der* Organisation werden sollen (Vgl. zu dieser Unterscheidung Kirsch [Unternehmensziele 668 f.]). Hat der Aktionär einer Aktiengesellschaft z.B. bestimmte Konsumziele, so kann er diese in Dividendenziele *für* die Unternehmung transformieren, etwa: „Dividendenzahlung von 20 %." Von seiner Macht in Verbindung mit seiner Verhandlungspotenz hängt es ab, inwieweit es gelingt, dieses sein Ziel *für* die Organisation zu einem Ziel *der* Organisation werden zu lassen und damit tatsächlich die Ausschüttung einer 20 %igen Dividende zu bewirken.

Eine analoge Situation ergibt sich für die *Individualziele von Arbeitnehmern*, sei es, daß diese in Unternehmungen oder in Arbeitnehmerorganisationen durchgesetzt werden sollen. Aus dem Sicherheitsbedürfnis der Arbeitnehmer lassen sich z.B. *für* die Unternehmung bestimmte Ziele hinsichtlich einer Vermögensbeteiligung in Arbeitnehmerhand ableiten. Von den jeweiligen gesetzlichen Regelungen, die wiederum Ausdruck bestimmter Machtkonstellationen sind, sowie von der Verhandlungssituation der Arbeitnehmer in dem betreffenden Betrieb hängt es ab, inwieweit derartige Ziele *für* die Organisation in Ziele *der* Organisation transformiert werden können.

Schließlich treten auch in *privaten Mehrpersonen-Haushalten* derartige Transformationsprobleme bei multipersonalen Zielbildungsprozessen auf. Das Bedürfnis eines Haushaltsangehörigen nach einem eigenen Lebensbereich konkretisiert sich z.B. in einem bestimmten zusätzlichen Raumbedarf und damit in einem Ziel *für* die Organisation Haushalt („Vergrößerung der Wohnfläche"). Der Einfluß des betreffenden Haushaltsangehörigen, das Verhalten der übrigen Haushaltsmitglieder und nicht zuletzt bestimmte materielle Restriktionen (verfügbares Einkommen und Vermögen) sind bestimmend dafür, inwieweit aus dem Ziel *für* die Organisation ein Ziel *der* Organisation werden kann.

Sehr häufig werden im Zuge der Zieltransformationsprozesse *Zielkompromisse* unvermeidbar, will man die Durchsetzung des eigenen Ziels nicht gefährden oder bestimmte Konfliktsituationen und ihre Folgeerscheinungen (Streik, Sprengung der Organisation o. ä.) vermeiden.

Je nachdem, ob die für das Organisationsmitglied verbindlichen Ziele der Organisation Ergebnis der eigenen Zielentscheidungen sind oder durch andere Personen und Institutionen bestimmt wurden, kann zwischen *eigen-* und *fremdbestimmten Zielen* unterschieden werden. Je geringer die Mitwirkungsrechte der Arbeitnehmer bei den Zielbildungsprozessen von Produktionswirtschaften und je eingeengter ihr eigener Entscheidungsspielraum, um so größer ist der Umfang fremdbestimmter Arbeitnehmerziele im Gegensatz zu einem großen Spielraum eigenbestimmter Ziele bei freien Berufen, bestimmten Unternehmungstypen (Eigentümerunternehmer) u. ä.

c) Die Kontroverse hinsichtlich der Gewinnmaximierung als Unternehmungsziel

aa) Die Gewinnmaximierungshypothese in mikrotheoretischer Modellbetrachtung

Nach wie vor ist in der Betriebswirtschaftslehre die Auffassung kontrovers, *inwieweit die Gewinnmaximierung das dominante Ziel der*

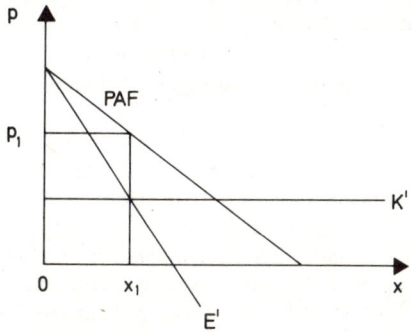

p = Preis
x = Absatzmenge
p_1 = Gewinnmaximaler Absatzpreis
x_1 = Gewinnmaximale Absatzmenge
K' = Grenzkostenfunktion
E' = Grenzerlösfunktion
Abb. 18. PAF = Preis–Absatzfunktion des Monopolisten

Unternehmungen darstellt. Teils ist man der Auffassung, daß die Unternehmungen statt nach Gewinnmaximierung nach *Umsatzmaximierung* streben (z. B. B a u m o l [Business 46–48]), teils hält man das

Streben nach einem *angemessenen* oder *befriedigenden* Gewinn für die typische Zielgröße im Zielsystem der Unternehmungen (vgl. z.B. Simon [Models 170]; Schmidt-Sudhoff [Unternehmerziele 102]). Demgegenüber sehen z.B. Gutenberg und Heinen in der Gewinnmaximierung die *dominierende Zielsetzung in kapitalistischen Wirtschaftssystemen* (Gutenberg [Produktion 452–457]; derselbe [Absatz 8–12]; Heinen [Industriebetriebslehre 41]).

Die Gewinnmaximierungshypothese hat ihren Ursprung in der Mikrotheorie der Unternehmung, wie sie von der Volkswirtschaftslehre unter stark vereinfachten Modellprämissen entwickelt wurde. So geht man davon aus, daß z.B. im statischen Monopolmodell der Unternehmer den Absatzpreis des von ihm angebotenen Gutes so festsetzt, daß Grenzkosten (= Kostenänderung bei infinitesimaler Absatzmengenänderung) und Grenzerlös (= Verkaufserlösänderung bei infinitesimaler Absatzmengenänderung) identisch sind und damit ein Gewinnmaximum erzielt wird (vgl. auch Pohmer/Bea [Grundstudium: Produktion und Absatz]).

Vergegenwärtigt man sich die dem Modell zugrunde liegenden Prämissen, so tritt sein Abstand zur Realität deutlich in Erscheinung. Die wichtigsten Modellprämissen sind nämlich:

1. Das Ausgehen von einer *einzigen* Zielsetzung (Prämisse eines monistischen Zielsystems).

2. Die Vernachlässigung von Problemen der unvollkommenen Information; Preisabsatzfunktionen und Kostenfunktionen werden als bekannt unterstellt (*„Informationsaxiom"* – vgl. Kade [Grundannahmen 79]).

3. Die Vernachlässigung der *Zeitdimension;* man beläßt es bei der Fixierung eines zeitpunktbezogenen gewinnmaximalen Preises, ohne seine Gültigkeit für bestimmte Kalenderzeiträume zu problematisieren.

bb) Die Definition einer realitätsbezogenen Gewinnmaximierungshypothese und ihr Informationsgehalt

Es bedarf keiner Frage, daß die genannten engen Modellprämissen bei der Definition und Überprüfung einer empirisch gehaltvollen Gewinnmaximierungshypothese aufgegeben werden müssen. Dies pflegt folgendermaßen zu geschehen:

1. Man geht davon aus, daß die Gewinnmaximierung als *langfristiges* Ziel in Betracht kommt. Demnach wird der Unternehmer im Zweifel eine einzelne, besonders günstige Gewinnchance dann

nicht wahrnehmen, wenn damit langfristig Gewinneinbußen zu erwarten sind, die den kurzfristig erzielten Gewinn überkompensieren.

2. Man berücksichtigt den Gesichtspunkt *unvollkommener Information* dergestalt, daß lediglich ein *Streben* nach maximalem Gewinn unterstellt wird. Damit wird eingeräumt, daß jene Alternative, die jeweils zum *absoluten* Gewinnmaximum führt, in der Realität überhaupt nicht ermittelbar ist.

3. Man trägt der Tatsache Rechnung, daß das unternehmerische Zielsystem außer dem Gewinnziel auch noch *eine Reihe anderer Ziele* enthält (z.B. Liquiditätsziel, angestrebte Mindestumsätze). Diese Ziele werden als Nebenbedingungen des Ziels Gewinnmaximierung aufgefaßt und als solche z.B. auch in mathematischen Modellen berücksichtigt.

Mit der Einführung von Nebenbedingungen ist allerdings die Gefahr verbunden, den Informationsgehalt der Gewinnmaximierungshypothese völlig aufzuheben und sie damit zur Leerformel werden zu lassen.

So hat Gümbel die Gewinnmaximierung als wirtschaftssystem*indifferenten* Sachverhalt interpretiert, indem er z.B. alle diejenigen Sachzieldefinitionen und Restriktionen, denen gemeinwirtschaftliche Kostendeckungsbetriebe unterliegen, als *Nebenbedingungen der Gewinnmaximierung* auffaßt (Gümbel [Nebenbedingungen 21]). Indessen wird damit u.E. jener Umschlag der Quantität in die Qualität übersehen, der im Fall der Gewinnmaximierung dann erreicht ist, wenn Unternehmungsleitungen ohne finanziellen Bezug zu späteren höheren Gewinnen *Gewinnverzichte* leisten oder wenn die „Gewinnmaximierung" zur bloßen Kostenwirtschaftlichkeit wird. Eine solche Begriffsüberdehnung ist u.E. wenig zweckmäßig.

Doch auch, wenn man eine definitorische Ausweitung der Gewinnmaximierungshypothese zu einem wirtschaftssystemindifferenten Tatbestand vermeidet, hat die Annäherung der Hypothese an die Realität ihren Informationsgehalt beträchtlich vermindert. Dies ist einmal in den oben unter 1. und 2. genannten Sachverhalten begründet: Was bedeutet *langfristige* Gewinnmaximierung? Wie kann das Resultat des *Strebens* nach maximalem Gewinn gemessen werden? Darüber hinaus macht die Hypothese keine Aussage über *Ausmaß und Intensität unternehmerischer Aktivitäten.* So kann z.B. ein Einzelunternehmer mit einem sehr geringen eigenen Arbeitsinput maximale Gewinne zu realisieren versuchen oder das gleiche Formalziel mit letztem Einsatz seiner Kräfte zu erreichen trachten. Es besteht nur die Vermutung, daß – zumal aufgrund der Kapitalgeber-Kontrollen – die

Aktivitäten des Unternehmungs-Managements ein hohes qualitatives und quantitatives Aktivitätsniveau erreichen. Gerade in sog. mittelständischen Unternehmungen muß dies aber keineswegs der Fall sein, wobei mit einem niedrigen Aktivitätsniveau des Unternehmers außerordentlich negative Konsequenten für die Arbeitnehmer verbunden sein können (vgl. z.B. Creutz [Kaputtgehen]).

Gegen die reale Gültigkeit der Gewinnmaximierungshypothese ist – wie schon angedeutet – außerdem vorgebracht worden, daß die Unternehmungen nicht nach maximalem, sondern nach *zufriedenstellendem Gewinn* streben (vgl. insbesondere Simon [Models 170]). Ulrich hält dies schon deshalb für wahrscheinlich, „weil das Anstreben eines maximalen Gewinns das Eingehen erhöhter Risiken bedeutet" (Ulrich [Unternehmung 191]). U.E. läßt sich jedoch die Gewinnmaximierungshypothese mit Satisfaktionzielen wie auch mit dem Risikomoment durchaus vereinbaren. Auch unterschiedliche Risikoneigungen gehören zu den Nebenbedingungen der Gewinnmaximierung oder lassen sich zumindest als solche auffassen; innerhalb eines bestimmten, noch als tragbar empfundenen Risiko-Niveaus wird dann ein möglichst hoher Gewinn angestrebt.

Was die Relevanz von Zufriedenheitsvorstellungen angeht, so ist ein Rückgriff auf die Unterscheidung zwischen *Suchphase* und *Optimierungsphase* des Entscheidungsprozesses zweckmäßig (vgl. A. II. 2. dieses Hauptteils). Es ist naheliegend, daß die Suchaktivitäten nicht bis zum maximal Möglichen getrieben werden, sondern nach Erreichen eines irgendwie definierten „Zufriedenheitsniveaus" abgebrochen werden. Hat man sich hingegen auf eine bestimmte Zahl von Entscheidungsalternativen festgelegt, so dürfte die Alternativen-*auswahl* in Unternehmungen nach dem Kriterium des maximalen Gewinnbeitrags erfolgen. Auch die mit Zufriedenheitsvorstellungen in Zusammenhang stehende Theorie der Anspruchsanpassung [vgl. oben 3. a) dd)] spricht nicht gegen, sondern eher für die Gewinnmaximierung: Bei leicht erzielbaren Gewinnen wird das angestrebte Gewinniveau *erhöht*. Die Gewinnmaximierungshypothese wird hier gewissermaßen um eine dynamische Variante erweitert.

cc) Das Problem der empirischen Prüfung der Gewinnmaximierungshypothese

Angesichts einer somit gegebenen Plausibilität der – wenn auch wenig operationalen – Gewinnmaximierungshypothese, liegt die Frage nach ihrer empirischen Überprüfung nahe. Die Gewinnmaximierungshypothese ist eine nomologische Aussage: „Wenn Menschen in kapitalistischen Systemen als Unternehmer tätig werden, dann streben sie nach maximalem Gewinn." Eine solche Aussage ist mit der Realität zu konfrontieren.

Indessen steht die empirische Zielforschung (vgl. dazu H e i n e n [Zielsystem 30—44]) vor erheblichen Schwierigkeiten und hat daher bisher zu keinen eindeutigen Ergebnissen geführt. Befragungen von Unternehmern bzw. Managern (= Anwendung der *direkten* Erhebungsmethode) sind nicht nur mit der Gefahr verbunden, unzutreffend „sozial-gefärbte" Antworten zu erhalten. Darüber hinaus ist der semantische Spielraum der gestellten Fragen so schwer eingrenzbar, daß die Antworten nicht mehr eindeutig sind. Daher sind alle vorliegenden Befragungsergebnisse, die lediglich einen *angemessenen* Gewinn bzw. eine *angemessene* Rentabilität als wichtigstes Ziel der unternehmerischen Angebotspolitik ergeben haben (vgl. z. B. K a t o n a [Verhalten 242 f.]) u. E. wenig aussagefähig. Dies liegt wesentlich darin begründet, daß die geringe Operationalität der Gewinnmaximierungshypothese die Zielalternative: „maximaler oder angemessener Gewinn" schwer entscheidbar macht. *Angemessener Gewinn, Mindestgewinne u. ä. können angesichts der unvollkommenen Information und der damit verbundenen unternehmerischen Risiken genau jene Zielgrößen sein, die langfristig den maximal erreichbaren Gewinn sichern.* Gerade bei marktbeherrschenden Unternehmungen ergibt sich die „Angemessenheit" der Gewinnerzielung vielfach aus der Einsicht, daß ein volles Ausschöpfen der momentanen Marktchancen z. B. die Gefahr staatlicher Eingriffe nach sich ziehen kann. In ähnlicher Weise ist auch die bei Befragungen erfolgende Nennung von Umsatz- und Marktanteilswerten als dominante Ziele nicht geeignet, die Gewinnmaximierungshypothese zu erschüttern. Denn einmal können Umsatz- und Marktanteilsziele die operationalere Fassung des Gewinnziels darstellen. Zum anderen hängt die Realisation bestimmter Umsatzgrößen und Marktanteile mit dem Gewinnziel eng zusammen: erst ein bestimmter Umsatz bildet vielfach die Voraussetzung für eine Gewinnmaximierung auf lange Sicht.

Statt der direkten empirischen Erhebung von Unternehmungszielen kann man die *indirekte Erhebung mit Hilfe von Indikatoren* vornehmen versuchen. In der Tat gibt es einige Indikatoren, die u. E. die Gewinnmaximierungshypothese stützen. Hier sind insbesondere zu nennen:

1. die Nichtberücksichtigung negativer Umweltwirkungen in bestimmten Produktionszweigen (z. B. Waschmittelindustrie),

2. unsoziale Verhaltensweisen gegenüber Arbeitnehmern (z. B. Unternehmungsstillegungen ohne ausreichende soziale Absicherung der Arbeitnehmerschaft; Übervorteilung von Gastarbeitern, Eliminierung leistungsschwacher Arbeitnehmer),
3. die Ausnutzung von Marktmachtpositionen, z. B. auf Wohnungs- und Grundstücksmärkten und auf den internationalen Ölmärkten,
4. die unternehmerischen Aktivitäten in gesellschaftlich schädlichen Bereichen wie z. B. Drogenhandel.

Diese Indikatoren, die zweifellos keinen exakten Aufschluß über das *Ausmaß* gewinnmaximierenden Verhaltens geben, finden eine weitere Unterstützung durch Plausibilitätsargumente: *Die Erzielung eines möglichst hohen Gewinns ist erklärtes Steuerungsinstrument eines marktwirtschaftlichen Systems, und von daher hat Gewinnstreben grundsätzlich einen breiten Legitimationsbereich.* Streben nach maximalem Gewinn ist gewissermaßen die kapitalistische Konkretisierung des menschlichen Vulgäregoismus. Es ist wenig wahrscheinlich, daß die Mehrzahl der Unternehmungen von dieser Spielregel des Systems abweicht, zumal solche Abweichungen langfristig die Unternehmungsexistenz gefährden können.

Betrachtet man die Einwände, die gegen die Realgeltung der Gewinnmaximierungshypothese seitens der Betriebswirtschaftslehre vorgebracht werden, so zeichnet sich u. E. die Gefahr ab, die Bedeutung des Gewinnstrebens als reale Zielsetzung der Unternehmungen zu unterschätzen. Angesichts einer differenzierten Analyse der Operationalitätsgrenzen der Gewinnmaximierung sieht man so den Wald vor Bäumen nicht mehr und vernachlässigt, daß ein Streben nach möglichst hohem Unternehmungsgewinn mit allen seinen Implikationen zur Wirklichkeit kapitalistischer Systeme gehört.

Ein solches Steuerungsinstrument hat seine Vorteile und seine Nachteile. Letztere beruhen wesentlich darauf, daß einerseits nicht alle profitablen Unternehmungsaktivitäten gesellschaftlich denselben Grad an Wünschbarkeit haben (z. B. Drogenhandel versus Lebensmittelversorgung), andererseits nicht alle gesellschaftlich wünschbaren Güter durch erwerbswirtschaftliche Unternehmungen bzw. durch „Business Marketing" zufriedenstellend angeboten werden (z. B. Dienstleistungen von Bildungs- und Ausbildungsinstitutionen, Gewährleistung einer „Qualität des Lebens", die über das Konsumgüterangebot hinausgeht u. ä.). Hinzu kommt, daß die Gewinnsteuerung mit Hilfe einer Gewinngröße erfolgt, die in ihren beiden Komponenten, nämlich Kosten und Leistungen, nur einen Teil des tatsächlichen Güterverzehrs und der tatsächlichen Güterentstehung erfaßt. Im Bereich der *Leistungen* werden die erstellten Güter in erster Linie nur durch den Verkaufserlös der im Absatzmarkt abgesetzten

Güter gemessen. Darüber hinausgehende Leistungen (z. B. in Form umwelt-schonender Maßnahmen oder humaner Arbeitsbedingungen) finden in der monetären Leistungsgröße zumindest keinen direkten Niederschlag (vgl. hierzu auch Projektgrppe WSI [Grundelemente 52 und 161 f.]).

Im Bereich der *Kosten* der Einzelwirtschaft bleiben jene Größen außer Ansatz, die als *„Soziale Kosten" (social costs)* bezeichnet werden. Soziale Kosten um-fassen jene Güterverzehrsvorgänge, die zwar durch die einzelwirtschaftlichen Produktionsprozesse verursacht sind, aber nicht von den Einzelwirtschaften, sondern von der Allgemeinheit getragen werden. Hier ist z. B. an Umwelt-schädigungen der verschiedensten Art zu denken (Luft- und Wasserverschmut-zung, Lärm, Verschlechterung der thermischen Wasserbedingungen usw.). (Zum Problem der sozialen Kosten vgl. Kapp [Sozialkosten 524–526]).

In Zukunft sollte es u. E. darum gehen, daß auch die Betriebswirtschaftslehre die negativen Nebenwirkungen der Gewinnmaximierung (verstanden als Stre-ben nach möglichst hohem Unternehmungsgewinn) stärker beachtet und sich an der Erarbeitung von Vorschlägen beteiligt, wie derartige negative Neben-wirkungen etwa durch bestimmte gesetzliche Vorschriften, Entwicklung einer Gegenmacht der Konsumenten u. ä., vermindert werden können.

dd) Maximierung des absoluten Gewinns oder Rentabilitäts-maximierung?

Das Problem der Gewinnmaximierung im Sinne des Strebens nach möglichst hohem Gewinn ist noch mit einer weiteren Frage ver-bunden: Streben die Unternehmungen ein Maximum an *absolutem Gewinn* an *oder* wollen sie eine *möglichst hohe Eigenkapitalrentabili-tät* erzielen? (Eigenkapitalrentabilität = Quotient aus Gewinn und . Eigenkapital – vgl. z. B. Menrad [Grundstudium: Rechnungs-wesen]).

Hinsichtlich des tatsächlichen Verhaltens der Unternehmer in diesem Punkt liegen keine eindeutigen Informationen vor. Indessen inter-essiert bei diesem Problem nicht nur der empirische Befund („Was *ist* der Fall"), sondern auch der *präskriptive* Aspekt: „Was *sollte* der Fall sein", wenn die gewinnberechtigten Personen ein Maximum an persönlichem Einkommens- und/oder Vermögenszuwachs erreichen wollen? Es geht in diesem Fall also um die Ableitung einer wertfreien technologischen Information, wie wir sie im 1. Hauptteil (vgl. C. IV. 3.) behandelt haben.

Teilweise wird herausgestellt, daß bei Auseinanderfallen von ab-solutem Gewinn- und Rentabilitätsmaximum dem absoluten Gewinn-maximum der Vorrang einzuräumen sei (vgl. z. B. H. Hax [Rentabili-tätsmaximierung 337–344]). Demgegenüber wird der Primat des Rentabilitätsmaximums gegenüber dem Maximum des absoluten Ge-winns postuliert (vgl. z. B. Pack [Rentabilität 73–135]). Das Problem kann hier nicht vertieft werden (vgl. hierzu auch Menrad [Grund-studium: Rechnungswesen]). Wie Kirsch jedoch herausgestellt hat, läßt sich auf das Problem keine eindeutige Antwort geben. Seine Lösung ist vielmehr von der Interessenlage derer abhängig, die An-sprüche an den Unternehmungsgewinn stellen (Kirsch [Gewinn 66 bis 89]). Verfügt z.B. der Mehrheitsaktionär einer Aktiengesellschaft nur über relativ ungünstige *alternative* Kapitalanlagemöglichkeiten (z.B. solche mit einer Kapitalrendite von 6%), so wird er einer Wahrnehmung von Gewinnchancen durch die Aktiengesellschaft zu-stimmen, wenn sie mehr als 6% Eigenkapitalverzinsung erbringen (vereinfachend sei dabei unterstellt, daß eine solche Eigenkapital-verzinsung sich in parallellaufenden Einkommens- bzw. Vermögens-vorteilen für den Großaktionär niederschlägt – vgl. Swoboda [Grundstudium: Investition 184f.]). Ein solches Ziel wird er auch dann anstreben, wenn dabei das Maximum der Eigenkapitalrentabili-tät der Aktiengesellschaft überschritten wird (z.B. wenn die Eigen-kapitalrentabilität von 10% auf 8% sinkt). Anders ist die Situation dann, wenn der Großaktionär über eine alternative Kapitalanlage-möglichkeit verfügt, die eine 10%ige Rendite erbringt. Ist die 10%ige Kapitalrendite der Aktiengesellschaft zugleich deren Rentabilitäts-maximum, so wird der Aktionär darauf hinwirken, daß dieses Maxi-mum nicht überschritten wird, das absolute *Gewinn*maximum sich also nicht realisiert.

Bei unterschiedlich hohen alternativen Renditechancen der Eigen-kapitalgeber einer Unternehmung und nicht eindeutigen Machtver-hältnissen sind *Verhandlungsprozesse* notwendig, um das Rentabili-tätsziel der Unternehmung festzulegen. Wie die dabei erzielte Lösung aussieht, ob sie näher am absoluten Gewinnmaximum oder am Rentabilitätsmaximum liegen wird, läßt sich nicht generell angeben.

Der angeführte Fall ist zugleich ein weiteres Beispiel für die Trans-formation von Individualzielen, die über Ziele *für* die Unternehmung zu Zielen *der* Unternehmung führen sollen [vgl. oben 3. b)].

4. Weiterführende Literatur

Cyert/March [Behavioral Theory] – Heinen [Zielsystem] – Oettle [Ziel-setzung].

II. Die Gestaltung des Instrumentalsystems von Betrieben

1. Subsysteme und Elemente des Instrumentalsystems als betriebliche Entscheidungsobjekte

Die im folgenden zu behandelnden Instrumentalentscheidungen werden in zwei Gruppen gegliedert. Einmal geht es um Entscheidungen, die *konstitutiver* Art, d.h. langfristig wirksam und relativ schwer änderbar sind *und* die den *gesamtbetrieblichen Rahmen* der Aktivitäten betreffen: Entscheidungen über *Leistungsprogramm,* über *Struktur der Produktivfaktoren und Betriebsgröße,* über *Rechtsform, Standort* und *Organisation* der Betriebe. Zum anderen beziehen sich die Instrumentalentscheidungen auf die *funktionalen Subsysteme* der Betriebe. Diese sind unterteilt in *Beschaffung, innerbetriebliche Leistungserstellung* und *Absatz* sowie in die *betriebliche Finanzwirtschaft,* die *Personalwirtschaft* und die *Informationswirtschaft.*

Es wurde schon darauf hingewiesen, daß auch im Instrumentalsystem Ziele fixiert werden und damit Zielentscheidungen fallen. Wenn hier dennoch Ziel- und Instrumentalentscheidungen gegenübergestellt werden, sind mit Zielentscheidungen in erster Linie die betrieblichen Oberziele gemeint.

2. Instrumentalentscheidungen als Investitionskalküle

In der Geldwirtschaft stehen Instrumentalentscheidungen in enger Beziehung zu *Zahlungsströmen,* seien dies Ausgaben (z.B. im Rahmen einer Anlagenbeschaffung) oder Einnahmen (z.B. bei Entscheidungen über den Absatz von Gütern). Damit hängt zusammen, daß ein großer Teil der Instrumentalentscheidungen zugleich *Investitionsentscheidungen* darstellt. Denn eine Investition läßt sich als Entscheidung über Umfang und Struktur des Vermögens (z.B. Maschinen, Rohstoffe) kennzeichnen (Swoboda [Grundstudium: Investition 13]) oder als Entscheidung über einen Zahlungsstrom, der mit einer Ausgabe beginnt (D. Schneider [Investition 138]). Ebenso ergibt sich ein enger Zusammenhang zwischen Instrumentalentscheidungen und *Finanzierungsentscheidungen,* wobei man unter Finanzierungsentscheidungen mit Swoboda Entscheidungen *„über die Beziehungen, insbesondere Zahlungen zwischen Unternehmung und Kapitalgebern"* verstehen kann (Swoboda [Grundstudium: Investition 13]) oder umfassender: *Zahlungsstromentscheidungen, die mit einer Einnahme beginnen* (Schneider [Investition 137] – vgl. auch unten III. 4. e)).

Investitionsentscheidungen lassen sich als *Investitionskalküle* abbilden, indem die Ausgaben und Einnahmen, die sie nach sich ziehen, gegenübergestellt und nach ihrer Vorteilhaftigkeit beurteilt werden. Letztlich versucht man z. B. bei zwei zur Wahl stehenden alternativen Standorten die zukünftigen Einnahmen und Ausgaben je Standort zu antizipieren, um sich dann aufgrund eines Investitionskalküls für den günstigeren Standort zu entscheiden.

Die Betriebwirtschaftslehre hat sich mit den Problemen von Investitionskalkülen in einer Reihe von *Investitionsmodellen* intensiv beschäftigt (vgl. hierzu S w o b o d a [Grundstudium: Investition]). Allerdings lassen sich die komplexen Bedingungen realer Investitionsentscheidungen nur bedingt in den Investitionsmodellen erfassen, so daß sich ihre Eignung als Entscheidungshilfen in Grenzen hält. Nicht zuletzt sind reale Investitionsentscheidungen, die ja häufig lange Zeiträume betreffen, in der Regel mit einem hohen Unsicherheitsgrad behaftet. Wie oben dargestellt wurde (2. Hauptteil A. II. 4.), hat die Betriebswirtschaftslehre das Unsicherheitsproblem bei Entscheidungen bisher nur unvollkommen bewältigen können, wodurch auch die Bedeutung von Investitionsmodellen beeinträchtigt wird. Überhaupt erschwert die unvollkommene Information die für Investitionskalküle erforderliche Quantifizierung der Einnahmen- und Ausgabenströme. Daher kommt man bei realen Instrumentalentscheidungen vielfach nicht umhin, *qualitative* Faktoren in die Betrachtung mit einzubeziehen, die den Unbestimmtheitsgrad der Kalküle erhöhen (zu Investitionsmodellen im einzelnen vgl. S w o b o d a [Grundstudium: Investition]).

3. Die Gestaltung des konstitutionellen Rahmens betriebswirtschaftlicher Systeme

a) *Entscheidungen über das betriebliche Leistungsprogramm*

Entscheidungen über das *Leistungsprogramm* betreffen die Frage, welche Leistungen im Betrieb erbracht werden bzw. erbracht werden sollen (*effektives* bzw. *geplantes* Leistungsprogramm). Leistung kann dabei entweder als zweckgerichtete *Tätigkeit* oder als *Tätigkeitsergebnis* definiert werden. Faßt man Leistung – nicht zuletzt wegen der leichteren Operationalisierbarkeit – als Tätigkeits*ergebnis* (Output) auf, kann das *Leistungsprogramm als gedankliche Zusammenfassung des jeweiligen betrieblichen Output in einem bestimmten Zeitraum* definiert werden.

Leistungsprogrammentscheidungen prägen als den Gesamtbetrieb berührende Grundsatzentscheidungen einerseits wesentlich den *konstitu-*

tionellen Rahmen, innerhalb dessen sich die laufenden Entscheidungen der betrieblichen Funktionsbereiche vollziehen; ist die Entscheidung z.B. für die Herstellung von Wohnraumleuchten gefallen, so wird dadurch der Leistungsvollzug einer Produktionswirtschaft hochgradig und längerfristig geprägt und läßt sich als Wirtschaftszweig- und Branchenentscheidung nicht ohne weiteres verändern. Zum anderen erfährt das Leistungsprogramm dann ständige *periphere* Variationen, wenn z.B. laufende Produktverbesserungen vorgenommen werden, Abrundungen des Verkaufssortiments erfolgen u.ä. Insofern ergeben sich enge Beziehungen zwischen Leistungsprogramm und Absatzpolitik (vgl. II. 4. d) und Pohmer/Bea [Grundstudium: Produktion und Absatz]).

Als Dimensionen des Leistungsprogramms können Leistungs*breite* und Leistungs*tiefe* unterschieden werden. Leistungs*breite* bezeichnet den *Umfang* des – in der Regel für den Absatzmarkt bestimmten – Leistungsprogramms (z.B. Einprodukt- gegenüber Mehrproduktbetrieb). Leistungs*tiefe* bringt die *Zahl* der *innerbetrieblichen Leistungsstufen* zum Ausdruck. Diese ist vergleichsweise gering, wenn *statt* der Eigenerstellung der Leistungen deren Fremdbezug im großen Umfang gewählt wird [Alternative des Make or buy – vgl. unten 4. b) bb)].

Fragt man nach den *Determinanten des Leistungsprogramms,* so sind dafür zunächst die betrieblichen (Ober-)Ziele maßgebend. Das *Gewinnziel,* eventuell verbunden mit *Umsatzzielen,* und in Anbetracht der Entscheidungsunsicherheit *Elastizitätsziele,* bilden in Unternehmungen maßgebende Selektionskriterien für die Festlegung von Leistungsbreite und Leistungstiefe. Je mehr das Marketing Management zur Führungskonzeption der Unternehmung wird, um so mehr wird man die Leistungsbreite von vorhandenen *Marktnischen* her festlegen, sei es, daß diese als konkrete Marktlücken bereits vorhanden sind oder erst durch Einsatz des absatzpolitischen Instrumentariums geschaffen werden.

Bei Betrieben, die nicht nach dem erwerbswirtschaftlichen Prinzip handeln, sondern – wie etwa bestimmte öffentliche Versorgungsbetriebe – nach dem Kostendeckungsprinzip, wird das Leistungsprogramm in erster Linie durch bestimmte *Sachziele* bestimmt (z.B. Energieversorgung, kommunale Dienstleistungen u.ä.).

Neben der Zieldeterminiertheit des Leistungesprogramms ergibt sich außerdem eine *Abhängigkeit von den verfügbaren betrieblichen Ressourcen.* So kann bei Unternehmungen z.B. ein spezielles „Know

How" dazu führen, daß man in einer ganz bestimmten Branche tätig wird. Weiterhin bewirken oft finanzielle Restriktionen, daß nur ein reduziertes Leistungsprogramm realisiert wird.

Auch für *private Haushalte* sind Leistungsprogrammerwägungen relevant. Die Haushaltstruktur (z.B. Haushalt mit oder ohne Kinder) ist z.B. wichtige Determinante der Leistungsbreite. Auch für Haushalte stellt sich außerdem das Problem des „make or buy", also die Frage, wieviele Funktionen von ihnen selbst ausgeübt oder auf andere Personen und/oder Institutionen ausgegliedert werden (z.B. hauswirtschaftliche Tätigkeiten wie Waschen, bestimmte Reparaturen usw.). Das Ausmaß der Funktionsausgliederung bestimmt auch die Leistungs*tiefe* der Institution Haushalt.

b) Entscheidungen über Faktorstruktur und Betriebsgröße

aa) Allgemeine Beziehungen zwischen Faktorstruktur und Betriebsgröße

In enger Beziehung zum Leistungsprogramm steht die Festlegung der *Struktur der Produktivfaktoren und der Betriebsgröße.*

Als Produktivfaktoren des Betriebes können genannt werden:

1. Betriebsmittel (z.B. Gebäude, maschinelle Anlagen);
2. Waren und Werkstoffe;
3. Arbeitsleistungen der Betriebsangehörigen;
4. finanzielle Mittel und/oder abstrakte Verfügungsrechte über konkrete Güter („Kapital").

Dieser Katalog der Produktivfaktoren entspricht teilweise demjenigen Gutenbergs (Gutenberg [Produktion]). Betriebsmittel, Werkstoffe, menschliche Arbeitsleistungen bilden bei Gutenberg die *Elementarfaktoren,* denen als *dispositive Faktoren* die *Geschäfts-* und *Betriebsleitung,* und – daraus abgeleitet – *Planung und Organisation* („derivative Produktionsfaktoren") gegenübergestellt werden. Natürlich läßt sich – wie es Gutenberg tut – aus den betrieblichen Arbeitsleistungen die Funktion des Top-Management ausgliedern. Allerdings ist eine solche Grobeinteilung zwischen ausführender und dispositiver Tätigkeit relativ wenig entscheidungsorientiert. Die geringe Entscheidungsorientierung der Gutenbergschen Klassifikation kommt noch stärker darin zum Ausdruck, daß die Planung als besonderer Produktivfaktor genannt wird. Unter Entscheidungsaspekten ist Planung wesentliches Element jeglicher Entscheidungsprozesse und insofern ein permanenter Vorgang im Zusammenwirken der verschiedenen Produktivfaktoren. Weiterhin ist es u.E. unzweckmäßig, finanzielle Mittel und Kapital nicht als Produktivfaktoren zu nennen. Wöhe hat den Gutenbergschen Katalog nahezu unverändert übernommen (Wöhe [Einführung]).

Die *Struktur der Produktivfaktoren* ergibt sich aus den Eigenschaften (der Qualität) der Produktivfaktoren und den Beziehungen zwischen ihnen, während die *Betriebsgröße* in erster Linie durch die Zahl der Produktivfaktoren und ihren Wert bestimmt ist. (Dies schließt nicht aus, daß die Betriebsgröße ausschließlich oder zusätzlich mit Hilfe von Umsatzgrößen und nicht aufgrund von Produktivfaktorbeständen gemessen werden kann.)

Zwischen Betriebsgröße und Faktorstruktur ergeben sich Deckungsbereiche: Der Wert einer bestimmten Zahl von Produktivfaktoren (als ein Maßstab der Betriebsgröße) ist wesentlich von den Faktorqualitäten abhängig. Andererseits kann eine bestimmte Betriebsgröße durch ganz unterschiedliche Faktorqualitäten und Faktorrelationen gekennzeichnet sein.

Es ist offensichtlich, daß Faktorstruktur und Betriebsgröße in hohem Maß vom Leistungsprogramm abhängen und umgekehrt. Ein Leistungsprogramm z.B. im Bereich der Stahlerzeugung erfordert eine *andere Faktorstruktur,* als es die Leistungen eines Versicherungsbetriebs, eines Warenhauses u.ä. voraussetzen. Weniger eindeutig sind die Beziehungen zwischen Leistungsprogramm und *Betriebsgröße,* obwohl bestimmte Leistungen eine Mindestbetriebsgröße erfordern (Stahlwerkbeispiel). Außerdem wirkt eine wachsende Leistungs*tiefe* (als eine der beiden Dimensionen des Leistungsprogramms) in Richtung auf eine größere Betriebsgröße.

bb) Betriebsgröße, Kapazität und Beschäftigung

Betriebsgröße und Faktorstruktur sind wichtige, wenn auch nicht die einzigen Determinanten der möglichen *Leistungsfähigkeit (= Kapazität)* von Betrieben. Diese hat eine *qualitative* und eine *quantitative* Dimension. Die quantitative Kapazität eines Produktivfaktors gibt seine *mengenmäßige* Leistungsfähigkeit wieder. Die *qualitative* Kapazität von Produktivfaktoren bezeichnet dagegen die *Fähigkeit, die jeweilige Leistungsmenge in einer ganz bestimmten Eigenschaftskombination (d.h. auf einem bestimmten Qualitätsniveau)* zu erbringen (Gutenberg [Produktion 76f.]). Die *effektive Nutzung der Kapazität* ergibt die *Beschäftigung* der Produktivfaktoren. Die Beziehung zwischen Beschäftigung und Kapazität wird als *Beschäftigungsgrad* bezeichnet. Er kann z.B. durch den Quotienten

$$\text{Beschäftigungsgrad} = \frac{\text{effektive Produktionsmenge in einem bestimmten Zeitraum}}{\text{mögliche Produktionsmenge in einem bestimmten Zeitraum}}$$

gemessen werden. Probleme ergeben sich dabei insbesondere dadurch, daß die *mögliche* Produktionsmenge (also der Nenner des Bruchs) keine eindeutige Größe ist, sondern auf einem jeweils verschiedenen Niveau der *Beschäftigungsdauer* und der *Beschäftigungsintensität* festgelegt werden kann (z. B. Einschichten- oder Zweischichtenbetrieb; Zugrundelegung einer kostenoptimalen Normalbeschäftigung oder einer Maximalausnutzung der Produktivfaktoren o. ä.). Zweckmäßig und üblich ist es, bei der Beschäftigungsmessung von einer Normalkapazität auszugehen, der die branchen- und/oder betriebsübliche Beschäftigungszeit und eine „normale" Leistungsintensität zugrunde liegen. Nur auf diese Weise lassen sich nämlich die Begriffe *Über-* und *Unterbeschäftigung* sinnvoll definieren.

Mit der Betriebsgröße und der Faktorstruktur ist gewissermaßen das *Gehäuse* festgelegt, durch das der Strom der betrieblichen Leistungen hindurchgeht (S c h ä f e r [Unternehmung 144]). Das *maximale* Leistungsvolumen (= die Maximalkapazität) wird dabei nicht nur durch die Betriebsgröße bestimmt, sondern hängt auch von deren *zeitlicher* und *intensitätsmäßiger Nutzung* ab. Insofern kann man die *Kapazität* als die *dynamische Variante der Betriebsgröße* ansehen (S c h ä f e r [Unternehmung 199]).

Ähnlich wie das Leistungsprogramm werden Faktorstruktur- und Betriebsgrößenentscheidungen von den *betrieblichen Zielen* und dem vorhandenen *betrieblichen Ressourcenpotential* determiniert. Auf den Einfluß, den die Sachziele eines bestimmten Leistungsprogramms auf die Betriebsgröße und die Faktorstruktur ausüben, wurde schon hingewiesen (z. B. Stahlwerk). Auch *das angestrebte Gewinn- und Umsatzniveau* üben auf die Betriebsgröße Einfluß aus. Je höher die Gewinn- und Umsatzansprüche liegen, um so stärker ist die Tendenz zu größeren Betrieben. Andererseits kann Knappheit betrieblicher Ressourcen (z. B. finanzieller Mittel) ein Betriebsgrößenwachstum begrenzen.

cc) Das Problem der optimalen Betriebsgröße

In der betriebswirtschaftlichen Diskussion hat die Frage nach der *optimalen Betriebsgröße* immer wieder eine Rolle gespielt. Gibt es *„die"* günstigste Betriebsgröße, und wodurch ist sie gegebenenfalls determiniert? Dieses Problem ist hier nicht zu vertiefen (vgl. hierzu P o h m e r / B e a [Grundstudium: Produktion und Absatz]), sondern soll nur in seinen verschiedenen Dimensionen skizziert werden, nämlich als reines *kostenwirtschaftliches* Problem einerseits, als *Kosten-/ Ertragsproblem* (und damit als Gewinnproblem) andererseits.

unter *kostenwirtschaftlichem* Aspekt ergeben sich zunächst *Vorteile größerer Betriebseinheiten:* Sie liegen einmal darin, daß eine Reihe

innerbetrieblicher Prozesse – etwa in der Industrie – sich im Großbetrieb kostengünstiger gestalten lassen als im Klein- und Mittel-
betrieb (z.B. Kostenvorteile automatischer Fertigungsprozesse). Zum
anderen ergeben sich *Kostenvorteile des Großbetriebs hinsichtlich
seiner Beschaffungspreise und -konditionen* und damit seiner *Be-
schaffungskosten.* Dabei können die günstigeren Beschaffungspreise
und Konditionen sowohl in Kostenvorteilen des Lieferanten als auch
in davon unabhängiger Ausnutzung von Marktmacht begründet
sein.

Resultiert aus den genannten Kostenvorteilen eine Tendenz zum Großbetrieb, so wird demgegenüber geltend gemacht, daß mit wachsenden
Betriebsgrößen *organisatorische und führungsmäßige Engpässe* auftreten können, die schließlich die Vorteile der großbetrieblichen
Leistungserstellung überkompensieren (z.B. zusätzliche Kosten der
betrieblichen Kommunikation, Kosten der Kontrolle bis hin zu Kosten
der Sicherung einer ausreichenden Entscheidungsqualität, vgl. Busse
von Colbe [Betriebsgröße 120–131]). Indessen ist eine solche Entwicklung nicht zwangsläufig, und Gutenberg weist u.E. zu Recht
darauf hin, daß innerhalb praktisch relevanter Betriebsgrößen ein
solcher Effekt nicht anzunehmen ist (Gutenberg [Produktion 422–
426]). Dies gilt um so mehr, als heute *dezentrale Führungstechniken*
vorliegen, die Engpässe in Organisation und Leitung vermeidbar
machen [vgl. auch II. 3. e)]. *Unter Kostenaspekten ergibt sich also
kein eindeutiges Optimum, sondern eine Überlegenheit des Großbetriebs.*

Die Frage ist, ob die Einbeziehung *ertragswirtschaftlicher* Faktoren,
insbesondere die Berücksichtigung von *Marktwiderständen,* der betrieblichen Expansion Grenzen setzen. Dies wird von Gutenberg
bejaht, wobei er nicht nur den Marktwiderständen, sondern auch den
Risiken im finanziellen Bereich eine das Betriebsgrößenwachstum
bremsende Wirkung zuerkennt (Gutenberg [Produktion 426–430]).
Diese Auffassung ist u.E. jedoch nicht haltbar. Gutenberg geht
nämlich bei seiner Analyse von einem Stil der Absatzpolitik aus,
wie er den Möglichkeiten und Gegebenheiten des modernen Marketing speziell in Großbetrieben nicht gerecht wird. Gerade aufgrund
umfangreicher Forschung und Entwicklung sowie auf der Basis inten-
siver Marketing-Planung kann sich der Großbetrieb über Markt-
widerstände hinwegsetzen, und sei es, daß er auf für ihn neue Tätig-
keitsgebiete ausweicht [→ Diversifikation; vgl. II. 4. d) ff) (1)]. Das
Marketing-Management von Großbetrieben sichert ihnen auch im
Absatzbereich im Regelfall eine Überlegenheit über Klein- und Mittel-

betriebe. Dies gilt um so mehr, wenn es dem Großbetrieb gelingt, eine marktbeherrschende Stellung zu erlangen und sich demzufolge Ertragszuwächse aufgrund einer Verminderung des Wettbewerbs ergeben. Angesichts einer günstigen Ertrags- und Gewinnentwicklung ist es schließlich unwahrscheinlich, daß die Großunternehmen finanziellen Risiken durch eine entsprechende Finanzierungspolitik nicht entgehen können (vgl. Busse von Colbe [Betriebsgröße 139–184]).

Auch von der ertragswirtschaftlichen Seite her ergibt sich also kein eindeutiges Betriebsgrößenoptimum, sondern eine Überlegenheit des Großbetriebs. Dies schließt nicht aus, daß immer wieder auch Klein- und Mittelbetriebe besondere Marktnischen entdecken und sich aufgrund einer innovativen Unternehmungspolitik als sehr lebensfähig erweisen. Eine generelle Unterlegenheit der Großbetriebe läßt sich daraus nicht ableiten. Im Gegenteil fördern die dargestellten Sachverhalte *Konzentrationsbewegungen,* die mit dem Risiko einer verringerten Funktionsfähigkeit des Wettbewerbs verbunden sind. Von hier aus gewinnt eine gegensteuernde Gesetzgebung (Gesetz gegen Wettbewerbsbeschränkungen, Fusionskontrollen u. ä.) ihre grundsätzliche Berechtigung.

Wir haben im vorstehenden nicht zwischen Betriebs- und Unternehmungsgröße unterschieden. Selbstverständlich kann man das System Unternehmung in eine Anzahl von Betriebsstätten und / oder -abteilungen als Subsysteme aufgliedern. Neue Aspekte für das Faktorstruktur- und Betriebsgrößenproblem ergeben sich dadurch nur insoweit, als die Frage nach einer *ausreichenden Abstimmung der Teilkapazitäten* auftritt, wie es für jede Kombination von Produktivfaktoren typisch ist (z. B. Gefahr eines „Wasserkopfs" der Verwaltung, der Unterentwicklung des Absatzbereichs u. ä.).

ee) Faktorstruktur- und Betriebsgrößenprobleme in privaten
    Haushalten

Die Faktorstruktur- und Betriebsgrößenprobleme in privaten Haushalten haben zum einen ähnliche ökonomische Dimensionen wie die der Produktionswirtschaften. So tritt auch im Haushalt das Problem der Wahl kostengünstiger Betriebsgrößen auf, gerade angesichts der empirisch feststellbaren Abnahme durchschnittlicher Haushaltgrößen in den letzten Jahrzehnten. Die Entwicklung zweckmäßiger Gemeinschaftseinrichtungen bis hin zu Formen gemeinschaftlicher Haushaltführung ist jedoch noch nicht sehr weit gediehen. Zum anderen liegt ein besonderes Kennzeichen der Probleme der Haushaltsgröße darin, daß hier in starkem Maße nicht-ökonomische Faktoren eine Rolle spielen, angesichts derer ökonomische Aspekte erst in zweiter Linie relevant werden oder relevant werden sollten.

c) Die Wahl der Rechtsform von Betrieben

Die Rechtsordnung neuzeitlicher Gesellschaftsordnungen sehen für Organisationen *mögliche normierte Rechtsstrukturen* vor, die sog. *„Rechtsform" von Betrieben*. Jeder Produktionswirtschaft stellt sich damit − im Gegensatz zu den Haushalten − das Problem, eine bestimmte Rechtsform zu wählen.

Zu den normierten Rechtsformen des Gesetzgebers kommt bei vielen Organisationen ein *organisationsindividuelles Rechtssystem hinzu (Satzung),* das die − oft nur Rahmencharakter tragenden − Rechtsformen des Gesetzgebers ergänzt. Sämtliche Aktivitäten von Betrieben sind außerdem den *allgemeinen Gesetzen* unterworfen sowie einer Reihe von *Spezialgesetzen,* die z. B. den Wettbewerb regeln (Gesetz gegen unlauteren Wettbewerb = UWG; Gesetz gegen Wettbewerbsbeschränkungen = GWB u. ä.) und Rechte der Arbeitnehmer sichern (Kündigungsschutzgesetz, Betriebsverfassungsgesetz u. ä.) sollen.

Bei den Rechtsformen (oft auch ungenau Unternehmungsformen genannt) lassen sich *Rechtsformen des privaten* und des *öffentlichen Rechts* unterscheiden, wobei letztere nur für bestimmte Arten öffentlicher Betriebe in Betracht kommen, die z. B. als Eigenbetriebe, als Anstalten, Körperschaften, Stiftungen des öffentlichen Rechts geführt werden. Für den Bereich unternehmerischer Aktivitäten kommen insbesondere die *handelsrechtlichen Unternehmungsformen* in Betracht:

Einzelfirma und *Personengesellschaften* einerseits (z. B. offene Handelsgesellschaft [oHG], Kommanditgesellschaft [KG]), *Kapitalgesellschaften* (z. B. Gesellschaft mit beschränkter Haftung [GmbH], Aktiengesellschaft [AG]), und *Genossenschaften* andererseits. Die Rechtsformen des Handelsgesetzbuchs (HGB) unterscheiden sich vor allem hinsichtlich ihrer *Kapitalaufbringungspotenz,* der *Haftung der Eigenkapitalgeber,* der *Regelung der betrieblichen Willensbildung* und der *Kosten* (vor allem Steuern). Dementsprechend sind diese Faktoren wichtige Entscheidungsdeterminanten der Rechtsformenwahl, die wiederum teilweise mit der Betriebsgröße und dem Leistungsprogramm als Bestimmungsfaktoren zusammenhängt. Als mögliche Entscheidungskette ergibt sich z. B.: Ein spezielles *Leistungsprogramm* läßt die Entscheidung „Großbetrieb" zweckmäßig sein; der damit verbundene Kapitalbedarf führt dann zur Wahl der *Aktiengesellschaft* als Rechtsform.

Einige *Rechtsinstitute des bürgerlichen Rechts* wie etwa der ein-
getragene Verein (e. V.) und die Gesellschaft des bürgerlichen Rechts
(BGB-Gesellschaft) haben im wirtschaftlichen Sektor für bestimmte
Bereiche der *Unternehmungszusammenschlüsse* und der *Unterneh-
mungskooperation* Bedeutung erlangt. So haben z. B. *Kartelle* (Zu-
sammenschlüsse rechtlich selbständiger Unternehmungen zum Zweck
der Wettbewerbsbeschränkung) häufig die Rechtsform der BGB-
Gesellschaft. *Fachverbände* bedienen sich vielfach der Rechtsform
des eingetragenen Vereins, desgleichen bestimmte Organe der sog.
freiwilligen Ketten, einer Kooperationsform zwischen Großhändlern
und Einzelhändlern. Grundsätzlich stellt sich bei allen betrieblichen
Aktivitäten das Problem des Zusammenschlusses bzw. der Kooperation und damit das Problem, hierfür eine bestimmte Rechtsform oder
zumindest vertragliche Festlegung zu finden (zu den Unternehmungs-
zusammenschlüssen vgl. z. B. W ö h e [Einführung 215–274]).

d) Die betriebliche Standortwahl

Zu den grundlegenden betriebswirtschaftlichen Rahmenentscheidun-
gen, die einen besonders hohen Bindungsgrad in zeitlicher und sach-
licher Hinsicht aufweisen, gehört die *Standortwahl,* d. h. die Bestimmung des *Orts der betrieblichen Tätigkeiten.* Dabei kann zwischen
interlokaler, lokaler und *innerbetrieblicher* Standortentscheidung differenziert werden. Die *interlokale* Standortwahl betrifft die Bestimmung des Landes und / oder der Gemeinde, in der der Betrieb tätig
werden will. Bei der *lokalen* Standortentscheidung wird der Standort
innerhalb der Gemeinde festgelegt. Auf einer anderen Ebene liegt
die Wahl des *innerbetrieblichen Standorts,* bei der es um die räum-
lichen Anordnungen von Produktivfaktoren *innerhalb* der örtlichen
Einheit Betrieb geht. Die Fragen des innerbetrieblichen Standorts, die
meist im Zusammenhang mit der Betriebsorganisation behandelt
werden, bleiben im folgenden außer Betracht.

So grob die Unterscheidung zwischen interlokaler und lokaler Standortwahl
ist, bietet sie dennoch die Möglichkeit, das *Entscheidungsfeld sukzessive im
Wege der Vorauswahl einzuengen.* Ein solches *heuristisches Verfahren* ist
allerdings mit dem Risiko verbunden, daß die günstigste Standortalternative
dabei verfehlt wird. Dies ist dann der Fall, wenn eine Detailanalyse im durch die
Vorauswahl ausgeschiedenen Land einen günstigeren Standort aufgezeigt hätte
als den letztlich gewählten. Hier zeigt sich, daß das heuristische Verfahren
der (sukzessiv und nicht simultan erfolgenden) Problemfeldeinengung zwar
die Alternativenselektion erleichtert, aber statt des Optimums u. U. nur ein
Suboptimum liefert.

Auch bei der Standortwahl ergibt sich eine starke Abhängigkeit von den Sach- und Formalzielen der Betriebe. Zum Beispiel hat ein bestimmtes Leistungsprogramm Auswirkungen auf die Standortentscheidung (Schiffbau, Bergwerke). Außerdem wirken Individualziele (z. B. Freizeitinteressen, persönliche Bindungen) nicht nur auf die Standortwahl privater Haushalte ein, sondern können auch den Standort von Unternehmungen bestimmen, wenn es gelingt, diese Ziele *für* die Organisation zu Zielen *der* Organisation zu machen. Nicht zuletzt stehen insbesondere bei Großunternehmungen Gewinn- und Umsatzziele im Zentrum der Standortüberlegungen.

Bei der Behandlung von Standortfragen wird immer wieder auf die sog. *Standortfaktoren* Bezug genommen. Man kann sie – in Erweiterung des Begriffs von Alfred W e b e r, der nur die *Vorteile* eines Standorts darunter faßt (A. W e b e r [Standort 16] – als *standortbedingte Einflußgrößen auf Ziele und Zielrealisation von Organisationen bezeichnen.* Im Rahmen einer *Standortanalyse* können derartige Standortfaktoren brauchbare Anhaltspunkte für die Standortentscheidung liefern. Als grundlegender Standortfaktor kommt zunächst *das ausreichende Vorhandensein der benötigten Produktivfaktoren* in Betracht (z. B. Arbeitskräfte). Sodann kann man nach den *kosten-, ertrags-* und *finanzwirtschaftlichen* Auswirkungen alternativer Standorte fragen und entsprechende Gruppen von Standortfaktoren unterscheiden (*kostenwirtschaftliche* Standortfaktoren: z. B. Transportkosten, Raumkosten, Steuern; *ertragswirtschaftliche* Faktoren: z. B. Nachfrage-Potential und Konkurrenz; Kapitalbedarf als *finanzwirtschaftlicher Standortfaktor*). Soweit die Quantifizierung derartiger Standortfaktoren in monetären Größen gelingt, bilden sie die Basis für *Investitionskalküle der Standortentscheidung* (als Beispiele für derartige Standortkalküle mit Hilfe von Operations Research-Verfahren bei Massenfilialbetrieben vgl. G ü m b e l [Unternehmensforschung 196–220]). Allerdings sind gerade Standortentscheidungen wegen ihrer zeitlichen Reichweite und der oft großen Umweltdynamik mit derart hohen Risiken behaftet, daß ein Investitionskalkül auf Schwierigkeiten stößt. Mit Hilfe von *Punktbewertungsverfahren* kann man versuchen, derartige Unsicherheiten einer quantitativen Erfassung zugänglich zu machen. Vielfach wird jedoch selbst eine solche Form der Quantifizierung auf Schwierigkeiten stoßen (vgl. hierzu z. B. N a u e r [Standortwahl 185 f.]).

Im Rahmen der betrieblichen *Standortpolitik,* die als System von Führungsentscheidungen in bezug auf Standorte gekennzeichnet werden

kann, verdient nicht zuletzt die Strategie der *Veränderung von Standortfaktoren* Beachtung, sei es, daß man Planungen der Gebietskörper-
schaften zu beeinflussen sucht (z.B. Planung der Verkehrswege),
Steuererleichterungen durchsetzt, günstige Baulandpreise und Be-
bauungskonditionen erwirkt u.ä. In bezug auf die Konkurrenz kann
die Strategie der *Konkurrenz-Evitation* (Konkurrenz*meidung*) oder
die Strategie der *Konkurrenz-Akkumulation* (Aufsuchen der konkur-
renzbesetzten Regionen) gewählt werden. Von *Standortagglomeration*
spricht man, wenn *nicht-konkurrierende* Betriebe sich in einer bestimmten Region konzentrieren (z.B. Einkaufszentren). Die Strategie
der *Standortspaltung* stellt die Aufteilung einzelner Betriebsteile auf
verschiedene Standorte dar (z.B. Fertigungsstätte, Verwaltung, Ver-
kaufsbüro an jeweils verschiedenen Plätzen).

e) Die Gestaltung der Organisation von Betrieben

aa) Die zwei Varianten des Organisationsbegriffs

Wenn wir bisher den Begriff Organisation verwendeten, haben wir
damit *Betriebe als Ganzes* bezeichnet. So gesehen *ist* der Betrieb
eine Organisation (Heinen [Einführung 46]; Organisation als *Total-
begriff*). Demgegenüber ist der Begriff Organisation in der Betriebswirtschaftslehre seit eh und je in einer engeren Bedeutung verwendet
worden; man sagt: der Betrieb *hat* eine Organisation (Heinen [Ein-
führung 46]; Organisation als *Partialbegriff*) und meint damit *ein
spezielles System von Regelungen, das den Betrieb und seine Abläufe
strukturiert.* Am deutlichsten läßt sich der Partialbegriff der Organisation fassen, wenn wir entsprechend den verschiedenen Sprachebenen
zwischen der Ebene der *Sach*entscheidungen und der der *Meta*-Ent-
scheidungen differenzieren. Die letzteren sind organisatorische Entscheidungen (vgl. Kirsch / Meffert [Organisationstheorien 42f.]).
Um eine Sachentscheidung handelt es sich z.B., wenn in einer Filiale
eines Massenfilialgeschäfts Preissenkungen beschlossen werden. Die
generelle Festlegung hingegen, *wer* über eine solche Preisentscheidung
zu befinden hat (z.B. der Filialleiter), ist eine *Meta*-Entscheidung bzw.
eine organisatorische Regelung. Derartige organisatorische Entscheidungen stellen also „*Umweghandeln*" (Kosiol [Organisation 28])
dar, mit dessen Hilfe die eigentlichen Sachentscheidungen möglichst
effizient ablaufen sollen.

Die Besonderheiten organisatorischer Regelungen werden u.E. verwischt, wenn
– wie bei Gutenberg [Produktion 233] Organisation und Planung als gleich-
geordnete Begriffe einander gegenübergestellt werden. Planung bezeichnet

zweckmäßigerweise eine bestimmte *Phase* der Entscheidung (neben Durchführung und Kontrolle – vgl. A. II. 2.), Organisation eine bestimmte *inhaltliche*
Dimension. So wie eine *Organisation der Planung* möglich ist, gibt es eine
Planung der Organisation (neben der *Durchführung* der Organisation und der
Organisations*kontrolle*). Auch die Kennzeichnung der Organisation als System
genereller *und fallweiser* Regelungen durch G u t e n b e r g erweist sich u. E.
derjenigen K o s i o l s unterlegen, der Organisation lediglich als Strukturierung
von Ganzheiten durch generelle Regelungen auffaßt (G u t e n b e r g [Produktion
237]; K o s i o l [Organisation 28]). Faßt man nämlich auch fallweise Regelungen
als organisatorische Entscheidungen auf, geht die – ohnehin nicht scharf zu
ziehende – Grenze zu den Sachentscheidungen verloren.

Unter dem Gesichtspunkt, daß ein Begriffssystem es erlauben soll,
unterschiedliche Sachverhalte auch durch unterschiedliche Begriffs-
inhalte zu erfassen, ist u. E. *die Verwendung des Organisationsbegriffs
in beiden Varianten zweckmäßig.* Gerade für die fruchtbare Behandlung organisatorischer Probleme ist außerdem *die Einbeziehung verhaltenswissenschaftlicher Erkenntnisse wichtig.* Dies geschah in der
älteren Organisationsliteratur durch die Berücksichtigung der sog.
„*informalen Organisation*", mit der jene Gruppenphänomene bezeichnet werden, die sich aufgrund emotionaler Beziehungen, privater
Kontakte und Interessenidentitäten zwischen den beteiligten Personen
ergeben und die die „offizielle" (formale) Organisation durchdringen.
Je stärker in die moderne Organisationslehre verhaltenswissenschaftliche Erkenntnisse einbezogen werden, um so mehr verlieren die
Aspekte der informalen Organisation ihre Sonderstellung; sie werden
vielmehr zu Elementen eines Gesamtsystems verhaltenswissenschaftlich ausgerichteter Organisationsaussagen.
*Organisation (als Partialbegriff) meint also das Fällen von struktur-
und ablaufbezogenen Meta-Entscheidungen und ihre Resultate unter
Integration sozio-psychologischer Entscheidungsdeterminanten.*

bb) Analyse und Synthese als Formaldimensionen organisatorischer
Entscheidungen

Das Grundkonzept organisatorischer Gestaltung „ist das Analyse-
Synthese-Konzept, das in seiner ausgefeiltesten Form von K o s i o l
entwickelt wurde" (G r o c h l a [Unternehmungsorganisation 19]). Was
ist darunter zu verstehen? Zunächst geht es bei der Organisations-
gestaltung von Betrieben um die *Aufgabenanalyse.* Ausgangspunkt
bildet dabei zweckmäßigerweise die Gesamtaufgabe des Betriebs (z. B.
ein bestimmtes Produktions-Sachziel), die in Teilaufgaben zu zerlegen
ist. Als *Kriterien einer solchen Aufgabenzerlegung* kommen in Be-

tracht: Die *Art* der Verrichtungen und das *Objekt*, an dem sie sich vollziehen sollen (z.B. Beschaffungsaktivitäten hinsichtlich Anlagen, Rohstoffen usw.); der *Rang* der Verrichtung (Führungsentscheidungen gegenüber ausführenden Tätigkeiten) und die *Phase* der Verrichtung (Planungsphase, Durchführungsphase, Kontrollphase).

An die Aufgabenanalyse schließt sich die *Aufgabensynthese* und die Zuordnung des so entstandenen Aufgabengefüges auf die jeweiligen Produktivfaktoren, also auf potentielle Personen und sachliche Produktionsmittel, an. Das Ergebnis der Aufgabensynthese sind *Stellen, Abteilungen* (= in der Regel Stellenmehrheiten unter einer Leitungsinstanz), *Kollegien* usw. (vgl. G r o c h l a [Unternehmungsorganisation 62–75]). Die diesen Aktionseinheiten im Rahmen der Aufgabensynthese zugewiesenen Rechte und Befugnisse bilden deren *Kompetenz*. Stellen mit selbständigen *Anordnungsrechten* werden *Instanzen* genannt. Bedarf es bereits bei der Gestaltung der *Aufbau-Organisation* (K o s i o l) der Berücksichtigung verhaltenswissenschaftlicher Aspekte [z.B. Einplanung „produktiver Konflikte" bei der Kompetenzfestlegung – vgl. dd)], so gilt dies in noch stärkerem Maß für die *Ablauforganisation* (K o s i o l), die die betrieblichen Prozesse in raumzeitlicher Hinsicht regelt. Hier sind z.B. Gesichtspunkte des *Rollenverhaltens* bei der Stellenplanung zu berücksichtigen, *die organisatorische Sicherung ausreichender kreativer Spielräume, die motivationsfördernden und -hemmenden Wirkungen organisatorischer Statussymbole* u. ä.

cc) Zum Problem der Entscheidungskriterien bei Organisationsalternativen

Da Organisation als System von Meta-Entscheidungen eine höhere Effizienz der betrieblichen Entscheidungen bewirken soll, liegt es nahe, zumindest in Unternehmungen Organisationsalternativen nach dem *Kriterium des höchsten Gewinnbeitrags* zu selektieren. Dabei würde es eine wesentliche Entscheidungserleichterung bedeuten, wenn man über Theorien oder Gesetze hinsichtlich der Wirkungen alternativer Organisationsstrukturen verfügte, aus denen sich Anwendungsempfehlungen für die organisatorische Gestaltung der Betriebe gewinnen ließen. So hätte z.B. eine Gesetzmäßigkeit hohe Entscheidungsrelevanz, die etwa lauten könnte: „In Großunternehmungen ist die funktionsorientierte Organisation der Spartenorganisation [vgl. dd) 1.] dann unterlegen, wenn zukünftige Aufgaben schwer prognostizierbar sind" (vgl. hierzu G r o c h l a [Unternehmungsorganisation 204]). Indessen steht die Organisationsforschung in dieser

Hinsicht erst in den Anfängen, da die empirische Überprüfung von Gesetzeshypothesen noch wenig fortgeschritten ist. Bestimmte verhaltenswissenschaftliche Hypothesen (z. B. aus dem Bereich der Motivations- und Kreativitätsforschung) sind zwar für organisatorische Regelungen verwendbar, weisen aber nur eine geringe Reichweite auf, so daß sie für die Gestaltung komplexerer Beziehungen nicht in Betracht kommen.

Eine unabhängig von Gesetzen erfolgende, *betriebsindividuelle Ermittlung und Prognose der günstigsten Organisationsalternativen* anhand des Gewinnkriteriums scheitert in vielen Fällen an der Schwierigkeit, die Gewinnwirkungen organisatorischer Veränderungen isolieren zu können. Am ehesten gelingt es bis jetzt bei eng eingegrenzten organisatorischen Problemen, mit Hilfe mehr oder weniger mathematisch aufwendiger Verfahren, die günstigste Alternative zu bestimmen (etwa quantitative Ansätze zur Optimierung von Organisationsstrukturen im Vertriebsbereich; vgl. z. B. Hanssmann [Optimierung]). Die quantitative Erfassung von Organisationsentscheidungen wird außerdem in dem Maß erschwert, in dem verhaltenswissenschaftliche Faktoren in den Modellen berücksichtigt werden sollen, deren quantitative Auswirkungen schwer zu quantifizieren sind (vgl. z. B. die Nichtberücksichtigung motivationaler Faktoren im Ansatz von Müller-Hagedorn [Optimierung]).

Demzufolge muß man sich bei Organisationsentscheidungen vielfach mit schwerer kontrollierbaren *Effizienzvermutungen* begnügen und versuchen, durch die Befolgung *allgemeiner Organisationsgrundsätze* und die Beobachtung von *Effizienz-Indikatoren* sich der besten Lösung zu nähern. So hat die Organisationslehre vielfältige *Organisationsprinzipien* entwickelt, die sich teilweise als Orientierungspunkte für organisatorische Regelungen verwenden lassen (vgl. z. B. Ruffner [Prinzipien 1330–1339]). Der Grundsatz der *Transparenz* fordert Einfachheit und Klarheit der Organisation. Weitere Grundsätze sind *Flexibilität und Stabilität der Organisation,* der Grundsatz der *Übereinstimmung von Kompetenz und Verantwortung.* Diese Grundsätze der traditionellen Organisations-Literatur lassen sich durch verhaltenswissenschaftliche Gesichtspunkte wie z. B. *Prinzip integrativer Rollenverteilung, team-orientierte Konfliktregelungen, Förderung intrinsischer Motivation* u. ä. ergänzen. Konkrete betriebliche Fehlleistungen (z. B. unvollständiger innerbetrieblicher Informationsaustausch) sind vielfach Indikatoren organisatorischer Schwachstellen.

Es liegt auf der Hand, daß die Orientierung an Organisationsgrundsätzen der genannten Art und an Indikatoren des organisatorischen Vollzugs wenig befriedigende Entscheidungshilfen darstellen. Dennoch sind derartige Entscheidungsheuristiken nicht völlig ohne Wert in einem Entscheidungsbereich, der bisher noch wenig erschlossen ist.

dd) Einzelprobleme der betrieblichen Organisation

(1) Organisationskonzepte des Gesamtbetriebs (Funktionale Organisation versus Spartenorganisation)

Der Gesamtbetrieb läßt sich nach unterschiedlichen Kriterien gliedern: bei *funktionaler Gliederung* ist die *Art* der Aufgabe (ihr *Sachcharakter*) das *dominante Strukturierungsmerkmal* des Gesamtsystems. Die Subsysteme bzw. Abteilungen werden nach betrieblichen Funktionen wie Beschaffung, Fertigung, Absatz usw. gebildet.

Funktionale Organisation

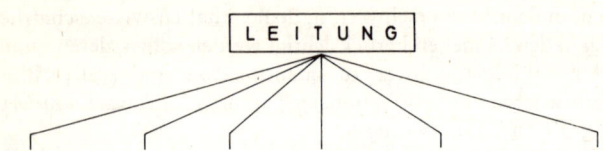

Abbildung 19.

Eine solche *Zentralisation der Verrichtung* ist zugleich eine *Dezentralisation nach dem Merkmal Verrichtungsobjekt* (Grochla [Unternehmungsorganisation 60]): Leistungen an den herzustellenden Produkten erfolgen in mehreren Leistungszentren der Unternehmung.

Spartenorganisation nach Produktgruppen

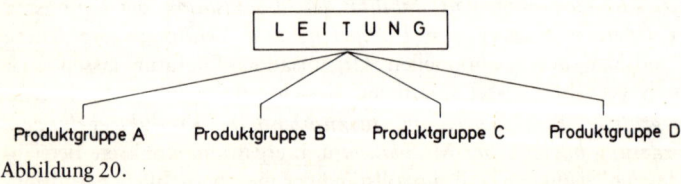

Abbildung 20.

Sind demgegenüber die jeweiligen *Produkte oder Produktgruppen das dominante Strukturierungsmerkmal,* so liegt eine Spielart der *Spartenorganisation (divisionalisierte Organisation)* vor. Statt nach Produkten können Sparten auch *nach regionalen Gesichtspunkten* oder nach *Kunden- oder Kundengruppen* gebildet werden. Da jedoch die produkt- oder produktgruppenbezogene Divisionalisierung einen besonders häufigen Fall der Spartenorganisation darstellt, wird der Begriff vielfach ausschließlich in dieser Bedeutung verwendet.

Eine derartige *Zentralisation nach Verrichtungsobjekten* stellt zugleich eine *Dezentralisation der Verrichtungen* dar: Im Extremfall, der allerdings kaum vorkommen dürfte, verfügt jede Sparte über ein komplettes Subsystem der betrieblichen Funktionen (Beschaffungsabteilung der Sparte A, B, C . . .; Fertigungsbetrieb der Sparte A, B, C . . . usw.). In der Realität treten bei Spartenorganisationen *Zentralabteilungen* auf, die eine *Verrichtungszentralisation* darstellen (z. B. zentrale Rechtsabteilung, zentraler Forschungs- und Entwicklungsbereich, zentrale Marktforschung).

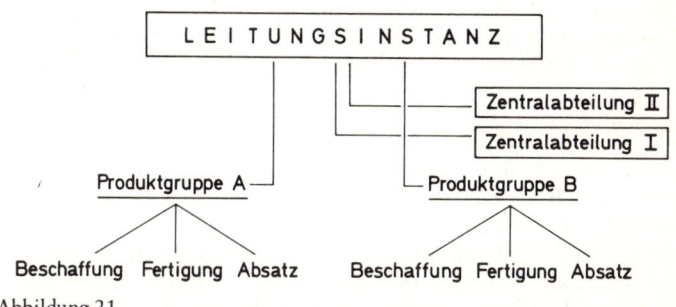

Abbildung 21.

Die Spartenorganisation hat insbesondere für Großunternehmungen mit heterogenem Produktionsprogramm Vorteile, indem sie durch Bildung einheitlicher Aktionsbereiche *betriebliche Komplexität reduziert* und eine *Aktivitätskonzentration* auf die jeweiligen Produkte bzw. Produktgruppen fördert. Auch die *relative Selbständigkeit* der Abteilungen kann die Qualität der Entscheidungen steigern, zumal die organisatorische Verselbständigung der Sparten eine *Ermittlung von Spartenerfolgen* ermöglicht (Sparten als *„profit centers"*). Andererseits stellt die *Koordination* der einzelnen Sparten ein Problem dar, sei es, daß es sich um eine Koordination der Investitionsansprüche der Sparten handelt oder um eine solche auf Beschaffungs- und Absatzmärkten. Zur besseren Koordination der Absatzaktivitäten kann eine Abschwächung des Spartenprinzips zugunsten einer stärkeren Kundenorientierung zweckmäßig sein. Schließlich besteht bei nicht ausreichend großen Sparten und einer Unterentwicklung von Zentralabteilungen die Gefahr, daß die Spezialisierungsvorteile der Verrichtungskonzentration verlorengehen.

Eine Kombinationsform zwischen Sparten- und funktionaler Organisation ist die sog. *Matrixorganisation*. Sie stellt eine Verzahnung zwischen funktionalen Stellen bzw. Abteilungen einerseits, sparten-(insbes. produkt- bzw. produktgruppen-)orientierten Stellen bzw. Abteilungen andererseits dar.

	Beschaffung	Fertigung	Absatz
Produktionsabteilung A			→
Produktionsabteilung B			→
Produktionsabteilung C	↓	↓	↓ →

Abbildung 22.

Kennzeichen der Matrixorganisation ist die Aufteilung der Kompetenzen auf Instanzen der Funktionsbereiche und Instanzen der jeweiligen Sparten. So sind z.B. die Sparten für die Planung und Kontrolle, die Funktionsbereiche für die Durchführung der Aktivitäten zuständig (vgl. G r o c h l a [Unternehmungsorganisation 207]). Es liegt auf der Hand, daß eine solche Organisationsform zwar einerseits flexibel, andererseits aber sehr konflikttrchtig ist (Konfliktmöglichkeiten zwischen Sparten- und Funktionsträgern wie auch zwischen den verschiedenen Sparten, die um die Ressourcen der Abteilungen konkurrieren). Ein gewisses Ausmaß von Konflikten ist zwar beabsichtigt; nur bei einem entsprechenden Teamgeist dürfte es aber vermeidbar sein, daß das Ausmaß der Konflikte effizienzmindernd wirkt.

(2) Organisationsprinzipien im Bereich der Leitung

(11) Gestaltungsmöglichkeiten der Anordnungsbefugnisse
      (Einlinien-, Mehrlinien- und Stab-Linien-System)

Eines der Grundprobleme betrieblicher Organisation ist die Entscheidung darüber, *wer Anordnungen zu geben berechtigt und wer ihnen Folge zu leisten verpflichtet ist.* In der Organisationslehre werden in dieser Hinsicht das *Einliniensystem,* das *Mehrliniensystem* und das *Stab-Linien-System* unterschieden.

Kennzeichen des Liniensystems ist die Beschränkung der befehlsmäßigen Kommunikation auf *eine* Linie; jeder Untergebene erhält also nur von *einem* Vorgesetzten Anweisungen. Damit ist die sog. *Einheit der Auftragserteilung* (F a y o l) sichergestellt.

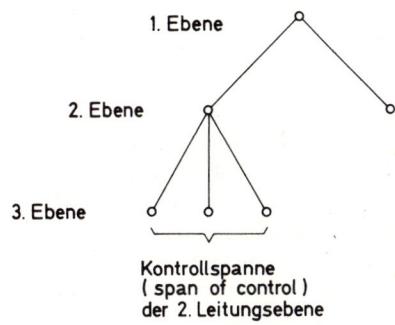

Abbildung 23.

1. Ebene

2. Ebene

3. Ebene

Kontrollspanne
(span of control)
der 2. Leitungsebene

Im Gegensatz dazu empfängt der Untergebene im Mehrliniensystem Weisungen von mehreren Vorgesetzten.

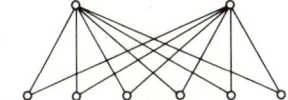

Abbildung 24.

Die Einheit der Auftragserteilung ist hier also dem *Prinzip der Mehrfachunterstellung* gewichen.

Das Mehrliniensystem (auch Funktionssystem genannt) geht auf T a y l o r s Funktionsmeistersystem zurück, demzufolge im Fertigungsbereich statt eines Universalmeisters mehrere Spezialmeister eingesetzt werden (z. B. ein Meister für die Arbeitssicherheit, ein weiterer für die Qualitätskontrolle usw.). Dem Vorteil eines hohen Spezialisierungsgrads stehen als Nachteile die Konfliktträchtigkeit und die geringeren Kontrollmöglichkeiten des Mehrliniensystems gegenüber. Immerhin ist bemerkenswert, daß das Mehrliniensystem in Gestalt der Matrixorganisation [vgl. oben (1)] wieder außerordenlich aktuell geworden ist.

Als ein Versuch, die Spezialisierungsvorteile des Mehrliniensystems mit der Transparenz des Liniensystems zu verbinden, kann das Stab-Linien-System gelten. Hierbei werden die (Ein-)Linien-Instanzen durch *Stäbe* unterstützt. Diese dienen der Entscheidungsvorbereitung und haben selbst keine Anordnungsbefugnis (z. B. Marktforschungsabteilung, Rechtsabteilung, Direktionsassistent u. ä.). Bei allen Vorteilen derartiger Stäbe hat sich die Skepsis gegenüber Stabstellen in letzter Zeit verstärkt. Einmal wird auf das *Konfliktpotential* hingewiesen, das im Stab-Linien-System besonders dann- zutage tritt, wenn – berechtigter- oder unberechtigterweise – Vorschläge der Stäbe von der Linie nicht realisiert werden (vgl. z. B. G r o c h l a [Unternehmungsorganisation 185–187]). Zum anderen kann sich aufgrund der *Informationsmacht der Stäbe* eine unkontrollierte Usurpation von Entscheidungsmacht ergeben (vgl. hierzu insbesondere I r l e [Macht]). Als alternatives Prinzip wird vorgeschlagen, die Entscheidungsfindung im Rahmen von *Projektgruppen* vorzunehmen. In ihnen sind auch Vertreter verschiedener Linien-Abteilungen, die zu einer Entscheidung über das jeweilige Problem befugt sind, zu einer *„Task force"* vereinigt (vgl. hierzu I r l e [Macht 218–231]).

(22) Führungsstile

Die vielfältigen Formen der Führung lassen sich in bestimmte *Führungsstile* einteilen, wobei als Führungsstil die von einer umfassenden Grundidee geprägte Form der Willensdurchsetzung verstanden werden kann (W i t t e [Führungsstile 595]). Gegenüber den *traditionalen Führungsstilen,* zu denen W i t t e den *patriarchalischen,* den *charismatischen,* den *autokratischen* und den *bürokratischen* Führungsstil zählt, lassen sich bestimmte *moderne Führungsstile* unterscheiden, die wesentlich durch *kooperative Elemente* gekennzeichnet sind (W i t t e [Sp. 600–602]). Bei ihnen tritt an die Stelle der personalen Unterordnung unter einen „Patriarchen" und/oder Charismatiker, unter einen durch institutionelle Regelungen abgesicherten *Autokraten* oder unter ein *System bürokratischer Regeln* die *Mitwirkung der Arbeitnehmer bei Führungsentscheidungen* in der verschiedensten Form. Sie kann lediglich beratender Art sein oder sich in Gestalt eines demokratischen Willensbildungsprozesses vollziehen, an dem alle Betroffenen teilhaben.
Die kooperativen Führungsstile sind allein schon aufgrund ihres Motivationspotentials in einem weiten Bereich zumindest langfristig mit dem Effizienzdenken von Produktionswirtschaften durchaus vereinbar. Allerdings wird in vielen Fällen die Komplementarität

zwischen kooperativer Führung und Güter-Output nur partiell sein. Je umfassender in einem Betrieb kooperative Führungsstile verwirklicht werden, um so näher liegt es, daß sich eine konfliktäre Beziehung zum Güter-Output ergibt. Sofern ein hohes Maß an kooperativem Führungsstil die Selbstverwirklichung der Mitarbeiter fördert, ist die Frage zu stellen, ob der Selbstverwirklichungszuwachs nicht höher zu bewerten ist als das Output-Defizit. Im Extrem würde das „ursprüngliche Ziel der Produktion ... zur Nebenbedingung bei der Umfunktionierung der Unternehmung in eine *big happy family*" (G r o c h l a [Unternehmungsorganisation 100]).

Zu den modernen Führungsstilen zählen auch die sog. „Management by ..."-Techniken. Auf das *Management by Objectives* wurde schon mehrfach hingewiesen. Es hat die Zielsteuerung der Unternehmung durch umfassende operationale Zielvorgaben zum Inhalt, wobei die Mitarbeiter bei der Zielfixierung mitwirken. Das *Management by Exception* ist dadurch gekennzeichnet, daß Führungsstellen nur in besonderen Fällen in die Entscheidungen untergeordneter Stellen eingreifen, so etwa bei erheblichen Zielabweichungen, unvorhergesehenen Ereignissen u.ä. Ein solches Management by Exception ist eng verwandt mit dem *Management by Delegation*. Die hierbei erfolgende Delegation von Entscheidungen an nachgeordnete Instanzen geschieht im Interesse des Freiwerdens für Führungsaufgaben, um der besseren Nutzung der Detailkenntnisse der Untergebenen willen sowie zur Förderung ihrer Motivation.

ee) Organisatorische Probleme in privaten Haushalten

Die Wichtigkeit organisatorischer Probleme steht in enger Beziehung zur Größe der Organisation. Dennoch sind auch für die relativ kleinen privaten Haushalte bestimmte organisatorische Probleme relevant (vgl. auch D u b b e r k e [Private Haushalte]). Von besonderer Wichtigkeit ist der Bereich der *Führungsstile,* und die oben dargestellten Führungsstilarten sind unmittelbar auf private Haushalte übertragbar. Gerade für private Haushalte sind heute autoritäre Führungsstile – und sei es in der charismatischen Variante – mehr und mehr fragwürdig geworden. Daß außerdem für jede Art haushälterischer Tätigkeit die *Schaffung motivierender und die Selbstverwirklichung fördernder organisatorischer Regelungen* von Bedeutung ist, liegt auf der Hand. Nicht nur in Mehrpersonen-, sondern auch in Einpersonenhaushalten kann im übrigen die *Anwendung des Analyse-/Synthese-Konzepts* dazu dienen, zweckmäßige Aufgabeneinteilungen vorzunehmen (D u b b e r k e [Private Haushalte 1341]). In Mehrpersonenhaushalten kommt außerdem das Problem einer sinnvollen *interpersonalen Aufgabenverteilung* hinzu. Eine rationelle Gestaltung der Ablauforganisation macht es schließlich möglich, den Freizeitspielraum der Haushaltangehörigen zu erweitern.

4. Die funktionalen Subsysteme von Betriebswirtschaften

a) Vorbemerkung

Die dargestellten konstitutiven Entscheidungen bezogen sich auf den Betrieb als Ganzes. Sie legen gewissermaßen das „Betriebsgehäuse" fest und bilden damit den institutionellen Rahmen, der bereits bei der Betriebsgründung geschaffen werden muß und innerhalb dessen sich die laufenden bereichsbezogenen betrieblichen Instrumentalentscheidungen vollziehen. Zur begrifflichen wie zur realen Strukturierung bietet sich die Einteilung der laufenden bereichsbezogenen Entscheidungen nach dem Kriterium ihres *Sachcharakters* und damit nach *betrieblichen Funktionen* an. So wird denn auch im folgenden in die elementaren betrieblichen Subsysteme der *Beschaffung*, der *innerbetrieblichen Leistungserstellung* und des *Absatzes* gegliedert. Diesen elementaren, am Betriebsprozeß orientierten Subsystemen sind die übergreifenden Bereiche der *Finanzwirtschaft*, der *Personalwirtschaft* und der *Informationswirtschaft* gegenüberzustellen. Ihr übergreifender Charakter liegt darin, daß finanzwirtschaftliche, personalwirtschaftliche und informationswirtschaftliche Entscheidungen alle Elementarsysteme überlagern.

Sosehr die konstitutiven Entscheidungen die Basis der laufenden Entscheidungen bilden, so üben diese umgekehrt Einflüsse auf die betriebliche Konstitution aus (z.B. Einfluß von Beschaffungsentscheidungen auf Faktorstruktur und Betriebsgröße) oder sind mit ihnen zum Teil identisch (z.B. produktpolitische Entscheidungen und Leistungsprogramm-Entscheidungen). Insofern sind die Grenzen zwischen beiden Entscheidungsbereichen nicht scharf zu ziehen.

b) Die Gestaltung der Beschaffungswirtschaft

aa) Der Beschaffungsbegriff

In einem weiten Sinne kann man unter der betrieblichen Beschaffung jene Aktivitäten verstehen, die auf die Gewinnung rechtlicher und wirtschaftlicher Verfügungsmacht über Güter gerichtet sind. Unter Beschaffungswirtschaft fällt dann z.B. auch die Beschaffung von Kapital und Arbeitsleistungen.

Unter dem Aspekt zweckmäßig gegliederter betrieblicher Funktionsbereiche bzw. Subsysteme ist ein engerer Begriff der Beschaffungswirtschaft üblich, aus dem die Beschaffung von Kapital, Informationen und Arbeitsleistungen ausgegliedert wird (vgl. z.B. hinsichtlich der Aussonderung einer Beschaffung von Kapital- und Arbeitsleistungen B a n s e [Beschaffung 731]; hinsichtlich der Aussonderung der Informationsbeschaffung H e i n e n [Industriebetriebslehre 201]). Dieser enge Begriff wird auch im folgenden verwendet.

Auch der enge Begriff der betrieblichen Beschaffungswirtschaft umfaßt nicht nur *Sachgüter,* sondern auch *Dienstleistungen.* Das Mieten einer EDV-Anlage ist z.B. ein Beschaffungsakt. Die Sachgüterbeschaffung kann sich auf *Ver*brauchs- und *Ge*brauchsgüter erstrecken. Das einzelne Gebrauchsgut verkörpert ein Nutzungspotential („Potentialfaktor"), das sich erst im Laufe eines längerfristigen Betriebsprozesses verzehrt. Das Verbrauchsgut hingegen („Repetierfaktor") geht im Zuge des Produktionsprozesses unter.

Entscheidungsvariable im Beschaffungsbereich bilden einmal die *Beschaffungsziele,* zum anderen die *beschaffungspolitischen Instrumente.*

bb) Beschaffungsentscheidungen in Produktionswirtschaften

(1) Beschaffungsziele

Gehen wir von rationalem Verhalten in Produktionswirtschaften aus, so ergibt sich ein *Ableitungszusammenhang zwischen betrieblichen Oberzielen und Beschaffungszielen als Zwischen- und Unterzielen.* Diese werden sich z.B. in Unternehmungen dem Gewinnziel, in Kostendeckungsbetrieben dem Ziel der Kostenminimierung unterordnen. Dementsprechend werden in der Literatur als Beschaffungsziele etwa genannt: Bereitstellung der zur Produktion benötigten Güter in der erforderlichen Menge, in der richtigen Qualität, zur richtigen Zeit am richtigen Ort (vgl. z.B. H e i n e n [Industriebetriebslehre 202]) sowie – so ist zu ergänzen – zu einem möglichst günstigen Preis.

Zwei Merkmale kennzeichnen eine derartige Behandlung beschaffungspolitischer Teilziele in der traditionellen betriebswirtschaftlichen Literatur:

1. Sie sind in erster Linie durch die fertigungswirtschaftlichen Erfordernisse des Betriebes bestimmt und nicht von denen der Absatz- und Beschaffungsmärkte.
2. Sie vernachlässigen verhaltenwissenschaftliche Aspekte der betrieblichen Beschaffungsprozesse, wie sie nicht zuletzt auch in einem

Transformationsprozeß individueller Einkaufsziele in Ziele *der* Organisation zum Ausdruck kommen [vgl. oben B. I. 3. b)]. Dies soll im folgenden näher ausgeführt werden.

(11) Bestimmungsprobleme der optimalen Bestellmenge

Die einseitige fertigungswirtschaftliche Ausrichtung der Beschaffungsziele läßt sich am Beispiel der Bestimmung der *optimalen Bestellmenge* – ebenfalls ein zentrales Teilziel der Beschaffung – gut veranschaulichen.

Das *Problem eines Bestellmengenoptimismus ergibt sich aus den gegenläufigen Kostenwirkungen alternativer Bestellmengen:* wachsende Bestellmenge bringen einerseits Kostenvorteile im Bereich der Transportkosten, der Bestellkosten und vor allem aufgrund günstigerer Beschaffungspreise und Konditionen. Andererseits sind wachsende Bestellmengen mit zusätzlichen Kostenbelastungen insbesondere dann verbunden, wenn die bestellten Mengen vom Abnehmer gelagert werden müssen (es sich also nicht um Abrufaufträge handelt); es treten zusätzliche Lager- und Zinskosten auf, Risiken des Verderbs und / oder des Veraltens der Güter.

Die Betriebswirtschaftslehre hat schon in ihrem Frühstadium *Formeln für die Bestimmung der optimalen Bestellmenge* entwickelt. Sie enthielten anfangs nur wenige Variable und ließen z. B. die Preisvorteile steigender Beschaffungsmengen unberücksichtigt (vgl. die Ableitung der auf Stefanic-Allmeyer zurückgehenden Grundformel der optimalen Bestellmenge bei Heinen [Industriebetriebslehre 215–218]). Erst in jüngerer Zeit hat man im Rahmen von Operations Research-Verfahren die Zahl der erfaßten Variablen erweitert und damit auch Einflüsse des Absatzmarktes in Gestalt der Berücksichtigung von Fehlmengenkosten zu erfassen versucht (vgl. z. B. Churchman / Ackoff / Arnoff [Operations Research 43 und 557]). Absatzmarktbedingte Fehlmengenkosten sind der kostenmäßige Ausdruck jener Ertragseinbußen, die aufgrund nicht ausreichender Lagerbestände entstehen (z. B. Verlust einer Bestellung, weil das Gut nicht zum erforderlichen Zeitpunkt für den Kunden verfügbar ist). Die Grenzen der Erfassung absatz- und beschaffungsmarktabhängiger Determinanten der optimalen Bestellmenge sind indessen auch bei den modernen Operations Research-Verfahren in den Unsicherheiten der Absatz- und Beschaffungsmarktverhältnisse begründet. Unregelmäßige Absatzveränderungen lassen sich damit ebensowenig erfassen wie Preisrisiken auf den Beschaffungsmärkten, die z. B. in Zeiten steigender Preise oder bei Lieferengpässen zu erhöhter Vorratshaltung Anlaß geben können.

Generell ist festzuhalten, daß mit zunehmender Marketing-Ausrichtung der Unternehmungen auch die Beschaffungsziele in eine stärkere Abhängigkeit von den Marktbedingungen gelangen.

(22) Verhaltenswissenschaftliche Aspekte beschaffungswirtschaftlicher Zielbildungen

Insbesondere die Analyse der Beschaffungsprozesse in größeren Organisationen läßt die *Einbeziehung verhaltenswissenschaftlicher Kategorien in den Zielbildungsbereich* zweckmäßig werden. Denn gerade im Beschaffungsbereich können die individuellen Ziele der an Einkaufsentscheidungen beteiligten Personen eine beträchtliche Rolle spielen und sind daher in ihrem Einfluß auf die Ziele der Organisation zu beachten. So hat man schon seit langem hervorgehoben, daß bei Investitionsentscheidungen − als der sich auf *Gebrauchsgüter* beziehenden Variante von Beschaffungsentscheidungen − Prestigegesichtspunkte des Management Bedeutung erlangen können (vgl. z.B. K r e i k e b a u m - R i n s c h e [Prestigemotiv]). Gebäudeausstattungen und technische Anlagen (z.B. EDV) erhalten z.B. ein qualitatives Niveau, dessen Kosten auch mit weitherzig formulierten Gewinnzielen nicht mehr zu vereinbaren sind.

Von besonderem Interesse sind darüber hinaus neuere amerikanische Arbeiten, die sich detaillerter mit den *Individualzielen von Einkäufern* befassen (vgl. z.B. L a z o [Emotional Aspects]). In diesem Zusammenhang rücken als persönliche Ziele ins Blickfeld: das *Streben nach „Belohnungen"*, sei es, daß diese im eigenen Betrieb gewährt werden, sei es, daß man sie sich auf erlaubte oder unerlaubte Weise (Bestechung) von den Lieferanten zu verschaffen versucht. Die vom eigenen Betrieb erwarteten Belohnungen und Bestrafungen stehen in enger ursächlicher Beziehung zu einem bestimmten *Risikoverhalten* bei Einkaufsentscheidungen (vgl. z.B. C a r d o z o / C a g l e y [Industrial Buyer Behavior]). Ist im Falle beschaffungspolitischer Fehlentscheidungen das Risiko betrieblicher Bestrafungen groß, liegt es nahe, daß auch das Einkaufsverhalten durch eine verminderte Risikoneigung gekennzeichnet ist. Der Rückgriff auf die bisherigen bewährten Lieferanten anstelle eines Wechsels auf neue, preisgünstigere Anbieter kann hierin seine Ursache haben. Weiterhin üben u.U. *immaterielle Ziele* in Gestalt eines guten persönlichen Verhältnisses des Einkäufers zum Verkäufer auf die Einkaufsentscheidungen wesentlichen Einfluß aus (etwa auf die Lieferantenauswahl, die akzeptierte Preishöhe u.ä.) (vgl. zu dieser Perspektive des Verkaufsprozesses als Interaktionsprozeß z.B. S c h o c h [Verkaufsvorgang]).

Das Aufzeigen derartiger persönlicher Elemente läßt sehr deutlich werden, daß die Beschaffungsziele der Unternehmung Ergebnis eines Prozesses sind, der auch von den Individualzielen der am Einkaufsprozeß Beteiligten wesentlich geprägt ist.

(2) Das beschaffungspolitische Instrumentarium

Es dient der Reduzierung von Entscheidungskomplexität, wenn man die verschiedenartigen beschaffungspolitischen Entscheidungen in einem *Katalog beschaffungspolitischer Instrumente* zu gliedern versucht. Einen geeigneten Ausgangspunkt dafür bietet das *absatz*politische Instrumentarium, wie es Gutenberg entwickelt hat, der zwischen *Produktgestaltung, Preispolitik, Werbung* und *Wahl der Absatzmethoden* unterscheidet (vgl. Gutenberg [Der Absatz] und unten Abschnitt 4 d). Dementsprechend ergäben sich als beschaffungspolitische Instrumente: Beschaffungsprogramm, Preispolitik, Beschaffungsmethoden und Beschaffungswerbung.

Bei Heinen [Industriebetriebslehre 238–241] findet sich ebenfalls dieser Katalog, aber um die Werbung verkürzt, so daß ein auch für die Beschaffung relevanter Aktionsbereich unberücksichtigt bleibt. Bei Theisen ist der in Anlehnung an Gutenberg gebildete Instrumentenkatalog um ein weiteres Instrument „*Nebenleistungen des Beschaffers für den Lieferanten*" erweitert, und in der Tat wird damit eine wichtige Aktionsvariable des Beschaffungsbereichs erfaßt. Sie läßt sich jedoch dann dem Instrument Preispolitik unterordnen, wenn diese allgemein als *Entgeltspolitik* gefaßt wird, und damit auch nicht-monetäre Gegenleistungen einbezieht (vgl. Eisele [Beschaffungsprozesse 184]).

Wir unterscheiden demnach folgende beschaffungspolitischen Instrumente:

1. Beschaffungsprogramm;
2. Entgeltspolitik;
3. Beschaffungsmethode;
4. Beschaffungswerbung.

Der Einsatz der drei ersten Instrumente ist zwangsläufig mit jeder Beschaffungsentscheidung verbunden; insofern sind es „unverzichtbare" Entscheidungsbereiche im Gegensatz zur Beschaffungswerbung, deren Einsatz nicht zwangsläufig ist.

Beschaffungsprogrammentscheidungen beziehen sich auf Qualität und Quantität der von Lieferanten zu beschaffenden Güter, wobei diese Entscheidungen in enger Verbindung zur Entgeltspolitik stehen. Welches Qualitätsniveau eines Gutes z.B. gewählt wird, ist von den zu leistenden Entgelten in hohem Maß bestimmt. Das zeigt sich nicht zuletzt auch bei der *Entscheidung über Eigenerstellung oder Fremdbezug eines Gutes (make or buy):* eine wichtige Determinante hierbei ist die Relation zwischen der Entgeltshöhe der Fremdbeschaffung und den Kosten, die die Eigenproduktion des betreffenden Gutes verursachen würde. Daneben kommen als weitere Determinanten insbesondere die Sicherung der betrieblichen Elastizität, Unabhängigkeitsgesichtspunkte, Verfügbarkeit betrieblicher Ressourcen wie Kapital und Arbeitskräfte einschließlich des notwendigen „know how", Sicherung der Qualität und des Qualitäts- (evtl. Marken-)Images des eigenerstellten Artikels in Betracht.

Inwieweit der Betrieb bei seinen *Entgeltsentscheidungen* auf die Anbieterpreise Einfluß nehmen kann, hängt von seiner Marktposition und der damit verbundenen Marktmacht sowie von seinem Verhandlungspotential ab. Analoges gilt auch für die Möglichkeit, auf die Qualität der zu liefernden Erzeugnisse einzuwirken (vgl. hierzu auch die Ausführungen über Marktformen in Abschnitt 4. d), bb) und bei Pohmer / Bea [Grundstudium: Produktion und Absatz]). *Nichtmonetäre Entgelte* können z.B. in der Mitwirkung bei der Produktentwicklung, in der Personalschulung, in der Unterstützung bei Messen und Ausstellungen u.ä. bestehen.

Insbesondere die Entscheidungen über *Beschaffungsprogramm* und *Beschaffungsentgelte* bedürfen einer ausreichenden Kenntnis der betrieblichen Daten und der Marktverhältnisse, mit anderen Worten: es müssen ausreichende *Bedarfstransparenz* und *Markttransparenz* [→Beschaffungsmarktforschung – vgl. auch cc) 2.] vorliegen, um eine Annäherung an das Optimum des Beschaffungsprogramms und der Beschaffungsentgelte zu ermöglichen.

Entscheidungen im Bereich der *Beschaffungsmethode* betreffen:

1. *Die Auswahl der Lieferanten,* die gleichzeitig auch eine Entscheidung über den *Beschaffungsweg* darstellt (z.B. Direktbezug beim Hersteller anstatt des Einkaufs im Großhandel).

2. *Zahl und Art der einzusetzenden Beschaffungsorgane* (z.B. Zahl der Einkäufer, Einrichtung von Einkaufsbüros, Einschaltung von Einkaufskommissionären u.ä.).

Ein spezielles Problem, das besonders im Bereich der Beschaffungsmethode auftritt, ist sodann die Frage nach einer eventuellen *Einkaufs-Kooperation* mit anderen Betrieben. Hier kommt z.B. die Gründung von Einkaufsgenossenschaften, gemeinschaftlicher Importfirmen u.ä. in Betracht.

Beschaffungswerbung, d.h. der Einsatz spezieller Instrumente zur Anbieterbeeinflussung, bietet sich einmal in Zeiten von *Beschaffungsengpässen* an, kann aber auch unabhängig davon darauf abzielen, ein *günstiges „Beschaffungsklima"* mit den damit verbundenen Beschaffungsvorteilen zu schaffen. Hier kommen z.B. Werbegeschenke in Betracht oder Informationsmaßnahmen, die auf die Bedeutung des Abnehmers auch für das akquisitorische Potential des Lieferanten hinweisen. Teilweise ergibt sich eine enge Verbindung mit den nichtmonetären Gegenleistungen im Rahmen der Entgeltspolitik.

(3) Das deskriptive Beschaffungsmodell von Webster/Wind

Schon bei der Behandlung beschaffungspolitischer Ziele haben wir die Relevanz verhaltenswissenschaftlicher Aspekte erwähnt. Sie spielen in dem gesamten prozessualen Beschaffungsgeschehen eine wesentliche Rolle und lassen sich – neben ökonomischen Faktoren – in einem *deskriptiven Gesamtmodell* erfassen, wie es in jüngster Zeit von Webster / Wind vorgelegt wurde (Webster / Wind [Organizational Buying Behavior] – Das Modell stellt die Weiterentwicklung eines früheren Ansatzes von Robinson / Faris / Wind dar – vgl. dieselben [Industrial Buying and Creative Marketing]; als deutsche Sekundärquelle vgl. Eisele [Beschaffungsprozesse]). Da das Modell besonders anschaulich Beschaffungsprozesse in Organisationen erfaßt, wird es im folgenden wiedergegeben.

Die Beschaffungsakte lassen sich als *Reaktion* eines *„buying center"* *auf Umweltstimuli* darstellen:

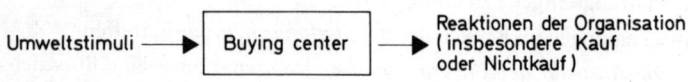

Abbildung 25.

Das *„buying center"* umfaßt *alle Personen, die am Beschaffungsprozeß beteiligt sind;* und zwar außer den *Einkäufern* die *Verwender* der zu beschaffenden Güter sowie *sonstige „influencers"* (z.B. Fertigungstechniker ohne Entscheidungsbefugnis), die *„decider",* sofern sie die Entscheidungen der Einkäufer zu legitimieren haben und die *„gate-keeper"* („Pförtner"), die den betrieblichen Informationsfluß filtern und regulieren können (vgl. Webster / Wind [Organizational Buying 77–79]).

Die *individuellen Eigenschaften dieser Personen* bilden die *eine von vier Determinantengruppen* des Beschaffungsprozesses bei Webster/Wind. Eine *zweite* Determinantengruppe stellen die *Interaktionen* zwischen ihnen dar.

Schließlich nennen Webster/Wind als weitere Determinanten die *Eigenschaften des Betriebes,* in dem Beschaffungsprozesse stattfinden und schließlich die *Umwelt des Betriebes und der Personen des „buying centers".*

Als typische Beschaffungsphasen werden genannt (Webster/Wind [Organizational Buying 31]):

1. Erkennen des Bedarfs;
2. Festlegung von Beschaffungszielen und Gütereigenschaften;
3. Ermittlung von Beschaffungsalternativen;
4. Entwicklung eines Systems von Beschaffungshandlungen;
5. Auswahl der Lieferanten.

Zu den *Umweltfaktoren* gehören z.B. die Zahl der Anbieter, Inhalt und Umfang ihrer Absatzaktivitäten, gesetzliche Rahmenbedingungen u.ä. (Webster/Wind [Organizational Buying 41f.]). *Betriebliche Einflüsse* spielen nicht nur in Gestalt der *Beschaffungsaufgabe („buying task")* eine Rolle. Auch die *Organisationsstruktur* des Betriebs ist von Belang, vor allem in Form von Kompetenz- und Instanzenregelungen, aber auch in Gestalt verhaltenswissenschaftlicher Kategorien wie Rollenstatus der Angehörigen des „buying centers". Durchweg unterscheiden Webster/Wind zwischen den *„task-variables"* und den *„non task variables" (aufgabenbezogene und aufgabenfremde Variable).* Damit sind zum einen jene Größen gemeint, die von der Organisation als Ziele, offizielle Rollen usw. autorisiert sind (= task variables); daneben wirken jedoch die nicht autorisierten persönlichen und gruppenspezifischen Faktoren, sei es z.B. die „non task role" einer Parteizugehörigkeit oder der Einfluß privater Gruppen-Interaktionen. Damit ist bereits der Determinantenbereich der *Interaktionen zwischen den Personen des „buying center"* angesprochen. Abgesehen von derartigen nicht aufgabenbezogenen Beziehungen ergeben sie sich insbesondere aufgrund ihrer aufgabenbezogenen Rollen als „user, influencer, buyer, decider und gate keeper" (Webster/Wind [Organizational Buying 77]).

Die *Eigenschaften der Individuen* des „buying center" bilden die letzte Gruppe der Determinanten von Beschaffungsentscheidungen bei Webster/Wind. Damit werden als wahrscheinliche Einflußgrößen insbesondere genannt: 1. die *Persönlichkeit der Individuen,* ihre

Motivation, ihre kognitive Struktur und ihre *Lernfähigkeit;* 2. ihre *Interaktionen mit der Umwelt* und 3. die *Präferenzstruktur* und die *Art der Entscheidungsfindung* der jeweiligen Personen (Webster/ Wind [Organizational Buying 89]).

Man mag einwenden, daß die An- und Gleichordnung dieser Faktoren problematisch ist. So sind Präferenzen eher das Ergebnis der übrigen genannten Faktoren; außerdem ist die Zuordnung der Umwelt-Interaktionen zu den individuellen Determinanten einseitig und wird den Eigenschaften der Repräsentanten der Anbieter nicht gerecht. Abgesehen davon haben Webster/ Wind jedoch zentrale persönliche Einflußfaktoren erfaßt, deren Anordnung im einzelnen durchaus auf unterschiedliche Weise erfolgen kann [vgl. dazu unser Schema B. I. 3. a), aa)].

Das Modell von Webster / Wind ist weit davon entfernt, Entscheidungshilfen auf der Grundlage von Gesetzesaussagen zu bieten. Genauere Aussagen über Wirkungsumfang und Wirkungsintensität der einzelnen Variablen werden nicht gemacht, und in dieser lediglich deskriptiven Funktion liegen die Grenzen des Modells (vgl. auch Eisele [Beschaffungsprozesse 127]). Dennoch ist das Modll als Abbild realer Beschaffungsprozesse von Bedeutung und hat insofern auch eine heuristische Funktion bei der Lösung praktischer Beschaffungsprobleme.

cc) Beschaffungsentscheidungen in privaten Haushalten

(1) Die Übertragbarkeit des Webster/Wind-Modells auf private Haushalte

Betrachten wir die Beschaffungsentscheidungen privater Haushalte, so läßt sich das Webster / Wind-Modell grundsätzlich auch auf sie anwenden. Daß das Beschaffungsverhalten der Konsumenten in hohem Maße *umweltabhängig* ist, bedarf keiner Frage. Vielmehr ist es gerade das besondere Kennzeichen privater Haushalte, daß die Angebotsaktivitäten der Anbieter die *organisatorischen Merkmale des Haushalts,* und zwar speziell die „buying tasks" in hohem Maß prägen. Sicherlich sind die Kompetenz- und Instanzenregelungen des „buying centers" nicht so differenziert wie in Produktionswirtschaften. Grundsätzlich sind sie aber auch für den Haushalt gültig.

Besondere Bedeutung kommt in Haushalten den *intraorganisatorischen Interaktionen* sowie den *individuellen Determinanten von Beschaffungsprozessen* zu. Letztere stehen in engem Zusammenhang mit den oben behandelten Individualzielen der Entscheidungssubjekte [vgl. B. I. 3. a)].

Auch in Mehrpersonenhaushalten treten die verschiedenen intra-organisatorischen Rollen der *„user"*, *„decider"*, *„buyer"*, *„influencer"* und *„gate keeper"* in Erscheinung. Besonderes Gewicht – und hierin zeigt sich u.E. ebenfalls ein Spezifikum privater Haushalte – kommt darüber hinaus den *Interaktionen mit haushaltsexternen Personen nicht-kommerzieller Systeme zu* (insbesondere *Kommunikation mit anderen Haushalten*). Hier spielen *Bezugsgruppen-* und *Meinungsführereinflüsse* eine ungleich größere Rolle als bei Produktionswirtschaften. Daher liegt es nahe, abweichend von Webster / Wind derartige Interaktionen als gesonderte Determinantengruppe zu erfassen, die durch den Sektor der anbieterbezogenen Interaktionen ergänzt werden könnte. Überhaupt bedarf die Übertragung des Beschaffungsmodells von Webster/Wind auf private Haushalte der Ergänzung durch Erkenntniselemente, wie sie in den *Partial- und Totalmodellen des Konsumentenverhaltens* enthalten sind. In diesen Modellen werden die ökonomischen, psychologischen und soziologischen Determinanten des Kaufverhaltens von Konsumenten zu erfassen und teilweise zu einem Gesamtsystem zu integrieren versucht (vgl. hierzu z.B. den Überblick bei Raffée [Konsumentenverhalten]).

(2) Die Gewinnung von Markttransparenz als zentrales Beschaffungs-
    problem privater Haushalte

Im Zusammenhang mit den Beschaffungsentscheidungen von Produktionswirtschaften wiesen wir auf die Notwendigkeit ausreichender Informationen hin, die die notwendige *Bedarfs-* und *Markttransparenz* gewähren sollen. Bedarfs- und Markttransparenz sind auch für die Qualität der Beschaffungsentscheidungen des Haushalts von zentraler Bedeutung.

Bei der *Bedarfstransparenz* geht es darum, *eine reflektierte und konsistente Konkretisierung der Konsumentenbedürfnisse auf einzelne Bedarfe hin zu verwirklichen.* Mit besonderen Schwierigkeiten ist für den Haushalt die Erreichung einer *ausreichenden Markttransparenz* verbunden (Markttransparenz = Kenntnis der am Markt vorhandenen relevanten Güterqualitäten und -preise einschließlich der relevanten Bezugsquellen). Als Kleinorganisation mit einer nur geringen ökonomischen Dimension verfügt der Haushalt nicht über jene Fachkenntnisse und Möglichkeiten der Beschaffungsmarktforschung, wie sie insbesondere in größeren Produktionswirtschaften vorliegen. Demzufolge ist er den vielfältigen Marketing-Aktivitäten der Anbieter weit weniger gewachsen als die Produktionswirtschaften, zumal die Anbieter die informatorischen Schwachstellen der Haushalte sich bewußt – insbesondere für ihre Werbe- und Produktpolitik – zunutze machen. Zwar sind die beschaffungspolitischen Instrumente der Produktionswirtschaften grundsätzlich auch für den Haushalt relevant. Aber in Anbetracht der schwachen Machtpositionen des Einzelhaushalts ist die Effizienz des Instrumenteneinsatzes stärker eingeschränkt. Um so notwendiger ist es daher, *das Aktionspotential der Haushalte durch Übertragung bestimmter Beschaffungsfunktionen auf Konsumenten-Organisationen und Drittinstitutionen (wie z. B. Warentestinstitute) zu stärken.* Bei der Entwicklung derartiger Entscheidungshilfen hat die Betriebswirtschaftslehre den privaten Haushalt bisher in u. E. nicht vertretbarer Weise vernachlässigt [vgl. 1. Hauptteil C. III. 3. b)]. Dies ist um so bedauerlicher, als gerade bei der Erarbeitung von Instrumenten zur Erhöhung der Markttransparenz der Konsumenten von der Betriebswirtschaftslehre wichtige Beiträge geleistet werden können.

c) Die Gestaltung der innerbetrieblichen Leistungserstellung

aa) Begriff und Erscheinungsformen der innerbetrieblichen Leistungs-
    erstellung

Der Begriff der innerbetrieblichen Leistungserstellung wurde von den Produktionsverhältnissen des Industriebetriebs her entwickelt und umfaßt hier die Gewinnung und/oder Be- und Verarbeitung materieller Güter im Produktionsprozeß, also die Produktion im technischen Sinn.

Eine solche *Produktion im engen (technischen) Sinn* ist von der *Produktion im weiten Sinn* zu unterscheiden, die sich auf jegliche Schaffung wirtschaftlicher Werte erstreckt. Produktion nicht nur technisch, sondern wirtschaftlich verstanden, geschieht in sämtlichen betrieblichen Funktionsbereichen, z. B. auch im Beschaffungsbereich, im Absatzbereich usw. Dem Terminus Produktionswirtschaften, wie wir ihn bisher verwendet haben, liegt der weite Begriff von Produktion zugrunde.

Im *Industriebetrieb* läßt sich – ebenso wie im Handwerksbetrieb – der Bereich der innerbetrieblichen Leistungserstellung relativ klar von den übrigen Tätigkeitsbereichen abgrenzen. Er umfaßt neben der Gewinnung und/oder Verarbeitung materieller Güter die dabei auftretenden Prozesse der Lagerung und des innerbetrieblichen Transports (= innerbetriebliche Logistik).

Bei *Warenhandelsbetrieben* läßt sich eine Phase der innerbetrieblichen Leistungserstellung ebenfalls noch relativ leicht isolieren. Da sich der Handelsbetrieb ex definitione mit der Beschaffung von Waren und deren – im wesentlichen unveränderter – Weiterveräußerung befaßt, ist hier die innerbetriebliche Leistungserstellung vor allem durch Lager- und Transportprobleme gekennzeichnet.

Dagegen verliert in *Dienstleistungsbetrieben,* deren Absatzleistungen ausschließlich oder überwiegend aus immateriellen Leistungen bestehen, die innerbetriebliche Leistungserstellung weitgehend den Charakter eines eindeutig abgrenzbaren Funktionsbereichs. Die Leistungen eines Touristikunternehmens z. B. haben einen derart starken Schwerpunkt in den Funktionsbereichen Beschaffung und Absatz, daß Besonderheiten einer innerbetrieblichen Leistungserstellung, wie sie für Industriebetriebe und auch noch für Handelsbetriebe feststellbar sind, stark zurücktreten. Bestenfalls kann man in Dienstleistungsbetrieben einen innerbetrieblichen Bereich in Gestalt der *„Verwaltung"* abgrenzen. Eine solche Zusammenfassung von Verwaltungstätigkeiten – sofern diese nicht ohnehin den übrigen Funktionsbereichen zugeordnet werden – trägt aber wenig spezifische Merkmale, da bei allen Betriebstypen derartige Verwaltungstätigkeiten auftreten.

Demgegenüber läßt sich in *privaten Haushalten* ein Bereich der innerbetrieblichen Leistungserstellung in grundsätzlich ähnlicher Weise wie bei Industrie- und Handwerksbetrieben isolieren. Die innerbetriebliche Leistungserstellung des Haushalts umfaßt einmal die hauswirtschaftlichen Tätigkeiten, darüber hinaus aber auch jene Zeitdispositionen, die sich in Aktivitäten der Kindererziehung, der Aneignung von berufsbezogenem und nicht-berufsbezogenem Wissen u. ä. äußern.

Es hängt vermutlich mit den Schwierigkeiten einer Isolierung der innerbetrieblichen Leistungserstellung bei Dienstleistungsbetrieben zusammen, daß die Betriebswirtschaftslehre sich überwiegend mit den innerbetrieblichen Leistungsprozessen in Sachgüterbetrieben und hier besonders in Industriebetrieben befaßt hat. Auch wir werden uns im folgenden auf eine kurze Skizzierung einiger wesentlicher Probleme der industriellen Fertigung beschränken, da im einzelnen auf diese Fragen an anderer Stelle eingegangen wird (vgl. P o h m e r / B e a [Grundstudium: Produktion]; zu Fragen der Dienstleistungsproduktion vgl. M a l e r i [Grundzüge]).

bb) Besondere Entscheidungsprobleme im Bereich der industriellen Fertigung

Zu den zentralen Entscheidungen im Bereich der industriellen Fertigung gehört die Festlegung des *Fertigungstyps,* wie er sich *aufgrund*

der Anordnung der Produktivfaktoren – insbesondere der Betriebsmittel – ergibt. Zwei Grundtypen der „Kombination der Betriebsmittel zu verfahrenstechnisch-organisatorischen Einheiten" (Gutenberg [Produktion 85]) lassen sich unterscheiden: *Werkstattfertigung*
einerseits, *Reihenfertigung* andererseits (vgl. z.B. Gutenberg [Pro-
duktion 96–109]).

Bei der *Werkstattfertigung* handelt es sich um eine *Zentralisation der
Verrichtungen:* die artgleichen Prozesse sind an einem Ort konzen-
triert *(lay out by process);* dementsprechend gibt es als Werkstätten
z.B. die Dreherei, Fräserei, Schleiferei usw., die die Produkte durchlaufen. Demgegenüber stellt die *Reihenfertigung* eine *Dezentralisation*
der *Fertigungsverrichtungen* dar; die Betriebsmittel werden nach der
Abfolge der am Produkt vorzunehmenden Tätigkeiten angeordnet
(lay out by product). So werden z.B. an mehreren Stellen des gesamten Fertigungsablaufs Dreharbeiten usw. vorgenommen. Erfolgt
die Reihenfertigung aufgrund festgelegter Taktzeiten (Reihenfertigung
mit Zeitzwang), spricht man von *Fließfertigung* (vgl. z.B. Gutenberg [Produktion 99]).

Die Entscheidung über den durch die Betriebsmittelanordnung bestimmten
Fertigungstyp ist eine langfristig bindende Entscheidung und hat insofern
konstitutiven Charakter. Sie ist aber lediglich *bereichsbezogen,* und insofern
unterscheidet sie sich von den unter B. II. 3. behandelten konstitutiven Entscheidungen, die den *Gesamtbetrieb* betreffen.

Ist das innerbetriebliche Produktionssystem bestimmt, so steht im
Mehrproduktbetrieb weiterhin die *Entscheidung* an, *ob das Ferti-
gungsprogramm mittels paralleler oder alternierender Produktion,
d.h. im zeitlichen Nebeneinander oder im zeitlichen Nacheinander
realisiert werden soll.*

Kommt statt Parallelproduktion alternierende Produktion zur Anwendung,
stellt sich insbesondere bei Massenfertigung die Frage, wie groß die Serie (das
„Los") des jeweiligen Produkts sein soll. Ähnlich wie bei der optimalen Bestellmenge [vgl. II. 4. b) bb) (1)] gibt es Kostenwirkungen, die für *große* Lose
sprechen (z.B. die Kosten der Umstellung der Produktion auf ein anderes
Produkt) gegenüber Kostenwirkungen, die *kleine* Lose nahelegen (z.B. Zins-
und Lagerkosten). Das Problem der Bestimmung der optimalen Losgröße hat
die gleiche Struktur wie die Festlegung der optimalen Bestellmenge.

Insbesondere bei Absatzschwankungen taucht das Problem auf, inwieweit solche Schwankungen durch *Produktion auf Lager* abgefangen
werden sollen und *auf welche Weise gegebenenfalls der Einsatz des
Fertigungsapparates an die Absatzschwankungen angepaßt werden*

soll. Von allgemeiner Bedeutung sind dabei die verschiedenen *Anpassungsarten,* deren Grundformen mit G u t e n b e r g eingeteilt werden können in

1. quantitative Anpassung,
2. zeitliche Anpassung,
3. intensitätsmäßige Anpassung

(vgl. G u t e n b e r g [Produktion 342–377]).

Bei *quantitativer* Anpassung wird die *Zahl* der betrieblichen Produktivfaktoren verändert (z.B. Kauf weiterer maschineller Anlagen); die *zeitliche* Anpassung geschieht durch *Variation des zeitlichen Einsatzes* des Produktionsapparates (z.B. Kurzarbeit). Bei *intensitätsmäßiger* Anpassung variiert die *Produktionsgeschwindigkeit* (z.B. schnellerer Lauf der Maschinen, höhere Abfertigungsgeschwindigkeit beim Verkaufspersonal). Die jeweilige Anpassungsart stellt nicht nur einen wichtigen Kosteneinflußfaktor dar; vielmehr können sich auch Ertragswirkungen dadurch ergeben, daß insbesondere im Zuge zeitlicher und intensitätsmäßiger Anpassung die Leistungsqualität verändert wird.

cc) Die innerbetriebliche industrielle Leistungserstellung als Grundlage der Produktions- und Kostentheorie

Die innerbetriebliche industrielle Leistungserstellung bildet jenen Bereich, in dem die Betriebswirtschaftslehre mit besonderem Nachdruck versucht hat, *Gesetzmäßigkeiten* aufzudecken. Dabei geht es in der *Produktionstheorie* um ein *System von mengenmäßigen Input-Output-Relationen,* während die *Kostentheorie* vor allem *Gesetzmäßigkeiten zwischen Mengen-Output* und *bewertetem Input (= Kosten)* aufdecken will. Diese Probleme können hier nicht vertieft werden; sie bilden u.a. den Gegenstand des Bands „Produktion und Absatz" dieser Reihe (vgl. P o h m e r / B e a [Grundstudium, Bd. 2]). Lediglich einige wenige Aspekte seien stark vereinfacht skizziert:

Im Mittelpunkt der Produktionstheorie stehen Produktionsfunktionen, die Beziehungen zwischen mengenmäßigem Output und der ihn bewirkenden Einsatzmenge von Produktivfaktoren darstellen.

$$x = f(r_1, r_2, r_3, \ldots)$$
x = mengenmäßiger Ertrag
$r_1, r_2, r_3 \ldots r_n$ = Einsatzmengen der Produktivfaktoren
$R_1, R_2, R_3 \ldots R_n$

Im Lauf der betriebswirtschaftlichen Diskussion der Produktionsfunktionen kam es im Zusammenhang mit den grundlegenden Arbeiten

Gutenbergs (vgl. Gutenberg [Produktion 326–444]) zur Unterscheidung zwischen der *Produktionsfunktion vom Typ A* und der *Produktionsfunktion vom Typ B*. Die Produktionsfunktion vom Typ A bildet bestimmte Produktionsverhältnisse in der Landwirtschaft ab, wie sie schon im 18. Jahrhundert seitens der Volkswirtschaftslehre in Gestalt des *Gesetzes vom abnehmenden Bodenertrag* (Turgot) aufgedeckt wurden. Die traditionelle Betriebswirtschaftslehre hat die Gültigkeit des Bodenertragsgesetzes auch für die industrielle Produktion weithin unterstellt und daraus Kostenverläufe abgeleitet. Demgegenüber hat Gutenberg die Grenzen herausgearbeitet, denen die Produktionsfunktion A im Bereich der industriellen Produktion unterliegt, und die *Produktionsfunktion vom Typ B* entwickelt. Methodisch stellt sie insofern eine Verfeinerung der Produktionsfunktion des Typs A dar, als zusätzlich sog. *Verbrauchsfunktionen* eingeführt werden. Diese stellen eine Beziehung her zwischen Faktorverbrauch und Leistungsabgabe der jeweiligen Produktivfaktoren (z.B. Umdrehungen eines Bezinmotors). Aufgrund einer verfeinerten Analyse kommt Gutenberg zu der Hypothese, daß – im Gegensatz zu der aus dem Ertragsgesetz abgeleiteten Auffassung – *lineare Produktionsfunktionen* und damit *lineare Gesamtkostenverläufe* für die industrielle Produktion typisch sind, wenn man den *Zusammenhang zwischen Kosten und Beschäftigung* betrachtet (Gutenberg [Produktion 336–382]).

Eine Weiterentwicklung der Produktionsfunktion B zum *Typ C* erfolgte durch Heinen (vgl. Heinen [Kostenlehre 220–307]). *Heinens Typ C stellt eine Synthese der Produktionsfunktionen A und B dar.* Außerdem ist die Zahl der den Faktorverbrauch bestimmenden Einflußgrößen erweitert. So werden in Wiederholungsfunktionen z.B. Verteilungsparameter zur Erfassung der *Arbeitsverteilung* und der *Maschinenbelegung* und besondere *Ausschußkoeffizienten* eingeführt sowie die *Besonderheiten mehrstufiger Produktionsprozesse* und die damit verbundene *Entstehung von Zwischenprodukten* berücksichtigt, um eine stärkere Annäherung an die Realität zu erreichen. Allerdings vermindert sich damit die Möglichkeit, zu generellen Aussagen über empirische Kostenverläufe zu gelangen.

d) Die Gestaltung der betrieblichen Absatzwirtschaft

aa) Der Absatzbegriff

Unter dem Begriff *Absatz* lassen sich *alle Tätigkeiten* zusammenfassen, *die dazu bestimmt sind, die Abgabe der vom Betrieb geschaf-*

fenen Leistungen in den Markt zu bewirken (ähnlich B a n s e [Vertriebs-(Absatz-)politik 5983 f.]).

Absatz ist also *mehr als lediglich der Verkauf* von Gütern: Zum einen muß nicht jede Güterabgabe an Märkte gegen Entgelt erfolgen (erinnert sei z.B. an unentgeltliche Transaktionen im Rahmen des Non Business Marketing – vgl. oben A. III. 2.). Zum anderen pflegt man als Verkauf im allgemeinen nur die Tätigkeiten der rechtlichen und wirtschaftlichen Güterübertragung zu bezeichnen, während zum Absatz z.B. auch die Werbung, die Preispolitik u.ä. [vgl. bb)] gezählt werden. Dementsprechend spricht man von der Werbeabteilung *neben* der Verkaufsabteilung, die beide Subsysteme des Funktionsbereichs Absatz oder der betrieblichen Absatzwirtschaft darstellen.

Vielfach – und zwar besonders in der betrieblichen Praxis – werden die Begriffe *Absatz* und *Umsatz* synonym verwendet. Demgegenüber ist in der Betriebswirtschaftslehre noch ein anderer, umfassenderer Umsatzbegriff gebräuchlich und zweckmäßig: *Umsatz als Ausdruck jeglicher Wertbewegungen in und zwischen Betrieben* (S c h ä f e r [Unternehmung 176]). Dementsprechend ist dann zwischen *verschiedenen Umsatzarten* (Beschaffungsumsatz, innerbetrieblichen Umsätzen, Umsätzen im Absatzbereich usw.) zu unterscheiden.

bb) Daten und Aktionsvariable im Absatzbereich

Absatzwirtschaftliche Entscheidungen in Produktionswirtschaften – und nur sie seien zunächst betrachtet – orientieren sich an bestimmten *Daten* und *Aktionsvariablen*.

Als D a t e n gelten Sachverhalte, die durch eigene Aktivitäten nicht verändert werden können oder verändert werden sollen. Externe Daten der Produktionswirtschaften betreffen deren Umwelt, während die *internen* Daten innerhalb des Betriebs auftreten. Interne Daten sind z.B. ein bestimmtes know how, eine bestimmte Produktionsstruktur u.ä. Zu den externen Daten gehören gesetzliche Rahmenbedingungen im Absatzbereich, die – wie z.B. das Gesetz gegen unlauteren Wettbewerb (UWG) oder das Gesetz gegen Wettbewerbsbeschränkungen (GWB) – Wettbewerbsmißbräuche zu unterbinden versuchen. Darüber hinaus stoßen die Anbieter auch im Bereich ihrer effektiven und potentiellen Märkte auf Bedingungen, die sie – zumindest als einzelne Organisation – nicht ändern können, so z.B. eine bestimmte Altersstruktur der Bevölkerung, ein bestimmtes Kaufkraftniveau u.ä. Andererseits sind die Absatzmarktbedingungen in vieler Hinsicht durchaus beeinflußbar, und es gehört gerade zum Konzept des modernen Marketing Management (vgl. A. III. dieses Hauptteils), Marktbedingungen dann umzugestalten, wenn sich dadurch Vorteile für die eigene Organisation ergeben.

Was die sog. *Marktform* als *Typ des Beziehungssystems zwischen Markt-partnern* angeht, so wird sie vielfach ebenfalls zu den Daten zählen, ins-besondere wenn man Marktform lediglich derart grob definiert, wie es in der Mikrotheorie der Volkswirtschaftslehre im Anschluß an v. Stackelberg üblich ist. Die Marktform ist dort nur durch die *Zahl der Marktpartner* und den *Vollkommenheitsgrad der Märkte* gekennzeichnet (vgl. hierzu im einzelnen z. B. Gutenberg [Absatz 183–191] und Pohmer / Bea [Grundstudium: Produktion und Absatz]). Es liegt nahe, daß z. B. eine oligopolistische Angebots-struktur (= wenige Anbieter), wie sie den PKW-Markt kennzeichnet, vom einzelnen Anbieter zunächst als Datum hingenommen werden muß. Aber auch in diesem Fall kann versucht werden, durch Abstimmung von Marktverhaltens-weisen den Markt zu verändern und ihn damit der Marktform des Kollektiv-monopols zumindest zu nähern.

Die *Aktionsvariablen* im Absatzbereich pflegt man in einem *Katalog absatzpolitischer Instrumente* zusammenzufassen. Wir erwähnten schon bei der Behandlung der betrieblichen Beschaffung das *absatz-politische Instrumentarium,* das Gutenberg entwickelt hat und das die Instrumente *Produktgestaltung, Preispolitik, Werbung* und *Ab-satzmethoden* umfaßt (vgl. Gutenberg [Absatz 123–496] und Ab-schnitt II. 4. b) bb) (2)). Eine weitere Aktionsvariable des Absatz-bereichs bildet die *Absatzforschung (Marketingforschung),* die dazu dient, die absatzrelevanten außer- und innerbetrieblichen Informa-tionen bereitzustellen. Da die Absatzforschung die absatzpolitischen Entscheidungen lediglich vorbereitet, wird sie im allgemeinen nicht zum absatzpolitischen Instrumentarium gerechnet. Dessenungeachtet ist ihr Einsatz gerade im modernen Marketing von zentraler Bedeu-tung und dessen besonderes Kennzeichen.

Auf einen Vergleich des Gutenbergschen Katalogs mit denen anderer Autoren muß hier verzichtet werden (vgl. dazu Pohmer / Bea [Grundstudium: Pro-duktion und Absatz]). Auf's Ganze gesehen hat der Gutenbergsche Katalog den Vorteil der „Griffigkeit" und einer relativ großen Überschneidungsfreiheit gegenüber nicht-absatzwirtschaftlichen Aktionsvariablen des Betriebes. Ein-zelne Instrumente, die bei Gutenberg nicht erwähnt werden, lassen sich ohne weiteres ergänzen und einordnen, so z. B. der *Kundendienst* und die *Lieferungsbedingungen unter die Produktpolitik, die Teilzahlungsfinanzierung unter die Konditionen.* Deshalb soll auch hier die Vierer-Einteilung Guten-bergs mit nur geringfügigen Variationen übernommen werden (so z. B. auch Bidlingmaier [Markering 2], ähnlich auch Meffert [Marketing]).

Wir unterscheiden also folgende absatzpolitischen Instrumente bzw. „Submixes" als Subsysteme eines „Marketing Mix" (Marketing Mix

= Kombination der absatzpolitischen Instrumente zu einem Marketing-Programm):

1. Produktpolitik (Produkt-Submix),
2. Preis- und Konditionenpolitik (Preis- und Konditionen-Submix),
3. Kommunikationspolitik (Kommunikations-Submix),
4. Distributionspolitik (Distributions-Submix).

Auf diese Submixes bzw. Instrumente wird im folgenden noch näher einzugehen sein.

Zweckmäßig ist weiterhin die *Unterscheidung zwischen Preiswettbewerb und Nicht-Preis-Wettbewerb (Price Competition* und *Non Price Competition).* Der Nicht-Preiswettbewerb umfaßt – wie der Name sagt – das Konkurrieren mit den Instrumenten des Produkt-, Kommunikations- und Distributions-Submix. In einer gewissen Ähnlichkeit zur Unterscheidung zwischen Preiswettbewerb und Nicht-Preiswettbewerb steht die Einteilung der Absatzpolitik in *Preispolitik* und *Präferenzpolitik,* wie sie B a n s e vornimmt und im Anschluß daran W ö h e (B a n s e [Vertriebs-(Absatz-)politik 5989 f.]; W ö h e [Einführung 382 f.]). Die Präferenzpolitik deckt sich mit dem Einsatz des Qualitätswettbewerbs im weiten Sinne; er ist mit dem Nicht-Preiswettbewerb identisch. Präferenzen können als Bevorzugungen, positive Einstellungen u. ä. gegenüber Dingen und Sachen verstanden werden. So anschaulich die Differenzierung zwischen Preis- und Präferenzpolitik ist, läßt sie jedoch begrifflich außer acht, daß sich auch mit Hilfe der Preispolitik Präferenzen schaffen lassen und damit *auch Preispolitik eine Form der Präferenzpolitik werden kann* (z. B. Schaffung eines positiven Unternehmens-Images mit Hilfe einer Niedrigpreispolitik).

cc) Absatzpolitische Ziele in ihrer Bedeutung für absatzwirtschaftliche Entscheidungen

Auch bei den absatzpolitischen Zielen geht es darum, *aus den Oberzielen der Organisation komplementäre Zwischen- und Unterziele abzuleiten.* Je nach dem Inhalt der Oberziele kann sich dabei teilweise eine Zielidentität zwischen betrieblichen Oberzielen und Absatzzielen ergeben. Hat z. B. eine Unternehmung ihr Wachstumsziel für die nächste Periode inhaltlich durch eine 10 %ige Absatzsteigerung definiert, so decken sich in diesem Fall offensichtlich ein unternehmerisches Oberziel und ein absatzwirtschaftliches (Formal-)Ziel.

Der absatzwirtschaftliche Zielentscheidungsprozeß läßt sich dergestalt fortsetzen, daß das globale Absatzziel „Absatzsteigerung um 10 %" in *speziellere Absatzziele* zerlegt wird, z. B. Absatzziel für Produktgruppe A, für Produktgruppe B und/oder für Absatzgebiet a, Absatzgebiet b usw. Es ist unmittelbar einsichtig, daß eine solche Zielplanung in enger Verbindung mit der Planung des Einsatzes der absatzpoli-

tischen Instrumente und der Prognose ihrer Wirkungen ablaufen muß.
So kann sich z.B. ergeben, daß mit den bisherigen Produkten das Absatzgesamtziel (+ 10%) nicht erreichbar ist und daher die *Entwicklung neuer Produkte* in Erwägung gezogen werden muß. Zweckmäßig
ist es dabei, auch für diese neuen Produkte Ziele zu setzen, um auf
diese Weise fundierter planen und die Zielerreichung kontrollieren
zu können. Aus denselben Gründen empfiehlt es sich, soweit wie möglich auch für alle anderen Instrumentalentscheidungen Ziele zu setzen,
also z.B. Werbeziele vorzugeben, die etwa bei Einführung neuer
Produkte durch bestimmte Marken-Bekanntheitsgrade inhaltlich bestimmt werden können. (Werbeziel z.B.: *nach* der Werbekampagne
soll das neue Peodukt bei 60% der potentiellen Käufer bekannt sein.)
Es ergibt sich also eine *Hierarchie von Absatzzielen* und damit eine
Anwendung des Management by Objectives im Absatzbereich (vgl.
hierzu auch Bidlingmaier [Marketing 1, 131–154]).

dd) Die Marktsegmentierung als absatzpolitische Grundentscheidung

Jede Produktionswirtschaft muß sich entscheiden, *welchen Absatzmarkt (bzw. welche Absatzmärkte) sie als Feld ihrer Aktivitäten aus
der Vielzahl möglicher Märkte auswählen will.* Eine solche Entscheidung konstitutiver Art steht in enger Verbindung mit der Festlegung
des Leistungsprogramms, wie wir es oben behandelt haben [vgl. B.
II. 3. a)]. Ist eine solche *selektive Markterfassung* bzw. *Marktselektion*
also praktisch unerläßlich, so geht die sog. *Marktsegmentierung*
darüber hinaus. Basis einer Strategie der Marktsegmentierung ist die
Erkenntnis, daß die Bedürfnisse und Bedarfe der Abnehmerschaft
nicht einheitlich sind. Dementsprechend definiert Kotler Marktsegmentierung als „die Aufteilung eines Marktes in homogene (oder
genauer: homogenere, der Verf.) Untergruppen von Kunden, von
denen jede als Zielmarkt angesehen werden kann, der mit einem bestimmten Marketing-Mix erreicht werden soll" (Kotler [Marketing
Management 163]). Mit der bloßen Marktselektion ist ein hoher
Homogenitätsgrad der Märkte noch nicht zwangsläufig gegeben.
Eine Unternehmung der Radio- und Fernsehindustrie kann z.B. mit
einem Standard-Produktmix die unterschiedlichsten Konsumntenschichten zu bedienen versuchen. Hier wird gewissermaßen – wie
Kotler es anschaulich nennt – nach der *„Schrotflintenmethode"* vorgegangen (Kotler [Marketing Management 165]). Statt dessen kann
man sich der *„Scharfschützenmethode"* (Kotler [Marketing Management 165]) bedienen: Unser Radio- und Fernsehgeräte-Hersteller
bietet in diesem Fall für die verschiedenen Konsumentenschichten

nicht nur ein *unterschiedliches* Produktmix an, sondern *differenziert das gesamte Marketing-Programm (also unter Einbezug von Werbung, Preis- und Distributionspolitik) nach Käuferschichten bzw. -typen (= differenziertes Marketing).*

Die Marktsegmentierung ist im modernen Marketing und damit auch für die Gestaltung der betrieblichen Absatzwirtschaft deshalb von zentraler Bedeutung, weil speziell die Unternehmungen durch eine solche Strategie vor allem ihr Gewinnziel vielfach besser erreichen können. Im Grunde bedeutet Marktsegmentierung nichts anderes als die Übertragung eines Grundgedankens des klassischen Instruments der Preisdifferenzierung auf das gesamte absatzpolitische Instrumentarium bzw. Marketing [zur Preisdifferenzierung vgl. unten ff) (2)].

Eine Strategie der Marktsegmentierung ist nicht nur mit eventuellen *Vorteilen für den Anbieter* verbunden. Vielmehr kann sie gleichzeitig auch den *Interessen der Abnehmer* dienen, seien dies produktive Güterverwender oder Konsumenten: Das Angebot „maßgeschneiderter" Güter bringt z.B. unter bestimmten Bedingungen nicht nur der anbietenden Unternehmung höheren Gewinn, sondern auch dem Käufer ein höheres Maß an Bedürfnisbefriedigung. Andererseits gibt es Erscheinungsformen der Marktsegmentierung, die unter Abnehmeraspekten nicht unproblematisch sind und auf die wir bei der Behandlung der einzelnen absatzpolitischen Instrumente noch zurückkommen werden.

ee) Absatzforschung (Marketing-Forschung) als Fundament absatzwirtschaftlicher Entscheidungen

Sowohl die Festlegung absatzpolitischer Ziele, die damit eng zusammenhängenden Ad-hoc-Annahmen über die Wirkungen des Einsatzes absatzpolitischer Instrumente als auch die Entwicklung einer konkreten Marktsegmentierungsstrategie bedürfen der *Fundierung durch Informationen.* Es ist die Aufgabe der Absatzforschung (Marketing-Forschung), derartige Informationen zur Vorbereitung absatzwirtschaftlicher Entscheidungen zu liefern. *Absatzforschung ist also die systematische Gewinnung, Verarbeitung und Weitergabe marketingrelevanter Informationen.*

Die Absatzforschung umfaßt zum einen Informationen über die betrieblichen Märkte und ist insofern *Marktforschung* (Absatzmarktforschung, Beschaffungsmarktforschung usw.). Zu derartigen Marktinformationen zählen auch solche Umweltinformationen, die zwar zumindest momentan noch ohne Bedeutung für die Märkte der Organisation sind, im Zeitverlauf aber Marktrelevanz erhalten können (z. B. Informationen über langfristige gesellschaftliche Strukturveränderungen, wie sie sich in der „Umwelt II" [vgl. A. IV.] abspielen).

Außer den Umweltinformationen hat die Absatzforschung *organisationsinterne Informationen* zum Inhalt, die für absatzpolitische Entscheidungen relevant sind. Hierzu gehören z. B. Informationen über verfügbare finanzielle Mittel im Rahmen der Werbebudgetierung, Kosten-/Ertagsinformationen einer Vertriebserfolgsrechnung u. ä. Je stärker Marketing als Führungskonzeption das betriebliche Geschehen prägt, um so mehr weitet sich der Bereich der Marketing-Informationen aus, so daß schließlich ein die Absatzinformationen umfassendes *Marketing-Informationssystem* und ein *allgemeines Management-Informationssystem* sich inhaltlich annähern.

Eine wichtige Unterscheidung der Absatzforschung ist diejenige in *Primär- und Sekundärforschung*. Die Sekundärforschung (desk research) erstreckt sich auf die Auswertung von bereits vorliegendem Material (z. B. betriebsexternes Material der statistischen Ämter und der Verbände, betriebsinterne Unterlagen des betrieblichen Rechnungswesens u. ä. – vgl. z. B. Bidlingmaier [Marketing 1, 72–78]). Um *Primärforschung (field research)* handelt es sich, wenn die Informationen eigens erhoben werden müssen, sei es in Form von *Befragungen* oder durch *Beobachtung*, sei es *unter gesteuerten („kontrollierten") Bedingungen (= Experiment)*, sei es ohne eine solche Steuerung.

Um z. B. den Absatz einer neuen Produktvariante zu prognostizieren (etwa einer verbesserten Ausführung eines Fernsehgerätetyps), kann man die bisherige Absatzentwicklung bei ähnlichen Geräten in die Zukunft hinein extrapolieren. Daß ein solches durch *Sekundärforschung* gewonnenes Resultat im vorliegenden Fall mit beträchtlichen Fehlerrisiken behaftet ist, liegt auf der Hand: Wichtige Determinanten des bisherigen Fernsehgeräteabsatzes der Branche wie des eigenen Betriebes können sich geändert haben (z. B. Einkommensverhältnisse der Zielgruppe, Konkurrenzsituation). Außerdem ist unsicher, wie die Abnehmerschaft auf die Produktverbesserung reagieren wird. Man könnte daher an eine *Primärerhebung* in Gestalt der *direkten Befragung* einer repräsentativen Zahl von Interessenten denken. Die Problematik eines solchen Vorgehens liegt jedoch darin, daß die Befragungssituation die reale Kaufsituation nur unvollkommen abbildet. Schließlich könnte man ein *(Feld-)Experiment* in Gestalt eines *Markttests* vornehmen, bei dem das neue Gerät in einem *repräsentativen Teilmarkt eingeführt* wird und die dabei erzielten Verkaufsergebnisse auf den Gesamtmarkt hochgerechnet werden. Ein solches Verfahren ist zwar zeitraubend, kostspielig und nicht in allen Fällen durchführbar; unter der Voraussetzung eines repräsentativen Testmarkts dürfte es aber vielfach – und so auch im vorliegenden Beispiel – die besten Resultate liefern.

ff) Entscheidungsprobleme im Bereich der absatzpolitischen
Subsysteme

(1) Entscheidungsprobleme im Bereich des Produktmix

(11) Entscheidungen über Produktqualitäten und Absatzprogramme

Geht man vom Marketing-Mix aus, das die Kombination sämtlicher
absatzpolitischer Instrumente darstellt, so ist das *System produkt-
politischer Entscheidungen ein Submix bzw. ein Subsystem im Verhältnis zum Marketing-Mix.* Eben diese Submixes bzw. Subsysteme
sind gemeint, wenn im folgenden vereinfachend von Produktmix,
Preismix usw. gesprochen wird.

Das Produktmix enthält als Elemente:
1. die von der Organisation angebotenen *Hauptleistungen;*
2. die mit den Hauptleistungen verbundenen *Nebenleistungen* (= *Ser-
vice* wie z.B. Reparaturen, Beratung, Transportleistungen bei materiellen Gütern);
3. die *Verpackung,* sofern es sich um Sachgüter handelt.

Produktmix-Entscheidungen beziehen sich also einmal auf die *Ge-
staltung der einzelnen Produktmix-Elemente,* zum anderen auf die
Kombination dieser Elemente zu einem Absatzprogramm. Es geht mit
anderen Worten um die Fragen: Welche Leistungen soll das Absatz-
programm enthalten und mit welchen Qualitätsmerkmalen sind diese
Leistungen auszustatten? Gelingt z.B. – etwa unter *Einsatz kreativer
Methoden* wie des *Brainstorming* (vgl. z.B. Kotler [Marketing
Management 464–469]) – das Finden einer neuen Produktidee, deren
Realisation die Zielerreichung der Organisation entscheidend fördert?
Dabei ist das Problem der Entwicklung neuer Produkte keinesfalls
nur für den industriellen Sektor von Bedeutung, sondern betrifft
grundsätzlich alle Wirtschaftszweige, also auch die Dienstleistungs-
betriebe (z.B. Entwicklung neuartiger Versicherungsleistungen wie
etwa die Einführung des Malus-Systems in der Kfz-Versicherung, die
Schaffung neuer Sparformen im Bankgewerbe). Bei Sachgütern kom-
men als wichtige produktpolitische Entscheidungen weiterhin in
Betracht: die *Form- und Farbgestaltung* (= Design) des Produkts,
die *Verpackungsgestaltung* (z.B. unter werblichen Gesichtspunkten)
und die Einführung des Produkts unter einem Markennamen als
Markenartikel.
Die *Entscheidungen über das Absatzprogramm* stehen zunächst im
Zeichen der Kardinalfrage: *„lohnt"* überhaupt die Aufnahme bzw.
Beibehaltung einer Leistung im Absatzprogramm des Betriebes? Da

die Aufnahme neuer bzw. das Ausscheiden bisheriger Leistungen wesentlich von Kosten-/Ertrags- bzw. Einnahmen-/Ausgaben-Kalkülen abhängen, wird hier die enge Verbindung zwischen produkt- und preispolitischen Entscheidungen sichtbar. Denn die Einnahmen-/Ausgaben- bzw. Kosten-/Ertragsentwicklung ist durch den geforderten Absatzpreis mit determiniert. Die Einhaltung von *Preisunter-grenzen* ist es, die die Gestaltung des Absatzprogramms in Verbindung mit bestimmten Absatzmengenerwartungen bestimmt.

Absatzprogrammentscheidungen lassen sich außerdem unter dem Gesichtspunkt verschiedener *Programm-Strategien* ordnen (Strategie verstanden als langfristige Grundsatzentscheidung im Instrumental-bereich). So meint die *Strategie der Produktdifferenzierung* die *qualitative Abwandlung einer Grundausführung des Produkts*, z.B. im Rahmen der Marktsegmentierung [vgl. oben 4. d) dd)]. Von besonderer Bedeutung sind sodann die *Strategien der Diversifikation* und *der Obsoleszenz*. Unter Diversifikation wird im allgemeinen die Ausdehnung des Absatzprogramms auf Leistungen verstanden, die für den Betrieb im Verhältnis zu seinem bisherigen Programm technologisches Neuland darstellen *und* die eine neue Zielgruppe ansprechen bzw. einen anderen Bedarf als den bisher gedeckten befriedigen (z.B. Aufnahme des Versicherungsgeschäfts durch Versandhäuser, Ergänzung eines Pharmazie-Programms durch Herstellung und Vertrieb von Kosmetika). Daß für eine solche Diversifikationsstrategie Risikoerwägungen oft eine maßgebende Rolle spielen, liegt auf der Hand.

Obsoleszenzstrategien umfassen die Maßnahmen einer seitens des Anbieters *geplanten Verkürzung der Nutzungsdauer des jeweiligen Gutes. Drei* Ausprägungen der Obsoleszenzstrategien lassen sich unterscheiden:

1. Die Obsoleszenz aufgrund *technischer Verbesserungen;*
2. Obsoleszenz aufgrund *geänderter Produktdesigns* (einschließlich *modischer Neuerungen*);
3. die *„eingebaute" Obsoleszenz (built-in-obsolescence),* bei der bewußt Schwachstellen in ein Produkt eingebaut werden, um seine Lebensdauer zu verkürzen (z.B. Verwendung von kurzlebigem Glühdraht in Glühbirnen).

Werden Obsoleszenzstrategien seitens der Anbieter im Interesse einer besseren Zielerreichung angewandt, so ist die geplante Obsoleszenz unter Abnehmeraspekten unterschiedlich zu beurteilen. Wir werden hierauf im nächsten Abschnitt zurückkommen.

(22) Betriebliche Produktmix-Entscheidungen unter dem Aspekt der Abnehmer- und der Arbeitnehmerinteressen

Die Betrachtung der Produktmix-Entscheidungen, die bisher lediglich unter der Perspektive der Ziele der Anbieterorganisation erfolgte, ist durch Abnehmer- und Arbeitnehmeraspekte zu ergänzen. Sowenig hier dieser bisher nur teilweise erschlossene Problemkomplex vertieft werden kann, sollen wenigstens einige wichtige Gesichtspunkte hierzu aufgezeigt werden.

Die Ziele der Abnehmer können durch die jeweiligen Produktmix-Entscheidungen in unterschiedlicher Weise betroffen werden. Es steht außer Frage, daß Produktdifferenzierung sowie geplante Obsoleszenz aufgrund technischer Neuerungen sowohl bei gewerblichen Abnehmern als auch bei Konsumenten zu einer besseren Bedarfsdeckung und einem höheren materiellen Versorgungsniveau führen können und auch in weitem Umfang geführt haben. *Insofern ist ein ausreichender Innovationsspielraum der Anbieter wichtige Voraussetzung für eine verbesserte Güterversorgung breiter Schichten.* Auch modische Neuerungen wird man wohl kaum ausschließlich negativ beurteilen können, da auch sie die „Lebensqualität" u.U. erhöhen. Daß umgekehrt die Built-in-Obsolescence unter Abnehmeraspekten negativ zu beurteilen ist, steht u.E. außer Frage. Ebenso wird eine Produktdifferenzierung – u.U. unterstützt durch eine entsprechende Warenmarkierung – dann problematisch, wenn sie keinen unterschiedlichen Bedürfnisstrukturen entspricht, sondern in erster Linie die Markttransparenz vermindert und dadurch wettbewerbsbeeinträchtigend wirkt.

Ein weiterer Aspekt der Produktmix-Entscheidungen hat erst in neuerer Zeit die ihm gebührende Beachtung gefunden, nämlich der der *Ressourcen- und Umwelteffekte* (vgl. insbesondere Meadows [Wachstum] sowie derselbe u.a. [Katastrophe]). Man kann u.E. nicht umhin zuzugestehen, daß die Probleme, die aus der langfristig drohenden Ressourcenerschöpfung sowie aus den zunehmenden Umweltbeeinträchtigungen für die Gestaltung der Güterproduktion und damit auch für Produktmix-Entscheidungen erwachsen, noch weitestgehend ungelöst sind. Für zukünftige Gestaltungsmaßnahmen liefert die Unterscheidung der Güter in *„goods"*, *„bads"* und *„antibads"* u.E. einen brauchbaren Ansatzpunkt:

1. *Goods* sind „private und öffentliche Güter . . ., die die Lebensqualität mehren";
2. *bads* bezeichnen die „negative(n) Wirkungen bei der Produktion, die zu Gefährdungen und Belastungen der Menschen führen";

3. *antibads* bezeichnen Produktionen, durch „die diese negativen Auswirkungen beseitigt werden sollen" (Projektgruppe WSI [Grundelemente 156]).

Betrachten wir die Auswirkungen von Produktmix-Entscheidungen der Anbieter auf die *Arbeitnehmer,* so gelten für ihre Interessen *als Konsumenten* die eben gemachten Ausführungen. Darüber hinaus ist zu fragen, ob nicht gerade die Vielfalt der Unternehmungsaktivitäten im Bereich der Produktmix-Entscheidungen eine wichtige Funktion im Rahmen der Schaffung und Sicherung von Arbeitsplätzen und eines vergleichsweise hohen Einkommensniveaus hat. Im Grunde mündet das Problem in die Frage ein, wieweit der gesamtwirtschaftliche Prozeß durch unternehmerisches Marketing überhaupt gesteuert werden soll. Sicherlich kann man gesamtwirtschaftliche Beschäftigungs- und Volkseinkommensrückgänge, die sich durch Verminderung unternehmerischer Marketing-Aktivitäten ergeben, durch staatliche Aktivitäten ausgleichen. Dies kann in einem Umfang geschehen, daß die (dezentrale) Gewinnsteuerung des Gesamtsystems schließlich „überwunden" wird. Es bleibt jedoch fraglich, ob damit nicht ein Verlust an Steuerungseffizienz verbunden ist, der sich schließlich auf die Zielerreichung *aller* Beteiligten (also auch der Arbeitnehmer) negativ auswirkt. Business Marketing bedarf zwar zur Vermeidung von Fehlentwicklungen der Korrektur durch staatliche Eingriffe und durch Mobilisierung von Gegenmacht. Auf's Ganze gesehen dürfte aber ein Spielraum für ein derart „gezähmtes" Marketing einschließlich unternehmerischer Produktmix-Entscheidungen auch den Arbeitnehmerinteressen entgegenkommen.

(2) Entscheidungsprobleme im Bereich des Preis- und Konditionen-Mix

Das Preis- und Konditionen-Mix umfaßt die Gestaltung der *Preise* als der geforderten und/oder gezahlten Entgelte für die Anbieterleistung, die Gestaltung der *Rabatte* (= Preisnachlässe) und der darüber hinausgehenden *Zahlungsbedingungen* (= Zahlungskonditionen). Im Mittelpunkt der Preismix-Entscheidungen steht das Problem, jene Preishöhe bzw. Kombination von Preisen zu finden, die zur Zielerreichung der Organisation am meisten beiträgt.

Die volkswirtschaftliche Mikrotheorie hat eine Reihe von Modellen entwickelt, die Aussagen über den zieloptimalen – und hier insbesondere den gewinnmaximalen – Preis machen. Auf diese Modelle kann hier nicht eingegangen werden (vgl. hierzu Pohmer / Bea [Grundstudium: Produktion und Absatz]).

Insgesamt ist der Beitrag, den derartige Modelle als Entscheidungshilfe leisten, jedoch gering, da die Modellprämissen wesentliche reale Entscheidungsprobleme (z. B. das Informationsproblem) zu wenig berücksichtigen.

Der enge Zusammenhang zwischen produktpolitischen Entscheidungen und Preisentscheidungen wurde im vorigen Abschnitt bereits erkennbar. Er tritt in besonderer Weise bei einer bestimmten Spielart der Preisdifferenzierung hervor, nämlich der sog. *sachlichen Preisdifferenzierung* sowie bei der *Strategie des sog. kalkulatorischen Ausgleichs.*

Preisdifferenzierung bedeutet das Setzen unterschiedlicher Preise für gleiche oder nur geringfügig differenzierte Produkte desselben Anbieters. Eben dieser letzte Fall stellt die sog. sachliche Preisdifferenzierung dar, bei der man unterschiedliche Preise mit einer begrenzten Produktvariation verbindet. Weitere Formen der Preisdifferenzierung sind: die *räumliche* Preisdifferenzierung (z. B. unterschiedliche Preise beim Inlands- und Auslandsabsatz), die *zeitliche* Preisdifferenzierung (z. B. Sommer- und Winterpreise für Brennstoffe), die Preisdifferenzierung *nach unterschiedlichen Verwendungszwecken oder Verwenderkreisen* (z. B. unterschiedliche Tag- und Nachtstrompreise; Tarifvorteile für Rentner, Schüler und Studenten bei öffentlichen Verkehrsmitteln = *persönliche* Preisdifferenzierung) und die *mengenmäßige* Preisdifferenzierung (unterschiedliche Preise je nach Abnahmemengen, z. B. in Form von Mengenrabatten). Allen Preisdifferenzierungsformen ist gemeinsam, daß man dadurch ein höheres Maß an Formal- und/oder Sachziel-Erreichung anstrebt als bei einheitlichen Preisen (vgl. im einzelnen z. B. Gutenberg [Absatz 335 bis 348]).

Beim *kalkulatorischen Ausgleich* geht es darum, Leistungsträger (z. B. Produkte), die unterschiedlich hohe Zielbeiträge leisten, so zu kombinieren, daß die Summe der Zielbeiträge ein Maximum ergibt. So wird beim sog. *Artikelausgleich* ein „verlustbringender" Artikel A_1 im Absatzprogramm beibehalten, weil er den Absatz „gewinnbringender" Artikel A_2, A_3 ... A_n fördert und dadurch der bei A_1 entstandene „Verlust" (präziser: die Gewinneinbuße) überkompensiert wird. Ähnliches gilt z. B. für „Verlust"-*Aufträge,* die in der Erwartung späterer gewinnbringender Aufträge in Kauf genommen werden *(Auftragsausgleich).*

Die verschiedenen *Formen des kalkulatorischen Ausgleichs* lassen sich danach gliedern, ob der Ausgleich *gleichzeitig* erfolgt *(Simultanausgleich)* oder im Zeitverlauf geschieht *(zeitlicher Ausgleich, Sukzessivausgleich).* Der Ausgleich zwischen verschiedenen Artikeln ist ein Simultanausgleich, im Gegensatz zum

Ausgleich bei demselben Artikel im Zeitablauf. Dieser wiederum ist mit der zeitlichen Preisdifferenzierung identisch. Eine weitere wichtige Form des kalkulatorischen Ausgleichs stellt der *Abteilungsausgleich* dar, bei dem „Gewinn- und Verlustabteilungen" miteinander verbunden sind.

Der kalkulatorische Ausgleich ist deshalb bei preispolitischen und sonstigen absatzpolitischen Entscheidungen von besonderer Bedeutung, weil er Ausdruck von *Verbundwirkungen im Absatzbereich* ist und ihnen Rechnung trägt. Sind verschiedene Absatzleistungen ursächlich verbunden, muß der *Gesamtkomplex* der Leistungen betrachtet werden (z.B. der „Verlustauftrag" und der durch ihn bewirkte gewinnbringende Auftrag), um zieladäquate Entscheidungen zu erreichen. Die Strategie des kalkulatorischen Ausgleichs stellt daher eine zentrale absatzwirtschaftliche Verhaltensweise dar.

(3) Entscheidungen im Bereich des Werbe-Mix

(11) Werbeentscheidungen der Anbieter

Man kann *Absatzwerbung* definieren als *Beeinflussung von Menschen zu absatzpolitischen Zwecken mit Hilfe spezieller Werbemittel* (ähnlich Nieschlag / Dichtl / Hörschgen [Marketing 67 f.]).

Erst der Bezug auf spezielle Werbemittel (z.B. Plakate, Fernsehwerbespots, Inserate) macht es möglich, Werbung als ein besonderes absatzpolitisches Instrument abzugrenzen, da auch die übrigen absatzpolitischen Instrumente Menschen beeinflussen und insofern eine werbende Wirkung haben sollen (z.B. die Maßnahmen der Produktpolitik).

Soweit *Public Relations („Öffentlichkeitsarbeit")* den absatzpolitischen Zwecken der Organisation dient, sollte man sie u.E. – auch wenn dies vor allem von PR-Praktikern nicht gern gesehen wird – ebenfalls als eine Form der Absatzwerbung ansehen.

Mit der Gestaltung der Werbe-Submix ist eine Vielzahl unterschiedlicher Entscheidungsprobleme verbunden, die hier nur knapp skizziert werden können. Auch bei Werbeentscheidungen ist es zweckmäßig, möglichst *operationale Werbeziele* zu formulieren und im Zusammenhang damit das *Werbebudget* (den Werbeetat) festzulegen. Will man z.B. einen neuen Markenartikel als Massen-Konsumgut auf dem nationalen Markt einführen – etwa ein Marken-Speiseöl –, so wird die Höhe des Werbeetats wesentlich von eben dieser Zielsetzung bestimmt. Das Beispiel macht zugleich deutlich, wie problematisch es ist, statt einer zielorientierten Bestimmung des Werbebudgets es in Form eines festen Prozentsatzes von Vergangenheitsumsätzen fest-

zulegen, wie es in der Praxis vielfach geschieht. Die Werbeziele üben
wiederum auf die Auswahl der anzusprechenden *Empfänger der
Werbebotschaft (= Zielgruppen)* sowie auf den *Inhalt* und die *Gestaltung der Werbebotschaft* Einfluß aus. Sämtliche genannten
Aktionsvariable sind ihrerseits auf die vorhandenen oder zu schaffen-
den Marktsegmente zu beziehen. Die Marktsegmentierung wiederum
vollzieht sich in enger Wechselbeziehung mit Produktmix-Entscheidungen.

Schließlich ist – ebenfalls zielabhängig – zu entscheiden, welche besonderen Beeinflussungsmittel (= *Werbemittel,* z.B. Inserate usw.)
eingesetzt werden sollen und welcher *Werbeträger* man sich dabei
zweckmäßigerweise bedient. Werbeträger sind gewissermaßen die
Vehikel der Werbemittel, „die Medien der Streuung, durch die die
Werbemittel an die Umworbenen herangeführt werden" (Bidlingmaier [Marketing 2, 399]). Außerdem sind Überlegungen über den
zeitlichen Einsatz der Werbung (das *Werbetiming)* anzustellen, und
es ist festzulegen, ob und in welchem Umfang die Werbeaktivitäten
an *Werbeagenturen* ausgegliedert werden sollen (auch dies ist eine
Entscheidung des „make or buy").

Es sei daran erinnert, daß Werbung nicht nur ein Instrument des
Business Marketing ist, sondern auch im Non Business Marketing
einen großen Stellenwert einnehmen kann (vgl. oben A. III. 2.). In
industrialisierten nicht-kapitalistischen Systemen ist die moderne Werbung heute ebenfalls von erheblicher Bedeutung. *Absatzwerbung
stellt damit grundsätzlich einen wirtschaftssystemindifferenten Tatbestand dar.*

(22) Absatzwerbung unter Abnehmeraspekten

Nur in einer völlig oberflächlichen Perspektive könnte man *„die"*
Werbung unter Abnehmeraspekten pauschal als Negativum oder als
Positivum be- bzw. verurteilen. Es bedarf vielmehr einer differenzierten Betrachtungsweise, um der Werbung gerecht zu werden. Hier
nur einige der wichtigsten Gesichtspunkte.

Zunächst hat Werbung eine *informatorische Dimension,* indem sie
das Vorhandensein von Güteralternativen und Bezugsquellen auf-
zeigt (= *Suchinformationen)* und teilweise deren Eigenschaften nennt
(= *Dateninformationen).* Daß dies einseitig zugunsten der Ziele der
anbietenden Organisation erfolgt, ist nicht nur ein Kennzeichen der
Werbung kapitalistischer Unternehmungen, sondern im Eigeninter-
esse jeglicher Organisationen begründet. Die informierende Funktion

der Wirtschaftswerbung tritt besonders im Investitionsgüterbereich hervor, gilt aber auch gegenüber den Konsumenten.

Inwieweit wird aber der Konsument speziell im Business Marketing durch Werbung manipuliert und zum „Konsumsklaven" deformiert? In der Tat vermag Werbung zu manipulieren, d.h. zu einem nicht reflektierten und von äußerem Druck nicht emanzipierten Verhalten zu veranlassen. Dies kann einmal durch – Stimmungslagen schaffende – *„Anmutungsinformationen"* (im Gegensatz zu *Sachinformationen*) geschehen, durch das *Anknüpfen an gesellschaftliche Vorurteile* und nicht zuletzt durch *Wecken von Ängsten verschiedener Art* (Leistungsängste, Angst vor sozialen Sanktionen, wenn z.B. bestimmte Konsumgewohnheiten nicht mitgemacht werden u.ä.). Hier liegt ein weiter Bereich, innerhalb dessen Werbung Bedürfnisse formen und schaffen kann. Sie knüpft damit keineswegs nur an *bestehende* Bedürfnisse an, wie oft behauptet wird. Allerdings sollte man nicht übersehen, daß Absatzwerbung weniger als Initiator als vielmehr in Form des *Verstärkers* gesellschaftlicher Tendenzen auftritt, die eine Reihe anderer Ursachen haben (z.B. materieller Wohlstand als Leistungsindikator, Prestige-Konsum als Degenerationsvariante sozialer Beziehungen u.ä.).

Eine umfassende Analyse der Werbewirkungen steckt noch in den Anfängen, so daß man weithin auf Vermutungen angewiesen ist. In jedem Fall sollte u.E. auch die Betriebswirtschaftslehre in stärkerem Maß als bisher sich an umfassenden Wirkungsanalysen beteiligen sowie konkrete Vorschläge entwickeln, in welchen Bereichen Beschränkungen speziell der Unternehmungswerbung angebracht sein könnten (z.B. Zigaretten-Werbung) bzw. welche Gegeninstrumente sich im Interesse des Verbrauchers entwickeln lassen. Man kann daran denken, in stärkerem Maß als bisher ein *Instrumentarium von „Gegeninformationen"* (Scherhorn [Verbraucher 76f.] – Scherhorn geht allerdings von einem engeren Begriff der Gegeninformation aus) zu entwickeln, um negative Wirkungen der Absatzwerbung zu neutralisieren. Derartige Gegeninformationen können vielfältige Formen aufweisen, etwa: *Maßnahmen der Verbraucheraufklärung, Warentestpublikationen, direkte Gegeninformationen* zu irreführenden und/oder einseitigen Werbeaussagen, *Werbeaussagen im Rahmen des Non Business Marketing* (z.B. die erwähnte Werbung der Aktion Gemeinsinn). Es gibt gute Gründe anzunehmen, daß ein System von Gegeninformationen – nicht zuletzt aufgrund seiner emanzipatorischen Funktion beim Verbraucher – langfristig effizienter ist als ohnehin nur schwer praktikable, generelle Werbeverbote.

(4) Entscheidungen im Bereich des Distributionsmix

Die Distribution umfaßt die Aktivitäten der *ökonomischen* und der *physischen Güterübertragung,* und dementsprechend beziehen sich Distributionsmix-Entscheidungen auf:

1. die Auswahl und den Einsatz der betrieblichen und außerbetrieblichen *Absatzpersonen* (z.B. Vertreter oder Reisende);
2. die Auswahl und Steuerung der betrieblichen und außerbetrieblichen *Absatzinstitutionen* (z.B. Einschaltung des Großhandels, Aufbau einer Ladenkette);
3. Entscheidungen hinsichtlich der Gestaltung der betrieblichen *Auslieferungswege,* der *Auslieferungspunkte* (Verkaufslager) und der *Auslieferungsträger* (z.B. eigener Fuhrpark versus Spediteur). Diesen letzten Bereich bezeichnet man auch als *Marketing-Logistik.*

Wegen ihres engen Bezugs zu den übrigen Distributionsproblemen ordnen wir also auch die Probleme des sog. *persönlichen Verkaufs (personal selling)* den Distributionsentscheidungen zu (ebenso z.B. B i d l i n g m a i e r [Marketing 2, 333–339] und G u t e n b e r g, der Distributionsentscheidungen als Wahl der Absatzmethoden bezeichnet – G u t e n b e r g [Absatz 123]). In der US-amerikanischen Literatur wird das Personal Selling vielfach zum Kommunikationsmix gezählt; in der deutschen Literatur so z.B. M e f f e r t [Marketing 397]).

So wichtig die Unterscheidung zwischen *ökonomischer* Distribution (von B i d l i n g m a i e r als *akquisitorische* Distribution bezeichnet) und *physischer* Distribution (= *Marketing-Logistik*) ist, so bestehen zwischen beiden Entscheidungsbereichen enge Beziehungen. Die Art und Weise der Lösung von Auslieferungsproblemen, die in erster Linie bei Sachgütern eine Rolle spielt, hat z.B. akquisitorische Wirkungen in Gestalt des betrieblichen *Lieferservice* und kann daher nicht nur unter Kostengesichtspunkten gesehen werden (vgl. hierzu z.B. B i d l i n g m a i e r [Marketing 2, 369–375]). Andererseits haben Entscheidungen hinsichtlich der Absatzinstitutionen, die vielfach primär unter akquisitorischen Gesichtspunkten getroffen werden, Auswirkungen auf die Marketing-Logistik (z.B. bei Einschaltung des Großhandels in den Absatzweg). In jedem Fall sind also sowohl die Entscheidungen über die akquisitorische Distribution als auch diejenigen der Marketing-Logistik unter *Kosten-* wie auch unter *Ertrags- bzw. Ausgaben- und Einnahmeaspekten* zu fällen.

Allerdings nimmt man insbesondere bei der Entscheidung über eine Einschaltung von Absatzmittlern (= Großhandels- und Einzelhandelsbetriebe) nolens volens Zuflucht zu *qualitativen Ersatzkriterien,* da

Kosten und Erträge bzw. Einnahmen und Ausgaben hier schwer zu quantifizieren sind. Als *Determinanten derartiger Absatzmittler-Entscheidungen* – vereinfachend in der Regel als Absatzweg-Entscheidungen bezeichnet – kommen vor allem in Betracht: *Absatzwege der Konkurrenz, Marktpotentiale der vorhandenen Groß- und Einzelhandelsbetriebe,* die deren Ausschaltung problematisch werden lassen, *Eigenschaften der angebotenen Leistungen* (z.B. Beratungsbedürftigkeit bei technischen Produkten) u.ä. (vgl. hierzu z.B. L e i t h e r e r [Absatzlehre 42–56]). Auf eine Vertiefung dieser Zusammenhänge muß hier verzichtet werden (vgl. hierzu z.B. B i d l i n g m a i e r [Marketing 2, 339–346]).

gg) Besonderheiten absatzpolitischer Entscheidungen privater Haushalte

Es stellt sich die Frage, inwieweit absatzwirtschaftliche Entscheidungen für private Haushalte relevant werden und welche Besonderheiten gegebenenfalls für sie gelten (vgl. hierzu auch die Ausführungen zum Absatzsystem privater Haushalte, A. I. 5. dieses Hauptteils).
Im Bereich der entgeltlichen Gütertransaktionen treten – sieht man von der Veräußerung von Gebrauchtwaren ab – vor allem zwei Bereiche absatzwirtschaftlicher Tätigkeiten in Erscheinung: *die entgeltliche Abgabe von Arbeitsleistungen an Produktionswirtschaften* und *Verkäufe im Rahmen finanzieller Transaktionen* (z.B. Veräußerung von Wertpapieren). Letztere kann man der Finanzwirtschaft der privaten Haushalte zuordnen.
Vor allem für den Bereich der Arbeitsleistungen werden – wenn auch in modifizierter Form – grundsätzlich alle jene Entscheidungen relevant, wie wir sie für Produktionswirtschaften behandelt haben. Daß das *Angebot und der Verkauf von Arbeitsleistungen* von den *Haushaltszielen* (z.B. von den Einkommenszielen der Haushaltsmitglieder, von ihren Freizeitpräferenzen u.ä.) hochgradig abhängen, liegt auf der Hand. Auch wenn die Veräußerung von Arbeitsleistungen durch die *Rahmenbedingungen gewerkschaftlicher Aktivitäten* wesentlich geprägt ist, treten für die einzelnen Haushaltsmitglieder vor allem Probleme der *Markttransparenz,* der *individuellen Preispolitik,* der *Werbung* sowie der *„Produktgestaltung"* im weiteren Sinne auf. Zu einer solchen langfristigen Produktgestaltung im weiteren Sinne gehört z.B. die Teilnahme an Ausbildungsprozessen verschiedenster Art, die einerseits den Daten des Arbeitsmarkts, andererseits den individuellen Zielvorstellungen ausreichend Rechnung tragen sollen.
Der Bereich absatzwirtschaftlicher Aktivitäten privater Haushalte

weitet sich aus, wenn auch *zweckgerichtete unentgeltliche Leistungen gegenüber Drittpersonen und Drittinstitutionen* in die Betrachtung einbezogen werden. In abgeschwächter Form ergeben sich hier ähnliche Probleme wie beim Non Business Marketing (vgl. A. III. 2.).

e) Die Gestaltung der betrieblichen Finanzwirtschaft

aa) Die Begriffe Finanzierung und betriebliche Finanzwirtschaft

Als *Inhalt der betrieblichen Finanzwirtschaft* kann man die *Finanzierungsentscheidungen von Organisationen* bezeichnen. Damit aber taucht die Frage auf: *Wie ist zweckmäßigerweise Finanzierung zu definieren?*

Der Finanzierungsbegriff hat in der Betriebswirtschaftslehre eine lange Tradition, deren Verfolgung insofern informativ ist, als sich darin die Entwicklung der betriebswirtschaftlichen Finanzierunglehre widerspiegelt (vgl. hierzu im einzelnen W. Engelhardt [Finanzierung 27–66]). Ursprünglich faßte man unter Finanzierung nur solche Vorgänge, die das *Kapital* des Betriebes betrafen, wobei unter Kapital – im Anschluß an die Bilanz – die abstrakte Wertsumme der auf der Aktivseite der Bilanz ausgewiesenen konkreten Vermögensgegenstände verstanden wurde. Ein solcher Begriff läßt wichtige Finanzierungsvorgänge außer acht, z. B. Veränderung von Wertpapierbeständen, Besitzwechseldiskontierungen; daher wurde der *Finanzierungsbegriff um bestimmte Einnahmen-Ausgaben-Dispositionen erweitert, die lediglich die Aktivseite der Bilanz berühren.* Überhaupt ging man mehr und mehr dazu über, sich bei der Betrachtung von Finanzierungsentscheidungen von der Bilanz zu lösen. Die *modernen* Finanzierungsbegriffe sind in der Regel *ausschließlich monetär*, d. h. an Zahlungsvorgängen, orientiert. So definiert D. Schneider: *„Ein Finanzierungsvorgang ist durch einen Zahlungsstrom definiert, der mit einer Einnahme beginnt"* (D. Schneider [Investition 137]). Damit ist die Finanzierung in engste Beziehung zur Investition gerückt: „Investition und Finanzierung sind zwei Seiten ein und derselben Sache: *Es geht um die zielentsprechende Gestaltung des Zahlungsbereichs, um ‚den optimalen Finanzplan' der Unternehmung"* (D. Schneider [Investition 137]).

In dieser begrifflichen Entwicklung kommt auch der Fortschritt der betriebswirtschaftlichen Finanzierungslehre zum Ausdruck: *Sie hat sich von einer finanzwirtschaftlichen Unternehmenskunde mehr und mehr zu einem System finanzwirtschaftlicher Entscheidungsmodelle entwickelt* (D. Schneider [Investition 141 f.]). Allerdings ist der empirische Gehalt der entwickelten Finanzierungsmodelle bisher noch begrenzt (im einzelnen vgl. Swoboda [Grundstudium: Investition]).

Wir wollen *Finanzierungsentscheidungen* als *Dispositionen über gegenwärtige und zukünftige Einnahmen und über die in ihrem Gefolge auftretenden Ausgaben* definieren (enger – unter einer speziellen

Zwecksetzung – S w o b o d a [Grundstudium: Investition 13 und 173]).
Damit wird auch deutlich, daß viele güterwirtschaftliche Entschei-
dungen (z. B. Verkäufe) zugleich eine *finanzwirtschaftliche Dimension*
aufweisen, da auch mit ihnen gegenwärtige und/oder zukünftige
Einnahmen verbunden sind. Mit dieser ihrer finanzwirtschaftlichen
Dimension ragen solche Vorgänge gewissermaßen in die betriebliche
Finanzwirtschaft hinein und sind dementsprechend bei der Finanz-
planung zu berücksichtigen.

bb) Finanzierungsarten

Man kann *verschiedene Arten der Finanzierung* unterscheiden. Nach
dem Kriterium der Dauer (Fristigkeit), während derer die zugeflos-
senen Einnahmen zur Verfügung stehen, ergibt sich die Einteilung in
langfristige und *kurzfristige* bzw. in *lang-, mittel-* und *kurzfristige
Finanzierung* (kurzfristig z. B. bis zu einem Jahr; mittelfristig: zwischen einem und drei Jahren; langfristig: länger als drei Jahre). Je
nach dem Personenkreis, der die finanziellen Mittel zur Verfügung
stellt *oder* dem sie zustehen, pflegt man zwischen *Eigen-* und *Fremdfinanzierung* zu unterscheiden. Die Eigenfinanzierung betrifft die Zahlungen zwischen der Organisation und ihren *Eigentümern;* Fremdfinanzierung liegt vor, wenn die Mittel von *Kreditgebern* stammen
oder ihnen zustehen (S w o b o d a [Grundstudium: Investition 13]).
Nach dem Kriterium der Finanzierungs*quellen* bzw. des *Mittel-
zuflusses* wird schließlich zwischen *externer* und *interner* Finanzierung
(Außen- und *Innenfinanzierung)* unterschieden. Bei der *externen*
Finanzierung fließen der Organisation die Mittel „von außen", genauer: von Geldgebern bzw. über den organisierten oder nicht-
organisierten Kapitalmarkt zu. Bei der *internen* Finanzierung (Innenfinanzierung) erfolgt der Mittelzufluß über die Veräußerung von
Gütern und damit aufgrund des Zuflusses von regulären und irregu-
lären *Absatzerlösen* (insofern ist der Ausdruck „Innenfinanzierung"
ungenau).
Folgende Formen der Innenfinanzierung sind zu unterscheiden (vgl.
S w o b o d a [Grundstudium: Investition 173 f.] und D. S c h n e i d e r
[Investition 139 f.]):

1. *Finanzierung aus einbehaltenen Gewinnen = Selbstfinanzierung;*
2. *Finanzierung über verrechneten und in den Umsatzerlösen ent-
   haltenen Aufwand,* insbesondere
   a) Finanzierung aus *Abschreibungserlösen,*
   b) Finanzierung aufgrund der Bildung von *Rückstellungen;*

3. Finanzierung aufgrund *irregulärer Veräußerungen von Vermögens-teilen* (z. B. Veräußerung von Wertpapierbeständen).

Zur Vertiefung dieser Zusammenhänge ist – soweit sie das Rechnungswesen betreffen – auf M e n r a d [Grundstudium: Rechnungswesen] und allgemein auf S a n d i g [Finanzierung] und K ö h l e r / Z ö l l e r [Arbeitsbuch] zu verweisen.

cc) Finanzwirtschaftliche Entscheidungen und ihr Niederschlag im Finanzplan

Es ist hier nicht der Ort, auf die zahlreichen Einzelprobleme der betrieblichen Finanzierung einzugehen (vgl. hierzu S w o b o d a [Grundstudium: Investition]). Lediglich einige wichtige Aspekte seien grob skizziert.

Auch auf finanzwirtschaftliche Entscheidungen lassen sich die *Ziel-Mittel-Differenzierung* und das *Schema der Entscheidungsphasen* mit Nutzen anwenden. Im Zentrum finanzwirtschaftlicher Zielüberlegungen stehen das *Liquiditätsziel* und – in erwerbswirtschaftlichen Betrieben – das *Gewinnziel*. Die finanzwirtschaftlichen Entscheidungen sollen die *Liquidität* (= Zahlungsfähigkeit) des Betriebes sichern. Sie ist gegeben, wenn der Betrieb seine Zahlungsverpflichtungen jederzeit zu erfüllen imstande ist. Die der Liquiditätssicherung dienenden Einnahmen-/Ausgabendispositionen sind außerdem mit dem Gewinnziel in Übereinstimmung zu bringen (bei nicht-erwerbswirtschaftlichen Organisationen z. B. mit Kostenzielen). Dies besagt, daß man die erforderlichen Finanzierungsmittel einerseits auf kostengünstigste Weise zu beschaffen sucht, andererseits finanzielle Überschüsse auf gewinngünstigste Art anlegt (vgl. z. B. W i t t e [Finanzplanung Sp. 519]). Als weiteres Ziel kann insbesondere das *Unabhängigkeitsstreben* wirksam werden. So wird man u. U. im Interesse der Unabhängigkeitssicherung einen bestimmten Verschuldungsgrad vermeiden, auch wenn er unter Rentabilitätsgesichtspunkten zweckmäßig wäre.

Die Berücksichtigung der *Entscheidungsphasen* läßt auch bei finanzwirtschaftlichen Entscheidungen Raum für die Einbeziehung *verhaltenswissenschaftlicher* Perspektiven. Insbesondere für die Analyse der *Such-* und der *Durchführungsphase* kann ein Teil jener Variablen berücksichtigt werden, die im Beschaffungsmodell von W e b s t e r / W i n d enthalten sind und die oben dargestellt wurden (vgl. oben 4. b) bb) und W e b s t e r / W i n d [Organizational Buying 75–107]). Speziell die Herausarbeitung der *Interaktionsbeziehungen* sowohl innerhalb der Organisation wie gegenüber der Umwelt schafft Raum für die Erfassung der bei vielen Finanzierungsentscheidungen wichtigen *Verhandlungsprozesse*. Von daher ist es nur ein kleiner Schritt, unter Bezugnahme auf das beschaffungspolitische Instrumentarium [vgl. B. II. 4. b) bb) (2)], das Konzept eines *Finanzmarketing* zu entwickeln.

Den zahlenmäßigen Niederschlag des gegenwärtigen und zukünftigen *Finanzbedarfs* einerseits, der vorhandenen und zu erwartenden *Deckungsmittel* andererseits bildet der *Finanzplan*. Er stellt die Prognose sämtlicher einnahmen- und ausgabenwirksamen Vorgänge dar und integriert damit die Pläne aller übrigen betrieblichen Bereiche (Beschaffungsplan, Produktionsplan, Absatzplan) in ihrer finanzwirtschaftlichen Dimension. Der Unsicherheit, der auch die Finanzplanung unterworfen ist, kann durch eine entsprechende Planflexibilität Rechnung getragen werden, indem z. B. für Kreditreserven Vorsorge getroffen wird.

dd) Finanzwirtschaftliche Entscheidungen in privaten Haushalten

Die Prozesse und Kriterien finanzwirtschaftlicher Entscheidungen in Produktionswirtschaften sind grundsätzlich auch für private Haushalte gültig. Das betrifft zunächst die finanzwirtschaftlichen *Ziele* (Liquiditätsziel, Erfolgsziele in Gestalt der Kostenminimierung oder Einkommensoptimierung). Im *Mittelbereich* ist z. B. auch für Haushalte die Alternative der *Eigen-* oder *Fremdfinanzierung* relevant. Wichtig ist außerdem der Bereich der *Spardispositionen* und seiner Determinanten. Gerade bei längerfristigen Finanzdispositionen wird sich zudem die Aufstellung von *Finanzplänen* anbieten.

f) Die Gestaltung der betrieblichen Personalwirtschaft

aa) Gegenstand der betrieblichen Personalwirtschaft und Möglichkeiten ihrer Behandlung in der Betriebswirtschaftslehre

Gegenstand der betrieblichen Personalwirtschaft sind *Entscheidungen über Arbeitsleistungen von Menschen in Betrieben bzw. Organisationen*. Damit taucht zunächst die Frage auf: Was ist Arbeit? In Anlehnung an eine Definition von B ö h r s kann man menschliche Arbeit als den zweckgerichteten Einsatz körperlicher, geistiger und seelischer Kräfte des Menschen ansehen (vgl. B ö h r s [Arbeit, Sp. 87]). In einer solchen Definition, die lediglich das Spiel als zweckfreien Kräfteeinsatz ausschließt, wird die große Variationsbreite menschlicher Arbeit sichtbar. Sie umfaßt deren verschiedenste Ausprägungen wie z. B. schwere körperliche Arbeit, ausführende gegenständliche

Arbeit ohne nennenswerte körperliche Beanspruchung, kreative Tätigkeiten in den verschiedensten Organisationen.

Die Betriebswirtschaftslehre kann personalwirtschaftliche Probleme unter verschiedenen Aspekten untersuchen. Heute hat sich die Auffassung durchgesetzt, daß sich eine betriebswirtschaftliche Analyse von Arbeitsprozessen nicht nur auf Fragen des technischen Arbeitsvollzugs beschränken sollte (z. B. Vornahme von Arbeitsanalysen und Zeitstudien, wie sie erstmals im Rahmen der „wissenschaftlichen Betriebsführung" Frederick Winslow Taylors erfolgten), sondern daß die Betriebswirtschaftslehre auch die psychologischen und soziologischen Determinanten der Arbeitsergiebigkeit in ihre Betrachtung einbeziehen sollte. Insofern ergibt sich gerade von der betrieblichen Personalwirtschaft her ein starker Impuls zur Öffnung der Betriebswirtschaftslehre zu verhaltenswissenschaftlichen Nachbardisziplinen.

Mit einer solchen verhaltenswissenschaftlichen Ausrichtung ist jedoch noch nicht sichergestellt, daß dabei die Interessen der Arbeitnehmer ausreichend berücksichtigt werden. Denn in dem Augenblick, in dem der Output einer Organisation, also ihre wie auch immer definierte Leistung für organisationsexterne Märkte, deren dominantes Oberziel ist, werden Arbeitnehmerinteressen der Output-Orientierung untergeordnet. Dies gilt nicht nur für Unternehmungen, sondern für alle Organisationen mit dominanten Output-Zielen.

Wir haben im 1. Hauptteil darauf hingewiesen, daß die bisherige Betriebswirtschaftslehre den Arbeitnehmerinteressen u. E. tatsächlich in zu geringem Maß Rechnung getragen hat, und zwar überwiegend aus einem bestimmten Selbstverständnis heraus (vgl. 1. Hauptteil C. III. 3.). Man versucht zwar, Möglichkeiten einer Verbesserung der Arbeitsbedingungen im weitesten Sinn aufzudecken, jedoch nur insoweit, als dadurch die Output-Ziele der Organisation gefördert oder zumindest nicht beeinträchtigt werden. Dieser Konzeption ist in jüngster Zeit die sog. Arbeitsorientierte Einzelwirtschaftslehre (AOEWL) entgegengestellt worden (vgl. Projektgruppe WSI, Grundelemente und 2. Hauptteil, A. V. unserer Ausführungen).

Angesichts einer solchen Situation bietet sich – wie oben gezeigt (vgl. 1. Hauptteil C. III. 3. und IV.) – u. E. die Konsequenz an, im Rahmen einer *universell-technologischen* Betriebswirtschaftslehre „arbeitnehmerfreudlichere" Modelle dergestalt zu entwickeln, daß auch *alternative* Output-Niveaus der Organisation in die Diskussion einbezogen werden, anstatt auf einem „möglichst hohen Leistungsstand" (vgl. Gutenberg [Produktion 23]) fixiert zu sein, dessen Erreichung auch

als Zentralziel der Arbeitswissenschaft angesehen wird. Es bedarf
sodann – wie ebenfalls ausgeführt (2. Hauptteil A. I. und A. VI.) –
einer umfassend angelegten *Systemanalyse,* um wenigstens in Umrissen die *Gesamtwirkungen alternativer Input-Output-Relationen*
(bis hin zu Umwelt- und Ressourceneffekten) aufzuzeigen. Daß bei
einer solchen Analyse z. B. das Entfremdungsproblem *nicht* ausgeklammert werden sollte (wie es Gutenberg im Rahmen der
Arbeitswissenschaft für berechtigt hält; vgl. Gutenberg [Produk-
tion 23]), haben wir mehrfach zu zeigen versucht (vgl. 2. Hauptteil
A. V.). Auch die wissenschaftliche Behandlung der Arbeitsprobleme
legt außerdem u. E. die Einbeziehung *wirtschaftsphilosophischer* Probleme in die betriebswirtschaftliche Analyse nahe (vgl. hierzu z. B.
Gläser [Philosophie]). Ein solcher wirtschaftsphilosophischer Hori-
zont könnte dann den Rahmen für die Diskussion von Werturteilen
auf der Basis eines „good reasons approach" abgeben, bei der etwa
die Frage einer Gleichwertigkeit oder eines Prioritätsverhältnisses
zwischen Kapital und Arbeit erörtert wird. Daß in einem solchen
Zusammenhang *offene begründete Wertungen* seitens der Institutionen Wissenschaft u. E. zweckmäßig sind, haben wir oben ebenfalls
behandelt (1. Hauptteil C. IV. 4.).

bb) Personalwirtschaftliche Entscheidungsprobleme des Management
   von Produktionswirtschaften

Als zentrale personalwirtschaftliche Entscheidungsprobleme des
Management von Produktionswirtschaften ergeben sich: die Planung
des Personalbedarfs und der Maßnahmen seiner Deckung, die Gestaltung der Arbeitsleistung der Mitarbeiter und die Arbeitsentlohnung.

(1) Die Planung des Personalbedarfs und seiner Deckung

Die Planung des Personalbedarfs steht einmal in enger Beziehung
zu den konstitutiven betrieblichen Entscheidungen in bezug auf
Leistungsprogramm, Betriebsgröße und Aufbauorganisation [vgl.
oben B. II. 3. a) b) e)]. Zum anderen ergibt sich eine Verbindung
zu den *betrieblichen Prozeßentscheidungen in den einzelnen Funktionsbereichen* (Absatz, innerbetriebliche Leistungserstellung usw.).
In den Kosten-/Ertrags- und Einnahmen-/Ausgabenplänen, die im
Rahmen der Struktur- und Prozeßentscheidungen notwendig sind,
spielen außerdem die *Personalkosten bzw. -ausgaben* in der Regel
eine bedeutende Rolle. Als Planungsresultat ergibt sich ein *Personalbedarf in quantitativer, qualitativer und zeitlicher Hinsicht* (vgl. hierzu
im einzelnen Marx, August [Personalplanung]).

Es erhebt sich sodann das Problem, *auf welche Weise der prognostizierte Personalbedarf gedeckt werden soll.* Damit wird – speziell bei Betriebsgründungen und -erweiterungen – der *Personalmarkt* für den Betrieb relevant, durch dessen Inanspruchnahme der vorhandene Personalbedarf gedeckt werden soll. Je mehr – zumal in einer vollbeschäftigten Wirtschaft – Knappheitserscheinungen auf dem Personalmarkt auftreten, um so näher liegt der Einsatz eines Systems abgestimmter Instrumente und Maßnahmen der Personalbeschaffung, so daß man schließlich zu einer Spielart des Marketing, dem *Personal-Marketing,* gelangt (vgl. oben A. III. 1.).

Zur Klassifizierung der verschiedenen möglichen Maßnahmen des Personal-Marketing kann auf das *beschaffungspolitische Instrumentarium* Bezug genommen werden, wie es oben entwickelt wurde [vgl. oben B. II. 4. b) bb) (2)]. Auch im Bereich des Personal-Marketing spielen *Produkt-* und *Entgeltspolitik, Werbung* und *Beschaffungsmethoden* als Instrumentalvariable eine Rolle, ergänzt um Maßnahmen einer systematischen *Gewinnung von Informationen* über den Arbeitsmarkt einschließlich der Qualifikation der potentiellen Mitarbeiter. Auf die Entgeltspolitik, die monetäre wie nicht-monetäre Entgelte umfaßt, wird unten noch zurückzukommen sein [vgl. (3)]. Die *„Produktpolitik"* nimmt im Personal-Marketing eine Doppelstellung ein: einmal geht es darum, das Beschaffungsobjekt „Arbeitsleistung" in seiner Qualität zu beeinflussen, insbesondere durch Motivation des Arbeitnehmers und durch Ausbildung in der verschiedensten Form (training on the job, job rotation, Weiterbildungskurse usw.). Zum anderen ist im Personal-Marketing der Betrieb nicht nur Nachfrager des Guts Arbeitsleistung, sondern Anbieter des Guts „Arbeitsbedingungen" in umfassendem Sinn. Produktgestaltung im Personal-Marketing umfaßt daher als zentralen Bereich auch die Gestaltung dieser Arbeitsbedingungen als ein System von Anreizen für den Arbeitnehmer. Eben die Arbeitsbedingungen im weiten Sinne (also einschließlich Weiterbildungs- und Aufstiegsmöglichkeiten, „Betriebsklima", Arbeitsplatzsicherheit u. ä.) bilden wichtige Inhalte des *Kommunikationsmix* im Personal-Marketing, also der Personalwerbung einschließlich Public Relations-Aktivitäten. Hinsichtlich der *Beschaffungsmethoden* ist insbesondere zu entscheiden, ob und in welcher Weise man Hilfsorgane der Arbeitskräftebeschaffung einschaltet (Arbeitsämter, Unternehmungsberater, Kontakte mit Ausbildungsinstituten). Die Verfahren der *Personalauswahl* (Einstellungsgespräch, Eignungstets usw.) runden die Beschaffungsphase des Personal-Marketing ab.

Im laufenden Betrieb ergibt sich als zusätzliches Entscheidungsproblem, inwieweit ein punktueller Personalbedarf „aus den eigenen Reihen" oder durch Inanspruchnahme des Arbeitsmarkts gedeckt werden soll. Je umfassender die betriebliche Nachwuchs- und Nachfolgeplanung ist und je höher die speziellen Kenntnisse der eigenen

Mitarbeiter zu veranschlagen sind, um so mehr vermindern sich die Vorteile einer Besetzung bestimmter Positionen durch externes Personal. Allerdings können durch den Verzicht auf externe Kräfte gerade bei Führungspositionen wichtige Innovationsvorteile verlorengehen. Eine starre Anwendung des Prinzips der Nachfolgerekrutierung aus den eigenen Reihen, wie es gerade bei manchen Großbetrieben der Fall ist, wird dadurch u. E. problematisch.

(2) Die Arbeitsleistung als Entscheidungstatbestand des Personal-Management

Man kann davon ausgehen, daß das Personal-Management von Produktionsbetrieben an der *Erzielung einer möglichst hohen Arbeitsleistung* interessiert ist, die unter Einhaltung bestimmter Nebenbedingungen erbracht werden soll. Als derartige Nebenbedingungen kommen insbesondere gesetzliche und vertragliche Regelungen in Betracht, wie sie in den Arbeitsschutzgesetzen und den zwischen den Tarifpartnern ausgehandelten Tarifverträgen niedergelegt sind (Arbeitszeitregelungen, Urlaubsansprüche, Bestimmungen hinsichtlich der Ausstattung des Arbeitsplatzes u. ä.). Das Interesse des Management an möglichst hohen Arbeitsleistungen wirft Entscheidungsprobleme verschiedenster Art auf. Geht man davon aus, daß es im Rahmen der Personalplanung gelungen ist, den „richtigen Mann für den richtigen Platz" zu finden (d. h. also eine weitestgehende Deckung zwischen Anforderungen des Arbeitsplatzes und Eignungspotential des Arbeitnehmers zu erzielen), so ist zunächst durch eine zweckentsprechende *Gestaltung der sachlichen Arbeitsbedingungen* ein Optimum an Arbeitsergiebigkeit sicherzustellen. Hierzu gehören ein kraft- und zeitsparender Ablauf der Arbeitsverrichtungen, eine arbeitserleichternde Gestaltung des Arbeitsplatzes und des Arbeitsraums sowie eine an die arbeitsphysiologische und -psychologische Leistungskurve angepaßte Regelung der Arbeitszeit einschließlich der Pausen (vgl. ähnlich Gutenberg [Produktion 33–39]).

Darüber hinaus geht es darum, die *personalen Arbeitsbedingungen* so zu gestalten, daß ein Maximum an Arbeitsleistung erzielt wird. Hier kommen insbesondere in Betracht: die Anwendung eines leistungssteigernden Führungsstils, die Schaffung integrativer Arbeitsteams, die Gewährung kreativer Spielräume für die Arbeitnehmer (z. B. Organisation eines betrieblichen Vorschlagswesens, Sicherung von Mitwirkungsbefugnissen bei Entscheidungen) u. ä. Unter dem *Motivationsaspekt* handelt es sich bei der Gestaltung der sachlichen und personalen Arbeitsbedingungen darum, Leistungsmotivation in einer Weise freizustellen, daß Arbeit weitmöglichst nicht mehr als entfremdete Tätigkeit, sondern als Mittel zur Selbstverwirklichung erlebt wird (intrinsische Leistungsmotivation – vgl. hierzu auch Abschnitt B. I. 3. a) dieses Hauptteils). Dabei ist es durchaus denkbar, daß ein Verzicht auf das technische Optimum des Arbeitsvollzugs insgesamt zu keinen Leistungseinbußen zu führen braucht, da die arbeitstechnisch bedingten Leistungsdefizite durch leistungssteigernde intrinsische Motivation u. U. wettgemacht werden können (vgl. die jüngsten Erfahrungen mit der Wiedereinführung der Werkstattfertigung anstelle der Fließfertigung in einigen US-amerikanischen und schwedischen Automobilfabriken).

Einen weiteren wichtigen Motivationsfaktor stellt die *Entlohnung* dar. Zwar haben gerade neuere Befragungen gezeigt, daß der positive Motivationsbeitrag des Lohns nicht überbewertet werden sollte, da die Arbeitnehmer Faktoren wie „Betriebsklima" und Sicherheit des Arbeitsplatzes mindestens ebenso hoch gewichten wie die Lohnhöhe; andererseits ist jedoch zu berücksichtigen, daß Löhne, die als unangemessen niedrig oder als „ungerecht" empfunden werden, motivations- und damit vielfach leistungsmindernd wirken (Blum / Naylor [Industrial Psychology 371]).

(3) Die Gestaltung der Entlohnung als Entscheidungsbereich des Personal-Management

Für die *Entlohnungsentscheidungen* des Personal-Management sind einmal der eben erwähnte *Motivationsaspekt,* zum anderen der *Kostencharakter* des Lohns von Bedeutung. Da Löhne Kosten sind, kann man insbesondere in erwerbswirtschaftlichen Betrieben von einer *Tendenz zur Lohnkostenminimierung* ausgehen, soweit dies mit dem Ziel ausreichender Leistungsmotivation und der daraus folgenden Leistungsqualität und -quantität vereinbar ist. Wenn auch im Bereich der Entlohnung für die meisten Arbeitnehmer verbindliche Vorschriften aufgrund der Tarifverträge vorliegen, so ergibt sich für den einzelnen Betrieb dennoch ein darüber hinausgehender erheblicher Gestaltungsspielraum bei der Zahlung übertariflicher und bei den nicht tariflich geregelten Löhnen und Gehältern, im Bereich der sonstigen Arbeitsentgelte (freiwillige Sozialleistungen und Gewinnbeteiligung) sowie bei der Wahl der Entgelts*form.* Die betrieblichen Lohnentscheidungen betreffen also zum einen die den tarifvertraglichen Rahmen überschreitende *Lohnhöhe,* zum anderen die *Form des Lohns,* wobei zwischen beiden Variablen Zusammenhänge bestehen.

Die Festsetzung der Lohnhöhe richtet sich einmal nach den *Anforderungen, die der jeweilige Arbeitsplatz stellt* und die man im Wege von sog. *Arbeitsplatzbewertungen* zu erfassen versucht (vgl. z.B. Böhrs [Arbeitsbewertung Sp. 97–105]). Darüber hinaus kann man sich bemühen, die *individuelle Erfüllung der Arbeitsplatzanforderungen* in der Lohnhöhe zum Ausdruck zu bringen. Dies führt zu den verschiedenen *Lohnformen*, als deren Grundtypen in der Regel *Akkordlohn, Zeitlohn* und *Prämienlohn* genannt werden (vgl. z.B. Wöhe [Einführung 79–93]). Beim *Akkordlohn (Stücklohn)* bildet die vom Arbeitnehmer erbrachte Stückzahl der Leistungseinheiten die Bemessungsgrundlage der Entlohnung (z.B. Zahl der erstellten Press-Teile in einer Woche). Eine Abwandlung des Akkordlohns ist die *Entlohnung in Gestalt leistungsabhängiger Provisionen* (Entlohnung von Vertretern und Reisenden auf Provisionsbasis, eventuell in Verbindung mit einem monatlichen Fixum). Demgegenüber verzichtet man in Anbetracht des Fehlens ausreichender Meßbarkeit der Leitung beim reinen *Zeitlohn* darauf, das Arbeitsentgelt den individuellen Leistungsschwankungen anzupassen. Eine spezielle Form der Leistungskontrolle kann insbesondere beim Zeitlohn dergestalt erfolgen, daß jeweils ein bestimmtes *Arbeitspensum* vorgegeben wird *(Pensumlohn),* ein Verfahren, das zu einer Variante des Management by Objectives ausgebaut werden kann.

Insbesondere beim Zeitlohn kann man dessen Starrheit durch die Gewährung zusätzlicher *Prämien* mildern, die für quantitative und/oder qualitative Mehrleistungen in allen betrieblichen Funktionsbereichen gewährt werden können (z.B. Qualitätsprämien in der industriellen Fertigung; Verkaufsprämien im Einzelhandel).

Besondere Entlohnungsvarianten stellen die gesetzlichen, die tariflich vorgeschriebenen und die freiwilligen *Sozialleistungen* sowie die *Gewinnbeteiligung der Arbeitnehmer* dar (vgl. zur letzteren z.B. Gaugler [Gewinnbeteiligung]). Aus der Perspektive des Management handelt es sich auch dabei zumindest vorrangig um Instrumente der Leistungsmotivation und der Leistungsteigerung. Nicht zuletzt ist von Bedeutung, daß bestimmte Einzelmodelle der *betriebsindividuellen* Gewinnbeteiligung und Vermögensbildung der Arbeitnehmer für die Unternehmung mit erheblichen steuerlichen und finanzwirtschaftlichen Vorteilen verbunden sein können (so z.B. beim Pieroth-Modell; vgl. Faltlhauser [Miteigentum]).

cc) Personalwirtschaftliche Probleme unter Arbeitnehmeraspekten

Unter Arbeitnehmerapsekten sind vor allem folgende personalwirtschaflichen Probleme von Interesse:

1. *die Schaffung humaner Arbeitsbedingungen im weitesten Sinn;*
2. *die Probleme des „gerechten" Lohns und einer „gerechten" Vermögensverteilung;*
3. *das Mitbestimmungsproblem.*

Auch wenn wir diese äußerst komplexen Fragen hier nicht vertiefen können, seien wenigstens einige grundsätzliche Probleme skizziert.

Zunächst ist festzuhalten, daß bei allen drei Problembereichen eine *Zone der Komplementarität zwischen Arbeitnehmerzielen und output-orientierten Zielen der jeweiligen Anbieterorganisation* existiert. Eine wichtige Gestaltungsaufgabe der Betriebswirtschaftslehre besteht also nicht zuletzt darin, in allen genannten Bereichen Modelle zu entwickeln, die innerhalb dieser Komplementaritätszone liegen oder bei denen zumindest indifferente Zielbeziehungen gegeben sind. Im Bereich der Arbeitsbedingungen gibt es im Zweifel auch heute noch eine Reihe von Verbesserungsmöglichkeiten, die die Arbeitseffizienz nicht mindern, eventuell sogar steigern (vgl. den erwähnten Fall der Rückkehr zur Werkstattfertigung in einigen US-amerikanischen und schwedischen Automobilwerken). Auf der anderen Seite wird sich eine Verbesserung der Arbeitsbedingungen oft kaum ohne Mehrkosten bzw. Effizienz-Einbußen durchführen lassen. Werden allerdings erst einmal detaillierte Informationen erarbeitet, die zeigen, welche extremen physischen und psychischen Belastungen und gesundheitlichen Gefährdungen auch heute noch mit manchen Arbeitsprozessen verbunden sind (vgl. hierzu z.B. Wallraff [Wir brauchen dich] sowie die weiteren Arbeiten des Werkkreises „Literatur der Arbeitswelt"), so dürfte in vielen Arbeitssituationen *ein Urteil zugunsten verbesserter Arbeitsbedingungen und zu Lasten der Arbeitseffizienz* kaum schwerfallen. Die Betriebswirtschaftslehre hat im Bereich der Arbeitsbedingungen im weiteren Sinn ihre Informationsaufgabe bisher nur in geringem Umfang wahrgenommen, sei es, daß empirische Erhebungen über Arbeitsbedingungen vernachlässigt wurden, sei es, daß sie nicht genügend Verbreitung fanden. Auch hier eröffnet sich der empirischen Forschung noch ein weites Feld, vor allem, wenn man dabei die Beziehungen berücksichtigt, die zwischen der Verbesserung der Arbeitsbedingungen und einem höheren Selbstverwirklichungsgrad der Arbeitnehmer bestehen.

Der Komplex einer *gerechten Entlohnung und Vermögensverteilung* gehört sicherlich zu den wissenschaftlich besonders schwer zugänglichen Problemen. Exakte Lösungen (z.B. auf der Basis einer Ermittlung von Produktivitätsbeiträgen der jeweiligen Produktivfaktoren) scheitern am Zurechnungsproblem und hätten wegen der Relevanz sozialer Gesichtspunkte ohnehin nur begrenzten Aussagewert. Die Betriebswirtschaftslehre hat sich gegenüber dem Problem einer gerechten Entlohnung und Vermögensverteilung bisher sehr abstinent verhalten. Es spricht u.E. einiges dafür, daß allein schon durch eine umfassende Bereitstellung von Informationen (z.B. über Einkommens- und Vermögensstrukturen und -entwicklungen) die Diskussion versachlicht und befruchtet würde. Es verdient immerhin Beachtung, daß auch maßgebende *Unternehmer* den Ausschluß der Arbeitnehmer von einer Gewinnbeteiligung und die sich daraus ergebenden Vermögensdisproportionalitäten als nicht vertretbar ansehen. So führt z.B. Elmar Pieroth aus: „Es ist die ungleiche Stellung von Arbeit und Kapital, die fundamentale Ungerechtigkeit unserer Wirtschaftsordnung, daß dem Kapital ... allein der Gewinn zufließt, die zur Konzentration des Produktivvermögens in den Händen der schon Besitzenden führt" (E. Pieroth, zitiert in Faltlhauser [Miteigentum 57 f.]).

Was die *Mitbestimmung* der Arbeitnehmer angeht (vgl. zur augenblicklich noch gültigen Regelung das Betriebsverfassungsgesetz von 1971 und das nur die Montan-Industrie erfassende Mitbestimmungsgesetz von 1951), so ist man sich heute überwiegend darin einig, daß eine Ausweitung der Mitbestimmung der Arbeitnehmer eine berechtigte Forderung darstellt. Umstritten ist hingegen die konkrete Form der Mitbestimmung, die sich etwa in einer unterschiedlichen Struktur der Aufsichtsräte von Aktiengesellschaften äußert (vgl. z.B. die verschiedenen Mitbestimmungsmodelle in: Schwerdtfeger [Mitbestimmung]). Wir können diese Probleme hier nicht vertiefen (vgl. dazu z.B. Schwerdtfeger [Mitbestimmung]). Grundsätzlich ist gerade bei der Mitbestimmung zwischen ökonomischen Effizienzeffekten und darüber hinausgehenden Wirkungen zu unterscheiden. Während weite Kreise den vorliegenden Regierungsentwurf zur Mitbestimmung hinsichtlich der Arbeitseffizienz zumindest nicht negativ und unter gesamtgesellschaftlichen Aspekten positiv bewerten, sehen insbesondere große Teile der Unternehmerschaft darin bereits die drohende „Machtergreifung der Gewerkschaften" und Gefahren für die Leistungsfähigkeit der deutschen Wirtschaft insgesamt. In diese Kontroverse etwas mehr Klarheit zu bringen, ist für die Betriebswirtschaftslehre zwar reizvoll, aber nicht zuletzt deshalb schwierig, weil sie ihre Aussagen nicht auf Gesetzmäßigkeiten stützen kann, die eine relativ eindeutige Wirkungsprognose zulassen, sondern weitgehend auf Vermutungen angewiesen ist.

g) Die Gestaltung der betrieblichen Informationswirtschaft

aa) Begriffe

Der Begriff Information wird in der Betriebswirtschaftslehre in verschiedenen Bedeutungen verwendet. Unter dem Einfluß der Informationstheorie bezeichnet man Informationen einmal als *Nachricht*, d.h. als „eine durch Signale konkretisierte Form von Gedanken oder Tatbeständen" (K r a m e r [Information 22]). Signale sind stofflich-energetische Zustände oder Prozesse zur Übermittlung von Zeichen (= Zeichenträger). Zum anderen kann man unter Information lediglich die im menschlichen kognitiven System gespeicherten Nachrichten, also das *Wissen* verstehen.

Der nachrichten- wie der wissensorientierte Informationsbegriff werden zudem vielfach dadurch eingeengt, daß lediglich *zweckorientiertes* Wissen (W i t t -m a n n [Information 14]), *zweckorientierte* Nachrichten (K r a m e r [Information 22]) bzw. *verhaltensrelevante* Nachrichten (K ö h l e r [Informationssysteme 27 f.]) als Informationen bezeichnet werden.
Insbesondere die Differenzierung zwischen dem nachrichten- und dem wissensorientierten Informationsbegriff ist u. E. zweckmäßig, da sie die Kennzeichnung unterschiedlicher Sachverhalte erlaubt. Für die Behandlung der betrieblichen Informationswirtschaft bietet sich der Bezug zum nachrichtenorientierten Informationsbegriff an.

Die betriebliche Informationswirtschaft umfaßt die *Aufnahme, Speicherung, Verarbeitung und Abgabe von Nachrichten* durch den Betrieb *sowie die Sachmittel und Personen,* die bei der Aufnahme, Speicherung, Verarbeitung und Abgabe von Informationen herangezogen werden. Sofern diese genannten Elemente in einem Beziehungsgefüge stehen – und das wird in Produktionswirtschaften in der Regel der Fall sein –, bilden sie ein *Informationssystem* (vgl. die entsprechende Definition des Informationssystems bei K ö h l e r [Informationssysteme 37]). Da alle betrieblichen Phänomene eine informatorische Dimension haben, handelt es sich bei der betrieblichen Informationswirtschaft um *den* übergreifenden Funktionsbereich schlechthin. Dementsprechend sind wir bei der Behandlung betrieblicher Entscheidungen immer wieder auch auf Informationsprobleme gestoßen, sei es, daß es sich dabei um die Gewinnung von Absatz- und Beschaffungsmarktinformationen handelte [vgl. B. II. 4. b) und 4. d)], um Informationen im Rahmen der Finanzplanung und der Personalwirtschaft [vgl. B. II. 4. e) und f)] u. ä. Von derartigen *Instrumentalinformationen* sind die betrieblichen *(Ober-) Zielinformationen* zu unterscheiden, die ebenfalls – namentlich bei einer zielgesteuerten Führung von Organisationen – zum Gegenstand der betrieblichen Kommunikation gehören. Eine zentrale Stellung in der betrieblichen Informationswirtschaft nimmt das *betriebliche Rechnungswesen* ein, das die zahlenmäßige Erfassung betrieblicher Erscheinungen zum Inhalt hat, seien sie vergangenheitsbezogen oder zukunftsorientiert, auf die Betriebsstruktur oder auf Betriebsprozesse bezogen (vgl. Engelhardt / Raffée [Buchhaltung 12]).

Hinsichtlich der speziellen Probleme des betrieblichen Rechnungswesens ist auf den gesonderten Band dieser Reihe von Menrad hinzuweisen (Menrad [Grundstudium: Rechnungswesen]), so daß wir uns hier auf einige grundsätzliche Anmerkungen beschränken können.

bb) Die betriebliche Informationswirtschaft in Gestalt des betrieblichen Rechnungswesens

(1) Bereiche des Rechnungswesens

Die traditionelle Einteilung des Rechnungswesens in:

1. *Buchhaltung und Bilanz* als betriebliche Periodenrechnung;
2. *Kostenrechnung (Kalkulation)* als Leistungsstückrechnung;
3. *Statistik und Vergleichsrechnung;*
4. *Planungsrechnung*

(vgl. z.B. Münstermann [Rechnungswesen 493]) befriedigt wenig, da die Abgrenzung der einzelnen Teile voneinander willkürlich ist (z.B. die Einengung der Kostenrechnung auf die Stückrechnung) und der Einteilung kein einheitliches Gliederungskriterium zugrunde liegt. Die Differenzierung zwischen Buchhaltung und Statistik ist z.B. *methoden*orientiert; die Unterscheidung zwischen Buchhaltung und Bilanz einerseits, Kostenrechnung andererseits ist dagegen auch durch *inhaltlich* verschiedene Größen gekennzeichnet (vgl. hierzu im einzelnen Engelhardt / Raffée [Buchhaltung 12–14]).

Nicht zuletzt aufgrund ihres Entscheidungsbezugs weit zweckmäßiger ist eine Einteilung des Rechnungswesens, wie sie Virkkunen im Anschluß an die dem Rechnungswesen zugewiesenen *Aufgaben* vornimmt (Virkkunen [Rechnungswesen 124–130]). Virkkunen unterscheidet zwischen jenem Bereich des Rechnungswesens, der der Wahrnehmung von *Registrierungsaufgaben* dient gegenüber den *Auswertungskalkülen* (Virkkunen [Rechnungswesen 124]). Die Auswertungskalküle umfassen die zukunftsbezogenen *Planungskalküle* (Virkkunen [Rechnungswesen 65]), die vergangenheitsorientierten *Kontrollkalküle* (Virkkunen [Rechnungswesen 87]) und die auf die Umweltbeziehungen ausgerichteten *Informationskalküle* (Virkkunen [Rechnungswesen 120]). Sieht man von der Aussonderung und unpräzisen Bezeichnung des Systems der Außeninformationen als Informationskalküle ab, so bringt insbesondere die Einteilung Virkkunens die Spannweite des betrieblichen Rechnungswesens und seine Entscheidungsrelevanz gut zum Ausdruck. Von der Einteilung Virkkunens läßt sich z.B. eine unmittelbare Verbindung zu der Unterscheidung zwischen *Planungs-, Vorgabe-* und *Kontrollinformationen* herstellen, wie sie sich etwa bei Heinen findet (Heinen [Kennzahlen 228–233]).

(2) Einnahmen-/Ausgabenrechnungen, Aufwands-/Ertrags-
   rechnungen, Kosten-/Leistungsrechnungen als
   Subsysteme des Rechnungswesens

Eine *Einnahmen-/Ausgabenrechnung,* also die Erfassung gegenwärtiger und zukünftiger Zahlungen, erfolgt zunächst im Rahmen der gesetzlich vorgeschriebenen Registrierungsaufgaben des Rechnungswesens. Teilweise auf den in der Buchhaltung erfaßten Zahlungsvorgängen aufbauend, fallen Einnahmen-/Ausgabenkalküle außerdem im Rahmen der betrieblichen *Finanzplanung* an [vgl. oben B. II. 4. e)]. Schließlich bilden *Investitionskalküle* einen weiteren zentralen Anwendungsbereich der Einnahmen-/Ausgabenrechnungen (vgl. oben B. II. 2.).

Einnahmen-/Ausgabenrechnungen bilden die Vorgänge des Güterverzehrs und der Güterentstehung pro Kalenderzeitperiode und/oder pro Leistungseinheit (z.B. pro Produkteinheit) nur unzureichend ab. Die Einnahmen-/Ausgabenrechnungen werden daher zu Aufwands-/Ertrags- und/oder zu Kosten-/Leistungsrechnungen modifiziert, um auf diese Weise Informationen über den erwirtschafteten *Erfolg* pro Jahr, pro Produkt u.ä. zu erhalten. Dabei stellt *Aufwand* den *an den Ausgaben gemessenen betrieblichen Güterverzehr* dar, *Ertrag* die *an den Einnahmen gemessene betriebliche Güterentstehung.* Jahresbilanz und Gewinn- und Verlustrechnung sind die Ergebnisse einer derartigen *pagatorischen* (d.h. an *Zahlungen* anknüpfenden – Kosiol) Rechnung. Demgegenüber bezeichnet man als *Kosten* den *wertmäßigen, betriebsbedingten Güterverzehr,* unabhängig davon, ob er mit Ausgaben verbunden ist oder nicht (Analoges gilt für den Begriff der *„Leistung",* die als *betriebsbedingter Wert der Güterentstehung* definiert wird). So handelt es sich z.B. bei der Arbeit eines Unternehmers in einer Einzelfirma um Lohnkosten, obwohl diesen Kosten keine Ausgaben parallellaufen („kalkulatorischer" Unternehmerlohn – vgl. im einzelnen Menrad [Grundstudium: Rechnungswesen]).

Daß beim betriebswirtschaftlichen Kostenbegriff nur ein Teil des gesamten Wertverzehrs der Güterproduktion erfaßt wird (= Nichtberücksichtigung der social costs), haben wir an anderer Stelle bereits erwähnt [vgl. B. I. 3. c) cc)]. Im Unterschied zur pagatorischen Rechnung wird die *Kosten-/Leistungsrechnung* als *kalkulatorische Rechnung* bezeichnet.

Grundproblem der pagatorischen wie der kalkulatorischen Rechnung ist die zutreffende *Zurechnung* der jeweiligen Güterverzehrs- und -entstehungsprozesse auf die jeweiligen Perioden bzw. Leistungseinheiten. Nicht zuletzt aufgrund der Zurechnungsproblematik hat sich in der Betriebswirtschaftslehre eine umfangreiche Diskussion über die Möglichkeiten der Erstellung aussagefähiger Bilanzen und Gewinn- und Verlustrechnungen sowie zutreffender Stückkostenermittlungen ergeben (vgl. M e n r a d [Grundstudium: Rechnungswesen]).

Ein wichtiges Informationsinstrument des betrieblichen Rechnungswesens stellen *Kennzahlen* dar, die meist in verdichteter Form Aufschluß über betriebliche Sachverhalte geben sollen (Kennzahlen als „Relativzahlen von besonderer Aussagekraft" – vgl. W i s s e n b a c h [Kennzahlen 33]). Als derartige Kennzahlen haben wir bisher die Eigenkapitalrentabilität und bestimmte Wirtschaftlichkeitskennzahlen kurz erwähnt [vgl. B. I. 3. c) dd) und 1. Hauptteil, C. III. 3. c)]. Neben derartigen *leistungswirtschaftlichen* Kennzahlen des Betriebs gibt es zahlreiche Kennzahlen des *finanzwirtschaftlichen* Bereichs, die z.B. über die Kapitalstruktur und die Liquiditätssituation des Betriebs Aufschluß geben sollen (Näheres vgl. M e n r a d [Grundstudium: Rechnungswesen]).

Gerade der Bereich der Kennzahlen macht die Entscheidungsorientierung bestimmter Informationen des Rechnungswesens besonders deutlich, da *Kennzahlen* sowohl *als Kontroll-* wie *als Planungsinstrumente* erhebliche Bedeutung haben können (z.B. Kennziffern im Absatzbereich wie Plan-Absatz je Kunde, je Absatzgebiet, geplanter Marktanteil, anzustrebender Markenbekanntheitsgrad u.ä.).

cc) Das Informationsoptimum als Zielgröße der Informationswirtschaft

Auch bei allen Informationsentscheidungen – sei es, daß sie innerhalb oder außerhalb des betrieblichen Rechnungswesens zu fällen sind – erhebt sich die Frage nach dem *Nutzen (genauer: nach dem Netto-Nutzen) von Informationen.* Es geht mit anderen Worten darum, zu prognostizieren, ob den *Kosten,* die mit Informationsprozessen verbunden sind, ein so hoher *Informationsnutzen* (= Erfolgswert der

Information bzw. Brutto-Informationswert) gegenübersteht, daß die Informationsaktivitäten gerechtfertigt sind. *Das Informationsoptimum* wäre dann in dem Punkt gegeben, von dem ab die Kosten zusätzlicher Informationsaktivitäten deren Informationsnutzen übersteigen würden. Dabei sind bei einem solchen Kosten-/Ertragskalkül auch jene entgangenen Gewinne als Kostenwerte zu berücksichtigen, die sich daraus ergeben, daß alternative Aktivitäten nicht durchgeführt werden.

Ein derart definiertes *Informationsoptimum* ist nichts anderes als die *Grenzkosten-/Grenzertrags-Identität,* die unter vereinfachten Bedingungen den gewinnmaximalen Preis jeglicher Güterproduktion kennzeichnet. Da es sich auch bei Informationen um Güter handelt, liegt die Anwendung der Grenzkosten-/Grenzertrags-Indentität als anzustrebendes Ziel der Informationsaktivitäten nahe.

Die praktische Ermittlung eines derart definierten Optimums ist indessen noch schwieriger als im nicht-informatorischen Bereich (vgl. hierzu W i l d [Nutzenbewertung]). Lassen sich u. U. zwar noch die zusätzlichen *Kosten* geplanter Informationsaktivitäten wenigstens grob prognostizieren, so ist die Höhe des zusätzlichen *Informationsnutzens* außerordentlich ungewiß. Es läßt sich in vielen Fällen nicht abschätzen, welchen Erfolg eine weitere Informations*suche* haben wird *und* in welchem Ausmaß sie zur Verbesserung der Entscheidungsqualität beiträgt. Bei Prozessen der Informations*verarbeitung* ist das unmittelbare Verarbeitungsresultat zwar häufig prognostizierbar, unsicher ist aber z.B., ob die Qualität der Entscheidungen des Informationsempfängers nicht durch die Informationsverdichtung beeinträchtigt wird. Es kommt hinzu, daß gerade im Informationsbereich mit *Verbundwirkungen* zu rechnen ist, die die Beurteilung isolierter Informationsaktivitäten erschweren und den Unsicherheitsbereich der Nutzenmessung vergrößern. So kann z.B. eine Marktuntersuchung zwecks Einführung eines Produkts x gleichzeitig zu *„Kuppelinformationen"* führen, die den Anstoß für eine Diversifikationsstrategie geben können.

Man kann versuchen, Art und Ausmaß der Informationsaktivitäten indirekt mit Hilfe von *Ersatzkriterien* festzulegen. Als Ersatzmaßstäbe kommen z.B. in Betracht: *Genauigkeit der Information, Informations-Sicherheit, Aktualität der Information.* Doch auch dadurch werden vielfach nur Mindestbedingungen der Informationsqualität festgelegt.

Ob die daraus folgenden Informationsaktivitäten sich wirklich „lohnen", bleibt trotz Zuhilfenahme solcher Ersatzkriterien nach wie vor offen. Man kommt also – trotz aller Unsicherheitsfaktoren – nicht daran vorbei, eine *subjektive Kosten-Nutzenabwägung* vorzunehmen, sei sie auch noch so vage und mit allen Risiken subjektiver Schätzungen behaftet.

5. Weiterführende Literatur

Zu II 2 (Investitionskalküle):
Schneider, D. [Investition]; Swoboda [Grundstudium: Investition].

Zu II 3 a (Leistungsprogramm):
Gutenberg [Produktion], S. 150–170.

Zu II 3 b (Faktorstruktur und Betriebsgröße):
Busse von Colbe [Betriebsgröße]; Lücke [Betriebsgröße].

Zu II 3 c (Rechtsform):
Castan [Rechtsform].

Zu II 3 d (Standortwahl):
Behrens [Standortbestimmungslehre].

Zu II 3 e (Organisation):
Grochla (Hrsg.) [HWO]; Grochla [Unternehmungsorganisation].

Zu II 4 b (Beschaffung):
Theisen [Beschaffungspolitik]; Stark [Beschaffungsführung]; Dubberke [Theorie des Haushalts]; Raffée [Konsumenteninformation].

Zu II 4 c (innerbetriebliche Leistungserstellung):
Ihde [Logistik]; Heinen [IBL], S. 249–340; Maleri [Grundzüge]; Lücke [Produktionstheorie]; Pohmer/Bea [Grundstudium: Produktion und Absatz].

Zu II 4 d (Absatzwirtschaft):
Bidlingmaier [Zielkonflikte]; Gutenberg [Absatz]; Hill [Marketing]; Kotler [Marketing]; Nieschlag/Dichtl/Hörschgen [Marketing].

Zu II 4 e (Finanzwirtschaft):
Gutenberg [Finanzen]; Sandig [Finanzen]; Swoboda [Grundstudium: Investition].

Zu II 4 f (Personalwirtschaft):
Marx [Personalplanung]; Reber [Verhalten].

Zu II 4 g (Informationswirtschaft):
Heinen [IBL], S. 679–798; Kosiol (Hrsg.) [HWR]; Menrad [Grundstudium: Rechnungswesen].

Literaturverzeichnis

Albert, Hans: [Theoriebildung] Probleme der Theoriebildung, Entwicklung, Struktur und Anwendung sozialwissenschaftlicher Theorien, in: derselbe (Hrsg.), *Theorie und Realität,* Ausgewählte Aufsätze zur Wissenschaftslehre der Sowialwissenschaften, Tübingen 1964, S. 3–70.

Derselbe: [Modellplatonismus] Modell-Platonismus: Der neoklassische Stil des ökonomischen Denkens in kritischer Beleuchtung, in: derselbe, *Marktsoziologie und Entscheidungslogik,* Ökonomische Probleme in soziologischer Perspektive, Neuwied/Berlin 1967, S. 331–367.

Derselbe: [Nationalökonomie] Nationalökonomie als Soziologie: Zur sozialwissenschaftlichen Integrationsproblematik, in: derselbe, *Marktsoziologie und Entscheidungslogik,* Ökonomische Probleme in soziologischer Perspektive, Neuwied/Berlin 1967, S. 470–508.

Derselbe: [Hermeneutik] Hermeneutik und Realwissenschaft, Die Sinnproblematik und die Frage der theoretischen Erkenntnis, in: derselbe, *Plädoyer für kritischen Rationalismus,* München 1971, S. 106–149.

Derselbe: [Theorie] Theorie und Prognose in den Sozialwissenschaften, in: Ernst Topitsch (Hrsg.), *Logik der Sozialwissenschaften,* 7. Aufl., Köln/Berlin 1971, S. 126–143.

Derselbe: [Wertfreiheit] Wertfreiheit als methodisches Prinzip, Zur Frage der Notwendigkeit einer normativen Sozialwissenschaft, in: Ernst Topitsch (Hrsg.), *Logik der Sozialwissenschaften,* 7. Aufl., Köln/Berlin 1971, S. 181 bis 210.

Derselbe: [Definition] Definition, in: Wilhelm Bernsdorf (Hrsg.), *Wörterbuch der Soziologie,* Bd. 1, Frankfurt M. 1972, S. 145–147.

Derselbe: [Ethik und Meta-Etik] Ethik und Meta-Ethik, in: derselbe, *Konstruktion und Kritik,* Hamburg 1972, S. 127–167.

Derselbe: [Konstruktion] *Konstruktion und Kritik,* Aufsätze zur Philosophie des kritischen Rationalismus, Hamburg 1972.

Derselbe: [Verstehen] Theorie, Verstehen und Geschichte, Zur Kritik des methodologischen Autonomieanspruchs in den sogenannten Geisteswissenschaften, in: derselbe, *Konstruktion und Kritik,* Aufsätze zur Philosophie des kritischen Rationalismus, Hamburg 1972, S. 195–220.

Albert, Hans / Topitsch, Ernst (Hrsg.): [Werturteilsstreit] *Werturteilsstreit,* Darmstadt 1971

Alderson, Wroe / Green, Paul E.: [Problem Solving] *Planning and Problem Solving in Marketing,* Homewood, Ill. 1964.

Alewell, Karl / Bleicher, Knut / Hahn, Dietger (Hrsg.): [Systemkonzept] Die Anwendung des Systemkonzepts auf betriebswirtschaftliche Probleme, in: *ZfO,* 40 (1971), S. 159–160.

Apel, Karl-Otto: [Hermeneutik] Szientistik, Hermeneutik, Ideologiekritik, Entwurf einer Wissenschaftslehre in erkenntnisanthropologischer Sicht, in: *Hermeneutik und Ideologiekritik*, Frankfurt/M., S. 7–44.

Banse, Karl: [Beschaffung] Beschaffung, in: *HWB*, 2. Aufl., hrsg. v. Heinrich Nicklisch, I. Bd., Stuttgart 1938, Sp. 731–740.

Baumol, William J.: [Business] *Business Behavior*, Value and Growth, 2. Aufl., New York u. a. 1967.

Bense, Max: [Atheist] Warum man Atheist sein muß, in: Gerhard Szczesny (Hrsg.), *Club Voltaire*, Jahrbuch für kritische Aufklärung I, Reinbek bei Hamburg 1969, S. 66–71.

Behrens, Karl Christian: [Standortbestimmungslehre] *Allgemeine Standortbestimmungslehre*, 2. Aufl., Opladen 1971.

Berthel, Jürgen: [Information] *Information und Planung in industriellen Unternehmen*, Berlin 1970.

Bidlingmaier, Johannes: [Zielkonflikte] *Zielkonflikte und Zielkompromisse im unternehmerischen Entscheidungsprozeß*, Wiesbaden 1968.

Blohm, Hans: [Entscheidungsprozesse] Besprechung des Werkes von Werner Kirsch: Entscheidungsprozesse, in: *ZfB*, 41 (1971), S. 893–895.

Blum, Milton / Naylor, James: [Psychology] *Industrial Psychology*, New York 1968.

Bocheński, I. M.: [Denkmethoden] *Die zeitgenössischen Denkmethoden*, 5. Aufl., München 1971.

Böhrs, Hermann: [Arbeitsbewertung] Arbeitsbewertung, in: Grochla, Erwin (Hrsg.), *HWO*, Stuttgart 1969, Sp. 97–105.

Bunge, Mario: [Scientific Research] *Scientific Research I*, The Search for System, Berlin / Heidelberg / New York 1967.

Busse von Colbe, Walther: [Betriebsgröße] *Die Planung der Betriebsgröße*, Wiesbaden 1964.

Cardozo, Richard N. / Cagley, James W.: [Industrial Buyer Behavior] Experimental Study of Industrial Buyer Behavior, in: *JMR*, 8 (1971), S. 329–334.

Carnap, Rudolf: [Einführung] *Einführung in die symbolische Logik mit besonderer Berücksichtigung ihrer Anwendung*, 3. Aufl., Wien / New York 1968.

Derselbe: [Induktive Logik] *Induktive Logik und Wahrscheinlichkeit*, 2. Aufl., Berlin 1972.

Castan, Edgar: [Rechtsform] *Rechtsformen der Betriebe*, Stuttgart 1968.

Chmielewicz, Klaus: [Formalstruktur] Die Formalstruktur der Entscheidung, in: *ZfB* 40 (1970), S. 239–268.

Derselbe: [Forschungskonzeptionen] *Forschungskonzeptionen der Wirtschaftswissenschaft*, Stuttgart 1970.

Churchmann, C. West: [Systemanalyse] *Einführung in die Systemanalyse*, München 1970.

Churchmann, C. West / Ackhoff, Russel L. / Arnoff, E. Leonard: [Operations Research] *Operations Research*, Wien / München 1961.

Creutz, Helmut: [Kaputtgehen] *Gehen oder Kaputtgehen,* Frankfurt/M. 1973.
Cyert, Richart M. / March, James G.: [Behavioral Theory] *A Behavioral Theory of the Firm,* Englewood Cliffs, N. J. 1963.

Dawson, Leslie M.: [Human Concept] The Human Concept: New Philosophie for Business, in: *Business Horizons,* 12 (1969), S. 29–38.
Derselbe: [Age of Aquarius] Marketing Science in the Age of Aquarius, in: *JoM,* 35 (July, 1971), S. 66–72.
Drucker, Peter F.: [Management] *The Practice of Management,* New York 1954.
Dubberke, Hans-Achim: [Theorie des Haushalts] *Betriebswirtschaftliche Theorie des privaten Haushalts,* Berlin 1958.
Derselbe: [Private Haushalte] Private Haushalte, Organisation der, in: Grochla, Erwin (Hrsg.), *HWO,* Stuttgart 1969, Sp. 1339–1346.

Eckhardstein, D. / Schnellinger, F.: [Personalmarketing] *Personalmarketing im Einzelhandel,* München 1973.
Egner, Erich: [Haushalt] *Der Haushalt,* Berlin 1952.
Eisele, Rainer: [Beschaffungsprozesse] *Beschaffungsprozesse in Unternehmungen als Grundlage der Absatzpolitik von Produktionsgüter-Handelsbetrieben,* Diss. Mannheim 1974.
Engelhardt, Werner: [Finanzierung] *Die Finanzierung aus Gewinn im Warenhandelsbetrieb und ihre Einwirkung auf Betriebsstruktur und Betriebspolitik,* Berlin 1960.
Engelhardt, Werner / Raffée, Hans: [Buchhaltung] *Grundzüge der doppelten Buchhaltung,* 2. Aufl., Wiesbaden 1971.
Eppler, Erhard: [Lebensqualität] *Maßstäbe für eine humane Gesellschaft: Lebensstandard oder Lebensqualität,* Stuttgart 1974.

Faltlhauser, Kurt: [Miteigentum] *Miteigentum: Das „Pieroth-Modell" in der Praxis,* Düsseldorf/Wien 1971.
Feldman, Laurence: [Societal Adaptation] Societal Adaptation A New Challenge for Marketing, in: *JoM,* Vol. 35, No. 3 (1971), S. 54–60.
Festinger, Leon: [Cognitive Dissonance] *A Theory of Cognitive Dissonance,* Stanford 1957.
Fischer-Winkelmann, Wolf F.: [Methodologie] *Methodologie der Betriebswirtschaftslehre,* München 1971.
Derselbe: [Marketing] *Marketing, Ideologie oder operable Wissenschaft?,* München 1972.
Derselbe: [Konsumentensouveränität] Marginalien zur Konsumentensouveränität als einem Axiom der Marketing-Theorie, in: *ZfbF,* 25 (1973), S. 161 bis 175.
Forrester, Jay W.: [Industrial Dynamics] *Industrial Dynamics,* 5. Aufl., Cambridge, Mass. 1968.
Derselbe: [Urban Dynamics] *Urban Dynamics,* Cambridge, Mass./London 1969.

Derselbe: [World Dynamics] *World Dynamics*, Cambridge, Mass. 1971.
Derselbe: [Systemtheorie] *Grundzüge einer Systemtheorie*, Wiesbaden 1972.

Gäfgen, Gérard: [Theorie] *Theorie der wirtschaftlichen Entscheidung*, 2. Aufl., Tübingen 1968.
Gaugler, Eduard: [Mitbestimmung] Die Auswirkungen der Mitbestimmung auf die unternehmerischen Entscheidungen, in: Rauscher, Anton (Hrsg.), *Mitbestimmung*, Köln 1968, S. 80–126.
Derselbe: [Gewinnbeteiligung] Gewinnbeteiligung und Rechnungswesen, in: Kosiol, Erich (Hrsg.), *HWR*, Stuttgart 1970, Sp. 607–611.
Giersch, Herbert: [Wirtschaftspolitik] *Allgemeine Wirtschaftspolitik*, Wiesbaden 1961, S. 46–51.
Glaeser, Bernhard: [Philosophie] Zum Verhältnis entscheidungsorientierter Betriebswirtschaftslehre und Philosophie, in: *ZfB*, 40 (1970), S. 665–676.
Graumann, Carl Friedrich: [Einführung] *Einführung in die Psychologie*, Bern / Stuttgart 1970.
Grochla, Erwin (Hrsg.): [HWO] *HWO*, Stuttgart 1969.
Derselbe: [Unternehmungsorganisation] *Unternehmungsorganisation*, Reinbek bei Hamburg 1972.
Grossner, Klaus: [Verfall] *Verfall der Philosophie*, Politik deutscher Philosophen, Reinbek b. Hamburg 1971.
Grün, Oskar: [Entscheidung] Entscheidung, in: Grochla Erwin (Hrsg.), *HWO*, Stuttgart 1969, Sp. 474–484.
Grunau, Joachim: [Rationalprinzip] Rationalprinzip, Wirtschaftsrechnung und Wirtschaftssystem, in: *WAA*, Bd. 64 (1950/I), S. 255–294.
Gümbel, Rudolf: [Nebenbedingungen] Nebenbedingungen und Varianten der Gewinnmaximierung, in: *ZfhF*, NF, 15 (1963), S. 12–21.
Derselbe: [Unternehmensforschung] *Unternehmensforschung im Handel*, Rüschlikon / Zürich 1964.
Gutenberg, Erich: [Methodenstreit] Zum „Methodenstreit", in: *ZfhF, NF, 5* (1953), S. 327–356.
Derselbe: [Produktion] *Grundlagen der Betriebswirtschaftslehre*, 1. Band: Die Produktion, 15. Aufl., Berlin / Heidelberg / New York 1969.
Derselbe: [Absatz] *Grundlagen der Betriebswirtschaftslehre*, 2. Band: Der Absatz, 11. Aufl., Berlin / Heidelberg / New York 1968.
Derselbe: [Finanzen] *Grundlagen der Betriebswirtschaftslehre*, 3. Band: Die Finanzen, Berlin / Heidelberg / New York 1969.

Habermas, Jürgen: [Legitimationsprobleme] *Legitimationsprobleme im Spätkapitalismus*, Frankfurt/M. 1972.
Habermas, Jürgen / Luhmann, Niklas: [Theorie] *Theorie der Gesellschaft oder Sozialtechnologie* – Was leistet die Systemforschung?, Frankfurt 1971.
Hahn, Dietger: [Unternehmung] Führung des Systems Unternehmung, in: *ZfO*, 40 (1971), S. 161–169.

Hax, Herbert, [Rentabilitätsmaximierung] Rentabilitätsmaximierung als unternehmerische Zielsetzung, in: *ZfhF, NF,* 15 (1963), S. 337–344.

Derselbe: [Gegenstand] Gegenstand, Entwicklung und gegenwärtiger Stand der Betriebswirtschaftslehre, in: *Die Wirtschaftsprüfung,* 1 (1948), Heft 6, S. 3 bis 13.

Heinen, Edmund: [Einführung] *Einführung in die Betriebswirtschaftslehre,* Wiesbaden 1968.

Derselbe: [Wissenschaftsprogramm] Zum Wissenschaftsprogramm der entscheidungsorientierten Betriebswirtschaftslehre, in: *ZfB,* 39 (1969), S. 207 bis 220.

Derselbe: [Kennzahlen] *Betriebliche Kennzahlen* – Eine organisationstheoretische und kybernetische Analyse, in: Linhardt, Hanns / Penzkofer, Peter / Scherpf, Peter (Hrsg.), Stuttgart 1970, S. 227–236.

Derselbe: [Entscheidungsorientierter Ansatz] Der entscheidungsorientierte Ansatz der Betriebswirtschaftslehre, in: *ZfB,* 41 (1971), S. 429–444.

Derselbe (Hrsg.): [Industriebetriebslehre] *Industriebetriebslehre – Entscheidungen im Industriebetrieb,* Wiesbaden 1972.

Hill, Wilhelm: [Marketing] *Marketing* Bd. I und II, 3. Aufl., Bern / Stuttgart 1973.

Hohmann, Peter: [Gute Menschen] Wie man gute Menschen macht, in: *Absatzwirtschaft,* 2 (1972), S. 22–25.

Homans, Georg Caspar: [Verhalten] *Elementarformen sozialen Verhaltens,* Köln / Opladen 1968.

Ihde, Gösta B.: [Logistik] *Logistik,* Stuttgart 1972.

Irle, Martin: [Einstellungen] Entstehung und Änderung von sozialen Einstellungen (Attitüden), in: *Bericht über den 25. Kongreß der Deutschen Gesellschaft für Psychologie,* Münster 1966, Göttingen 1967, S. 194–221.

Derselbe: [Macht] *Macht und Entscheidungen in Organisationen* – Studie gegen das Stab-Linien-Prinzip, Frankfurt/M. 1971.

Jehle, Egon: [Fortschritt] *Über Fortschritt und Fortschrittskriterien in betriebswirtschaftlichen Theorien, eine erkenntnis- und methodenkritische Bestandsaufnahme betriebswirtschaftlicher Forschungsprogramme,* Stuttgart 1973.

Kade, Gerhard: [Grundannahmen] *Die Grundannahmen der Preistheorie,* Berlin / Frankfurt a. M. 1962.

Kapp, William K.: [Sozialkosten] Sozialkosten, in: *HdSW,* Bd. 9, Stuttgart / Tübingen / Göttingen 1956, S. 524–526.

Kappler, Ekkehard: [AOGWL] Warum nicht AOGWL?, in: *Wirtschaftswoche,* 27 (1973), Nr. 29, S. 38–40.

Kassarjian, Harold H.: [Ecology] Incorporating Ecology into Marketing Strategy: The Case of Air Pollution, in: *JoM,* Vol. 35, No. 3 (1971), S. 61–65.

Katona, George: [Verhalten] *Das Verhalten der Verbraucher und Unternehmer,* Tübingen 1960.

Kaufmann, Felix: [Methodenlehre] *Methodenlehre der Sozialwissenschaften,* Wien 1936.

Katterle, Siegfried: [Betriebswirtschaftslehre] *Normative und explikative Betriebswirtschaftslehre,* Göttingen 1964.

Kirsch, Werner: [Gewinn] *Gewinn und Rentabilität* – Ein Beitrag zur Theorie der Unternehmung, Wiesbaden 1968.

Derselbe: [Unternehmungsziele] Die Unternehmungsziele in organisationstheoretischer Sicht, in: *ZfbF,* 21. Jg. (1969), S. 665–675.

Derselbe: [Entscheidungsprozesse I–III] *Entscheidungsprozesse,* Bd. I–III, Wiesbaden 1970/71.

Derselbe: [Replik] „Entscheidungsprozesse", Eine weitere Replik auf die Buchbesprechung meines gleichnamigen Werkes durch H. Blohm, in: *ZfB,* 42 (1972), S. 222–226.

Kirsch, Werner / Bamberger, I. / Gabele, E.: [Logistik] *Betriebswirtschaftliche Logistik,* Wiesbaden 1973.

Kirsch, Werner / Meffert, Heribert: [Organisationstheorien] *Organisationstheorien und Betriebswirtschaftslehre,* Wiesbaden 1970.

Klaus, Georg (Hrsg.): [Wörterbuch] *Wörterbuch der Kybernetik,* Bd. I und II, Frankfurt/M. 1971.

Koch, Helmut: [Planung] *Betriebliche Planung,* Wiesbaden 1961.

Köhler, Richard: [Systeme] *Theoretische Systeme der Betriebswirtschaftslehre im Lichte der neueren Wissenschaftslogik,* Stuttgart 1966.

Derselbe: [Informationssysteme] Informationssysteme für die Unternehmensführung, in: *ZfB,* 41. Jg. (1971), S. 27–58.

Köhler, Richard / Zöller, Wolfgang: [Finanzierung] *Arbeitsbuch zu „Finanzierung",* Heidelberger Arbeitsbücher, Bd. 3, Berlin / Heidelberg / New York 1971.

Kosiol, Erich: [Aktionszentrum] *Die Unternehmung als wirtschaftliches Aktionszentrum,* Einführung in die Betriebswirtschaftslehre, Reinbek bei Hamburg 1969.

Derselbe (Hrsg.): [HWR] *HWR,* Stuttgart 1970.

Kotler, Philip: [Generic Concept] A Generic Concept of Marketing, in: *JoM,* Vol. 36 (April, 1972), S. 46–54.

Derselbe: [Social Action] The Elements of Social Action, in: Zaltman, Gerald / Kotler, Philip / Kaufmann, Ira (Hrsg.), *Creating Social Change,* New York u. a. 1972, S. 172–186.

Derselbe: [Marketing] *Marketing-Management,* Stuttgart 1974.

Kotler, Philip / Levy, Sidney: [Marketingbegriff] Für eine Erweiterung des Marketingbegriffs, in: *Der Markt* (1969), S. 97–102.

Kotler, Philip / Zaltman, Gerald: [Social Change] Social Marketing: An Approach to Planned Social Change, in: *JoM,* Vol. 35 (July, 1971), S. 3–12.

Kramer, Rolf: [Information] *Information und Kommunikation,* Berlin 1965.

Kreikebaum, Hartmut / Rinsche, Günter: [Prestigemotiv] *Das Prestigemotiv in Konsum und Investition,* Berlin 1961.

Krelle, Wilhelm / Schmuck, Johann / Siebke, Jürgen: [Ertragsbeteiligung] *Über-*

betriebliche Ertragsbeteiligung der Arbeitnehmer, Bd. I und II, Tübingen 1968.

Kroeber-Riel, Werner: [Sprachkritik] *Wissenschaftstheoretische Sprachkritik in der Betriebswirtschaftslehre*, Berlin 1969.

Kupsch, Peter: [Risiko] *Das Risiko im Entscheidungsprozeß*, Wiesbaden 1973.

Lazer, William: [Social Context] Marketing in a Social Context, in: *Der Markt*, Heft 2 (1971), S. 33–36.

Lazo, Hector: [Emotional Aspects] Emotional Aspects of Industrial Buying, in: Hancock, Robert (Hrsg.), *Dynamic Marketing for a Changing World*, Proceedings of the 43th National Conference of the American Marketing Association, Chicago 1960, S. 258–265.

Leffson, Ulrich: [Grundsätze] *Die Grundsätze ordnungsmäßiger Buchführung*, Düsseldorf 1964.

Leitherer, Eugen: [Bedarf] Der Bedarf als zentraler Ertragsfaktor, in: Paul Riebel (Hrsg.), *Beiträge zur betriebswirtschaftlichen Ertragslehre*, Festschrift für Erich Schäfer, Opladen 1971, S. 99–117.

Lewin, Kurt: [Feldtheorie] *Feldtheorie in den Sozialwissenschaften*, Bern 1963.

Lewin, K. / Dembo, R. / Festinger, L. / Sears, R. S.: [Aspiration] Level of Aspiration, in: Hunt, J. M. (Hrsg.), *Personality and the Behavior Disorders*, New York 1944, S. 333–378.

Loitlsberger, Erich: [Informationsbegriff] Zum Informationsbegriff und zur Frage der Auswahlkriterien von Informationsprozessen, in: derselbe (Hrsg.), *Empirische Betriebswirtschaftslehre*, Festschrift zum 60. Geburtstag von Leopold L. Illetschko, Wiesbaden 1963, S. 115–135.

Derselbe: [Wertvorstellungen] Metaökonomische Wertvorstellungen und Rechtsordnungen als Determinanten betriebswirtschaftlicher Theorie, in: Gert v. Kortzfleisch (Hrsg.), *Wissenschaftsprogramm und Ausbildungsziele der Betriebswirtschaftslehre*, Berlin 1971, S. 79–99.

Luck, David J.: [Broadening] Broadening the Concept of Marketing – Too Far, in: *JoM*, Vol. 33 (July, 1969), S. 53–55.

Lücke, Wolfgang: [Produktionstheorie] *Produktions- und Kostentheorie*, 2. Aufl., Würzburg / Wien 1970.

Derselbe: [Betriebsgröße] *Betriebs- und Unternehmungsgröße*, Stuttgart 1967.

Luhmann, Niklas: [Sinn] Sinn als Grundbegriff der Soziologie, in: Habermas, Jürgen / Luhmann, Niklas, *Theorie der Gesellschaft oder Sozialtechnologie* – Was leistet die Systemforschung, Frankfurt/M. 1971, S. 25–100.

Maleri, Rudolf: [Grundzüge] *Grundzüge der Dienstleistungsproduktion*, Berlin / Heidelberg / New York 1973.

Marcuse, Herbert: [Mensch] *Der eindimensionale Mensch*, 2. Aufl., Neuwied / Berlin 1970.

Marx, August: [Personalplanung] *Die Personalplanung*, Baden-Baden 1963.

Maslow, Abraham H.: [Motivation] *Motivation and Personality*, New York 1954.

Meadows, Dennis: [Wachstum] *Die Grenzen des Wachstums,* Stuttgart 1972.

Derselbe: [Katastrophe] *Wachstum bis zur Katastrophe,* Stuttgart 1974.

Mellerowicz, Konrad: [Eine neue Richtung] Eine neue Richtung in der Betriebswirtschaftslehre?, in: *ZfB,* 22 (1952), S. 145–161.

Menrad, Siegfried: [Grundstudium: Rechnungswesen] *Betriebswirtschaftslehre im Grundstudium der Wirtschaftswissenschaften,* Bd. IV: Rechnungswesen. Erscheint demnächst.

Derselbe: [Gutenbergs System] Anmerkungen zu Gutenbergs System der Betriebstypen, in: *ZfB,* 38. Jg. (1968), S. 563–586.

Mindak, William A. / Bybee, H. Malcolm: [Fund Raising] Marketings Application to Fund Raising, in: *JoM,* Vol. 35, No. 3 (1971), S. 13–18.

Mitscherlich, Alexander / Vogel, Horst: [Motivationstheorie] Psychoanalytische Motivationstheorie, in: Gottschaldt, K. u. a. (Hrsg.), *Handbuch der Psychologie,* Bd. 2, 2. Aufl., Göttingen 1965, S. 759–793.

Moxter, Adolf: [Grundfragen] *Methodologische Grundfragen der Betriebswirtschaftslehre,* Köln / Opladen 1957.

Müller-Hagedorn, Lothar: [Optimierung] Der Ansatz zur Optimierung der Organisationsstruktur, in: *ZfB,* 41. Jg. (1971), S. 705–716.

Münstermann, Hans: [Rechnungswesen] Buchhaltung und Bilanz, in: Hax, Karl / Wessels, Theodor (Hrsg.), *Handbuch der Wirtschaftswissenschaften,* Köln / Opladen 1966.

Myrdal, Gunnar: [Zweck-Mittel-Denken] Das Zweck-Mittel-Denken in der Nationalökonomie, in: derselbe, *Das Wertproblem in der Sozialwissenschaft,* Hannover 1965.

Naschold, Frieder: [Analyse] Die systemtheoretische Analyse demokratischer politischer Systeme. Vorbemerkungen zu einer systemanalytischen Demokratietheorie als politischer Wachstumstheorie mittlerer Reichweite, in: *Politische Vierteljahresschriften,* Opladen, 11. Jg. (1970), Sonderheft 2, Probleme der Demokratie heute.

Nauer, Ernst: [Standortwahl] *Standortwahl und Standortpolitik im Einzelhandel,* Bern / Stuttgart 1970.

Nicklisch, Heinrich: [Die Betriebswirtschaft] *Die Betriebswirtschaft,* 7. Aufl. 1932.

Nieschlag, Robert / Dichtl, Erwin / Hörschgen, Hans: [Marketing] *Marketing,* 4. Aufl., Berlin 1971.

Oettle, Karl: [Zielsetzung] Über den Charakter öffentlich-wirtschaftlicher Zielsetzungen, in: *ZfbF,* 18 (1966), S. 241 ff.

Opp, Karl-Dieter: [Methodologie] *Methodologie der Sozialwissenschaften,* Einführung in die Probleme ihrer Theoriebildung, Reinbek bei Hamburg 1970.

Pack, Ludwig: [Rentabilität] Maximierung der Rentabilität als preispolitisches Ziel, in: Koch, Helmut (Hrsg.), *Zur Theorie der Unternehmung,* Festschrift zum 65. Geburtstag von Erich Gutenberg, Wiesbaden 1962, S. 73–135.

Pannenberg, Wolfhart: [Wissenschaftstheorie] *Wissenschaftstheorie und Theologie,* Frankfurt/M. 1973.

Philipp, Fritz: [Risiko] *Risiko und Risikopolitik,* Stuttgart 1967.

Derselbe: [Modelle] Modelle der Finanzierung, in: Kosiol, Erich (Hrsg.), *HWR,* Stuttgart 1970, Sp. 1145–1160.

Pohmer, Dieter / Bea, Franz X.: [Grundstudium: Produktion und Absatz] *Betriebswirtschaftslehre im Grundstudium der Wirtschaftswissenschaften,* Bd. II: Produktion und Absatz. Erscheint demnächst, Göttingen.

Popper, Karl R.: [Gesellschaft I] *Die offene Gesellschaft und ihre Feinde,* Bd. 1: Der Zauber Platons, 2. Aufl., Bern / München 1970.

Projektgruppe im Wirtschafts- und Sozialwissenschaftlichen Institut des Deutschen Gewerkschaftsbundes GmbH (WSI): [Arbeitsorientierte Einzelwirtschaftslehre] *Grundelemente einer Arbeitsorientierten Einzelwirtschaftslehre.* Ein Beitrag zur politischen Ökonomie der Unternehmung, WSI-Studie zur Wirtschafts- und Sozialforschung, Nr. 23, Köln 1974.

Raffée, Hans: [Konsumenteninformation] *Konsumenteninformation und Beschaffungsentscheidung des privaten Haushalts,* Stuttgart 1969.

Derselbe: [Konsumentenverhalten] Konsumentenverhalten, in: Tietz, Bruno (Hrsg.), *HWA.* Erscheint demnächst.

Reber, Gerhard: [Verhalten] *Personales Verhalten im Betrieb,* Stuttgart 1973.

Rieger, Wilhelm: [Privatwirtschaftslehre] *Einführung in die Privatwirtschaftslehre,* 3. Aufl., Erlangen 1964.

Risse, Winfried: [Gliederung] *Die Gliederung der Betriebswirtschaftslehre,* Stuttgart 1968.

Robinson, Patrick J. / Faris, Charles W. / Wind, Yoram: [Industrial Buying] *Industrial Buying and Creative Marketing,* Boston, Mass. 1967.

Ruffner, Armin: [Prinzipien] Prinzipien der Organisation, in: Grochla, Erwin (Hrsg.), *HWO,* Stuttgart 1969, Sp. 1330–1339.

Sandig, Curt: [Finanzen] *Finanzen und Finanzierung der Unternehmung,* 2. Aufl., Stuttgart 1972.

Schäfer, Erich: [Grundfragen] Über einige Grundfragen der Betriebswirtschaftslehre, in: *ZfB,* 20 (1950), S. 553–563.

Derselbe: [Unternehmung] *Die Unternehmung,* 6. Aufl., Köln / Opladen 1966.

Schanz, Günther: [Selbstverständnis] Wider das Selbstverständnis der Betriebswirtschaftslehre als „praktisch-normative" Diszplin, in: *ZfB,* 43 (1973), S. 585–602.

Schenk, Karl-Ernst: [Systemanalyse] *Systemanalyse in den Wirtschafts- und Sozialwissenschaften,* Berlin 1971.

Scherhorn, Gerhard: [Verbraucher] *Der mündige Verbraucher – Grundlagen eines verbraucherpolitischen Bildungs- und Informationssystems,* Düsseldorf 1973.

Schmalenbach, Eugen: [Bilanz] *Dynamische Bilanz,* 2. Aufl., Leipzig 1926.

Derselbe: [Kostenrechnung] *Kostenrechnung und Preispolitik,* 6. Aufl., Leipzig 1934.

Derselbe: [Kunstlehre] Die Privatwirtschaftslehre als Kunstlehre, in: *ZfbF,* 22 (1970), S. 490–498.

Schmidt, Fritz: [Tageswertbilanz] *Organische Tageswertbilanz,* 3. Aufl., Leipzig 1929.

Derselbe: [Kalkulation] *Kalkulation und Preispolitik,* Berlin / Wien 1930.

Schmidt-Sudhoff, Ulrich: [Unternehmerziele] *Unternehmerziele und unternemerisches Zielsystem,* Wiesbaden 1967.

Schmidt, Reinhard H.: [Schwierigkeiten] Einige Überlegungen über die Schwierigkeiten, heute eine „Methodologie der Betriebswirtschaftslehre" zu schreiben, in: *ZfbF,* 24 (1972), S. 393–410.

Schmölders, Günter: [Verhaltensforschung] Ökonomische Verhaltensforschung, in: *Ordo, Jahrbuch für die Ordnung von Wirtschaft und Gesellschaft,* 5 (1953), S. 203–244.

Schneider, Dieter: [Investition] *Investition und Finanzierung,* Köln / Opladen 1970.

Derselbe: [Bilanztheorie] Renaissance der Bilanztheorie?, in: *ZfbF,* 25 (1973), S. 29–58.

Schoch, Rolf: [Verkaufsvorgang] *Der Verkaufsvorgang als sozialer Interaktionsprozeß,* Winterthur 1969.

Schütte, Hans Gerd: [Funktionalismus] *Der empirische Gehalt des Funktionalismus,* Rekonstruktion eines soziologischen Erklärungsprogramms, Meisenheim am Glan 1971.

Schwartz, George: [Societal Concept] Marketing: The Societal Concept, in: *University of Washington Business Review,* Autumn 1971, S. 32–38.

Schweitzer, Rosmarie v.: [Haushälterische Verantwortung] Die haushälterische Verantwortung für den Konsum und ihre Bedeutung für die Gesellschaft, in: *Hauswirtschaft und Wissenschaft,* 6 (1972), S. 245–251.

Schwerdtfeger, Gunther: [Mitbestimmung] *Mitbestimmung in privaten Unternehmen,* Berlin / New York 1973.

Seiffert, Helmut: [Wissenschaftstheorie 1] *Einführung in die Wissenschaftstheorie,* 1. Bd.: Sprachanalyse – Deduktion – Induktion in Natur- und Sozialwissenschaften, München 1969.

Derselbe: [Wissenschaftstheorie 2] *Einführung in die Wissenschaftstheorie,* 2. Bd.: Geisteswissenschaftliche Methoden: Phänomenologie – Hermeneutik und historische Methode – Dialektik, München 1970.

Simon, Herbert A.: [Verwaltungshandeln] *Das Verwaltungshandeln,* Stuttgart 1955.

Derselbe: [Models] *Models of Man.* New York / London 1957.

Specht, Günter: [Lebensqualität] *Marketing-Management und Qualität des Lebens,* Stuttgart 1974.

Spinner, Helmut F.: [Modelle] Modelle und Experimente, in: Erwin Grochla (Hrsg.), *HWO,* Stuttgart 1969, Sp. 1000–1010.

Staehle, Wolfgang: [Plädoyer] Plädoyer für die Einbeziehung normativer Aussagen in die Betriebswirtschaftslehre, in: *ZfbF,* 25 (1973), S. 184–197.

Stanton, William J.: [Fundamentals] *Fundamentals of Marketing,* 3. Aufl., New York 1971.

Stark, Heinz: [Beschaffungsführung] *Beschaffungsführung*, Grundlagen markt-konformen und zielorientierten Verhaltens in der Beschaffung, Stuttgart 1973.

Stegmüller, Wolfgang: [Wahrheitsproblem] *Das Wahrheitsproblem und die Idee der Semantik*, Wien 1957.

Derselbe: [Hauptströmungen] *Hauptströmungen der Gegenwartsphilosophie*, 4. Aufl. Stuttgart 1969.

Swoboda, Helmut: [Qualität] *Die Qualität des Lebens*, Stuttgart 1973.

Swoboda, Peter: [Grundstudium: Investition] *Investition und Finanzierung*, Göttingen 1971.

Szyperski, Norbert: [Problematik] *Zur Problematik der quantitativen Terminologie in der Betriebswirtschaftslehre*, Berlin 1962.

Theisen, Paul: [Beschaffungspolitik] *Grundzüge einer Theorie der Beschaffungspolitik*, Berlin 1970.

Thomae, Hans: [Motivationsbegriff] Die Bedeutung des Motivationsbegriffes, in: Gottschaldt, K. u. a. (Hrsg.), *Handbuch der Psychologie*, Bd. 2, 2. Aufl., Göttingen 1965, S. 3–44.

Ulrich, Hans: [Unternehmung] *Die Unternehmung als produktives soziales System, Grundlagen der allgemeinen Unternehmungslehre*, 2. Aufl., Bern/Stuttgart 1970.

Derselbe: [Ansatz] Der systemorientierte Ansatz der Betriebswirtschaftslehre, in: Gert v. Kortzfleisch (Hrsg.), *Wissenschaftsprogramm und Ausbildungsziele der Betriebswirtschaftslehre*, Berlin 1971, S. 43–60.

Virkkunen, Henrik: [Rechnungswesen] *Das Rechnungswesen im Dienste der Leitung*, Helsinki 1956.

Wallraff, Günter: *Wir brauchen Dich* – Als Arbeiter in deutschen Industriebetrieben, München 1966.

Weber, Alfred: [Standort] *Standort der Industrien*, 1. Teil: *Reine Theorie des Standorts*, Tübingen 1922.

Weber, Max: [Wertfreiheit] Der Sinn der „Wertfreiheit" der soziologischen und ökonomischen Wissenschaft, in: derselbe, *Gesammelte Aufsätze zur Wissenschaftslehre*, 3. Aufl., Tübingen 1968, S. 489–540.

Webster, Frederick E. Jr. / Wind, Yoram: [Organizational Buying] *Organizational Buying Behavior*, Englewood Cliffs, N. J. 1972.

Weingartner, Paul: [Wissenschaftstheorie I] *Wissenschaftstheorie I, Einführung in die Hauptprobleme*, Stuttgart-Bad Cannstadt 1971.

Wild, Jürgen: [Organisationslehre] *Grundlagen und Probleme der betriebswirtschaftlichen Organisationslehre*, Berlin 1966.

Derselbe: [Nutzenbewertung] Zur Problematik der Nutzenbewertung von Informationen, in: *ZfB*, 41 (1971), S. 315–334.

Wissenbach, Heinz: [Kennzahlen] *Betriebliche Kennzahlen und ihre Bedeutung im Rahmen der Unternehmensentscheidung*, Berlin 1967.

Witte, Eberhard: [Phasen-Theorem] Phasen-Theorem und Organisation komplexer Entscheidungsverläufe, in: *ZfbF*, 20 (1968), S. 625–647.

Derselbe: [Entscheidungsprozesse] Entscheidungsprozesse, in: Grochla, Erwin (Hrsg.), *HWO,* Stuttgart 1969, Sp. 498–506.

Derselbe: [Führungsstile] Führungsstile, in: Grochla, Erwin (Hrsg.), *HWO,* Stuttgart 1969, Sp. 595–602.

Derselbe: [Finanzplanung] Finanzplanung, in: Kosiol, Erich (Hrsg.), *HWR,* Stuttgart 1970, Sp. 517–526.

Derselbe: [Informationsverhalten] *Das Informationsverhalten in Entscheidungsprozessen,* Tübingen 1972.

Wittmann, Waldemar: [Information] *Unternehmung und unvollkommene Information,* Köln/Opladen 1959.

Wöhe, Günter: [Einführung] *Einführung in die Allgemeine Betriebswirtschaftslehre,* 11. Aufl., München 1973.

Zapf, Wolfgang: [Lebensqualität] Zur Messung der Lebensqualität, in: *Zeitschrift für Soziologie,* 1 (1972), Heft 4, S. 353–376.

Stichwortverzeichnis

Abkürzungsverzeichnis

UTB

Uni-Taschenbücher GmbH
Stuttgart

Vandenhoeck & Ruprecht   Göttingen
                                    und Zürich

UTB

Uni-Taschenbücher GmbH
Stuttgart

„Betriebswirtschaftslehre im Grundstudium der Wirtschaftswissenschaft"

Alle 4 Bände jetzt lieferbar:

Bd. 1 Hans Raffée
Grundprobleme der Betriebswirtschaftslehre
1974. 232 Seiten mit 28 Abb., Kunststoff
(UTB 97)

Bd. 2 Dieter Pohmer / Franz Xaver Bea
Produktion und Absatz
1977. 252 Seiten, Kunststoff
(UTB 68)

Bd. 3 Peter Swoboda · Investition und Finanzierung
2., verb. Auflage 1977. 232 Seiten, 6 Abb.
und 2 Tabellen, Kunststoff
(UTB 23)

Bd. 4 Siegfried Menrad · Rechnungswesen
1978. 386 Seiten, Kunststoff
(UTB 98)

Aus dem Vorwort zur Reihe:

Großer Wert wurde darauf gelegt, Inhalt und Methode der Darstellungen den didaktischen Erfordernissen des Grundstudiums anzupassen. Diese Aufgabe konnte nur dadurch erfüllt werden, daß sich die Verfasser darauf beschränkt haben, den ‚gesicherten' Bestand an Grundkenntnissen der Allgemeinen Betriebswirtschaftslehre darzustellen. Jeder Band kann daher ohne Vorkenntnisse und nicht nur als Begleitlektüre zu Vorlesungen, sondern auch unabhängig von den Lehrveranstaltungen benutzt werden. In diesem Sinne wurden Übungsaufgaben ausgearbeitet, die dem Studenten die Möglichkeit geben, seine Kenntnisse zu prüfen und zu festigen. Gezielte Literaturhinweise sollen es erleichtern, das Gelesene anhand weiterer Publikationen zu vertiefen. ... Jeder Band läßt sich auch deshalb gesondert zum Studium benutzen, weil die Verfasser die Festlegung auf eine bestimmte Schule der Betriebswirtschaftslehre zu vermeiden versuchten.

Vandenhoeck & Ruprecht

in Göttingen
und Zürich